カナダ先住民と
レイシズム、死、そして「真実」

命を落とした七つの羽根

SEVEN FALLEN FEATHERS

RACISM, DEATH, AND HARD TRUTHS IN A NORTHERN CITY

タニヤ・タラガ

村上佳代 訳

TANYA TALAGA

青土社

命を落とした七つの羽根

目次

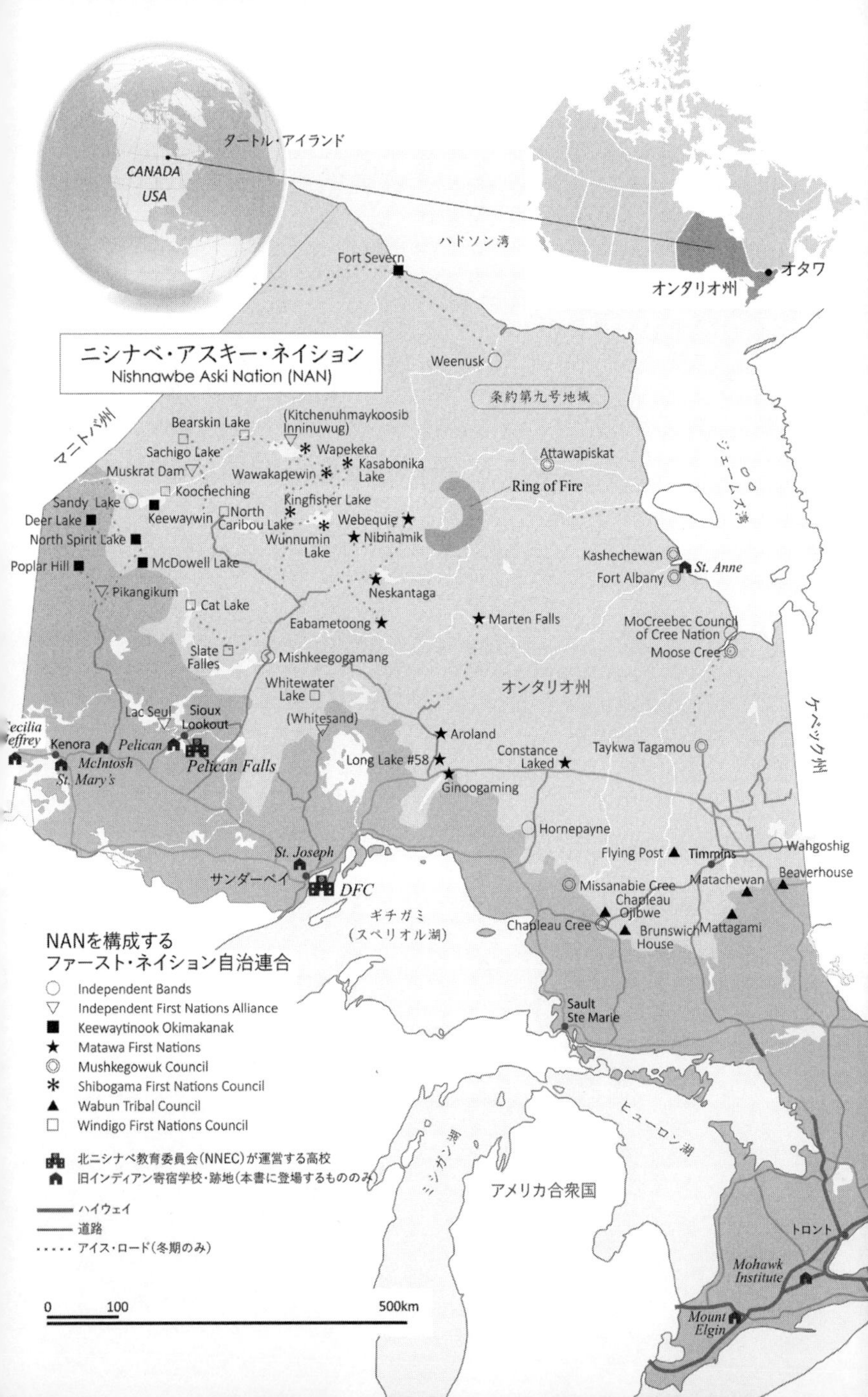

タートル・アイランド
CANADA
USA
ハドソン湾
オタワ
オンタリオ州
ニシナベ・アスキー・ネイション
Nishnawbe Aski Nation (NAN)
Fort Severn
Weenusk
条約第九号地域
マニトバ州
Bearskin Lake
(Kitchenuhmaykoosib Inninuwug)
Wapekeka
Sachigo Lake
Kasabonika Lake
Muskrat Dam
Wawakapewin
Attawapiskat
Koocheching
Ring of Fire
Sandy Lake
Keewaywin
Kingfisher Lake
Deer Lake
North Caribou Lake
Webequie
Wunnumin Lake
Nibinamik
North Spirit Lake
McDowell Lake
Poplar Hill
Kashechewan
St. Anne
Fort Albany
Pikangikum
Neskantaga
Cat Lake
Eabametoong
Marten Falls
MoCreebec Council of Cree Nation
Moose Cree
Slate Falles
Mishkeegogamang
Whitewater Lake
オンタリオ州
Lac Seul
Sioux Lookout
(Whitesand)
Cecilia Jeffrey
Kenora
Pelican
Pelican Falls
McIntosh
St. Mary's
Aroland
Long Lake #58
Constance Laked
Ginoogaming
Taykwa Tagamou
ケベック州
Hornepayne
Flying Post
Timmins
Wahgoshig
St. Joseph
サンダーベイ
DFC
Missanabie Cree
Matachewan
Beaverhouse
Chapleau Ojibwe
ギチガミ
(スペリオル湖)
Chapleau Cree
Brunswich House
Mattagami
NANを構成する
ファースト・ネイション自治連合
Independent Bands
Independent First Nations Alliance
Keewaytinook Okimakanak
Matawa First Nations
Mushkegowuk Council
Shibogama First Nations Council
Wabun Tribal Council
Windigo First Nations Council
Sault Ste Marie
北ニシナベ教育委員会(NNEC)が運営する高校
旧インディアン寄宿学校・跡地(本書に登場するもののみ)
ミシガン湖
ヒューロン湖
アメリカ合衆国
ハイウェイ
道路
アイス・ロード(冬期のみ)
トロント
Mohawk Institute
0
100
500km
Mount Elgin

ポート・アーサー地区
プリンス・アーサー
・ホテル
サンダーベイ市
City of Thunder Bay
0
1km
コンフェデレーション
・カレッジ
インターシティ
・ショッピングセンター
マタワ学習センター
ニーピング・マッキンタイア
放水路
デニス・フランクリン
・クロマーティ高校
（DFC）
マッキンタイア川
シルバーシティ
（映画館）
国際
フレンドシップ
・ガーデン
メイ通り
ニーピング川
サンダーベイ裁判所
聖ジョセフ先住民
寄宿学校（跡地）
バス乗り換えターミナル
ヴィクトリア通り
サンダーベイ市役所
アーサー通り
ジェームズ通り
サンダーベイ
国際空港
ビッカーズ公園
フォート・ウィリアム地区
ジェームズ通り
旋回橋
カミニスティクィア川
（カム川）
アニミチワジ
（マッカイ山）
フォート・ウィリアム
・ファースト・ネイション
居留地

次世代の子どもたち、ナターシャとウィリアムに
強い母親たち、シーラとマーガレットに
そして、ジェスロ、コラン、ロビン、ポール、
レジー、カイル、ジョーダンに捧ぐ

命を落とした七つの羽根

カナダ先住民とレイシズム、死、そして「真実」

アニシナベ民族を導く七つの原則

Zah-gi-di-win（愛）：愛を知ることは、平和を知ること。

Ma-na-ji-win（敬意）：全ての創造物を称えることは、敬意を持つこと。

Aak-de-he-win（勇気）：恐れることなく人生に立ち向かうことは、勇気を知ること。

Dbaa-dem-diz-win（正直）：誠実さを持って人生を歩むことは、正直さを知ること。

Dbaa-dem-diz-win（謙虚）：創造主に与えられた自分自身を受け入れることは、謙虚さを知ること。

Nbwaa-ka-win（智慧）：知識を大切にするとは、智慧を知ること。

De-bwe-win（真実）：これらのことを知ることは、真実を知ること。

——Bakaan nake'ii ngi-izhi-gakinoo'amaagoomin（私たちは異なる方法で教えられた）
（『先住民寄宿学校の経験』展パンフレット）

文化的虐殺とは、集団としての存続を可能にする構造や慣習を破壊することである。文化的虐殺に関与する国家は、標的となった集団の政治的・社会的制度を破壊する。土地を没収し、人々を強制的に移住させ、移動も制限する。言語の使用も禁止する。精神的指導者の迫害や、儀式の禁止に加え、精神的価値のある物は没収し破壊する。そして、最も重要なのは、文化的価値観やアイデンティティがある世代から次の世代へと伝播することを防ぐために、家族を崩壊させる。先住民との交渉に当たり、カナダはこれら全てを行った。

——真実を尊重し、未来のために和解する：カナダ真実和解委員会、最終報告書の概要

日本語版序文

「なぜ、カナダでこんなことが？」

これは「命を落とした七つの羽根」の読者から、私に寄せられる最も多い問いの一つだ。

こうした質問をしてくるのは大体、非先住民で、正直なところ、私はどう答えたら良いのかわからない。彼らの目に浮かぶのは、悲しみと信じられないという思い。それを見ると、彼らが知っているカナダ、彼らが育った国、あるいは彼らが到着したばかりの国について、彼らが本当に理解できていないことが分かる。彼らが信じていた国は、すべての人々にチャンスが開かれた親切で平等な国。あらゆる希望が満たされる国。彼らは、こういった幻想が本当のカナダではないこと、先住民族に関して言えば、この国には分断と暴力に満ちた過去があることを知って愕然とする。そして彼らは、この分断と暴力が依然として残るという事実を知り悲しむのだ。

カナダ人は、自分が知る愛すべきこの国、人権のために立ち上がったことで世界中から尊敬されている国が、先住民族の子どもたちを一〇〇年以上も両親から引き離し、インディアン寄宿学校に放り込んでいたとは信じたくないのだ。彼らは、カナダにインディアン法と呼ばれる法律――政府が認定する先住民族のあらゆる生活を規定する――がまだ存在することを知り愕然とする。そしてまた、カナダ政府がこれまでに署名してきた条約を反故にしてきた事実を聞かされたくないのだ。カナダ人の多くは、ジョージ・フロイドさんが二〇二〇年五月二九日に米国ミネアポリスの警察官デレク・ショービンに殺害されるまで、二〇二〇年にカナダ国内で警察とのいざこざで八人もの先住民が死亡した事実を信じたくなかっただろう。

彼らに対する私の返答はこうだ。「私たち先住民族の人々は未だにサンダーベイの水辺や通りで死んでいる」。

カナダ人が直面する困難な真実の一部であるが、真正面から向き合わなければならない事実だ。

カナダには暗い過去とはできるだけ向き合わないよう努めてきた歴史がある。しかし、国として前に進むためにはそれは不可欠だ。

私はこの国の人種差別（レイシズム）と大量虐殺（ジェノサイド）を扱った二冊の本を書いた。

一冊目は、今皆さんが手にしている本『命を落とした7つの羽根　カナダ先住民とレイシズム、死、そして「真実」』。二〇〇〇年から二〇一一年までの間に亡くなった、七人の一〇代の先住民の若者たちの生と死について書いた本だ。若者たちは、プロペラ機でしかアクセスできないような辺境の小さなコミュニティ出身で、サンダーベイ市では両親や友人、そして彼らが知るすべてのものから切り離されて暮らしていた。五人の生徒、ジェスロ・アンダーソン、コラン・ストラング、レジー・ブッシー、カイル・モリソー、ジョーダン・ワバスはサンダーベイを流れる川で発見された。二人の生徒、ポール・パナチーズとロビン・ハーパーは下宿で死亡した。

これらの子どもたちの死は、それが起きている間、カナダの大手メディアや人々の間で無視されていた。しかし、七人の子どもたちの家族とファースト・ネイションズの指導者たちは、生徒たちの死に注目を集めようと毅然として戦ってきた。彼らは徹底的な調査と検死を要求した。亡くなったすべての生徒の死因審問請求には六年以上の時間を要した。徹底抗戦による審問請求がようやく実現した。

八ヶ月以上に及ぶ審問では二〇〇人もの人々が証人として出廷し、二〇一六年六月に一四五項目もの勧告と共に審問は終了した。しかし、オンタリオ州北部の先住民族の人々にとって、実際の変化は、勧告内容からは程遠いものだ。審問は世界を変えることはできず、子どもを失った家族に正義をもたらすこともできない。審問は誰かを非難するように設計されたものではなく、生きている人を守るために死者から学ぶことを目的としているからだ。

審問が終わった直後、オンタリオ州検事総長事務局の傘下にある独立警察審査ディレクター（OIPRD）がサンダーベイ警察の捜査に乗り出した。ゲリー・マクネリー弁護士がまとめた調査報告書「失われた信頼：先住民族とサンダーベイ警察」[*1]は三七件の警察による捜査を分析している。その結果、警察組織内部に「組織的な人種差別」があったことが判明、事件の処理方法に不備があったとして急死事件の捜査を再開することを含む四四の勧告が出された。

これらの調査のうち四件は、「七つの羽根」に関するものだ。ジェスロ・アンダーソン（一五歳）、カイル・モリソー（一七歳）、コラン・ストラング（一八歳）、ジョーダン・ワバス（一五歳）の事件を再調査するため学際的な作業部会が設置された。現在、四人の家族、サンダーベイそしてカナダが死亡調査の結果を待っているところだ。

この再調査について、元老院（上院）を最近退任したマリー・シンクレア氏に尋ねた。彼は、カナダ真実和解委員会の委員長として、六〇〇〇人以上のサバイバーから先住民寄宿学校制度での経験と証言を集め、先住民族との関係修復を開始するためにカナダがしなければならない九四の行動要請を盛り込んだ報告書を作成した人物である。新たな学際的作業部会による事件調査は信頼に足るものか?との問いに、彼は「ノー」と答えた。

シンクレア氏の鋭い答えがすべてを物語っていた。彼はこう説明した。「警察は何が問題なのか全く理解していない。先住民が犠牲になるのは全て自業自得であり、犠牲者に責任を押し付けようという意思はサンダーベイでは非常に大きかった。おそらく現在もそうだろう。すぐにその意識が変わったとしたら驚くべきことだ。彼らは、確かに変わったと言うだろうが、その態度に大きな変化があったとしたら私は驚きますね。」また、こう言葉を継いだ。「それは、相当根深い組織的態度であり、サンダーベイ警察内のシステムに深く浸透しているものだからです。それを変更させるのは警察委員会の役割で、何らかの行動をとる責任があったのだが、彼らはそれをしなかった。彼らはそれを問題視さえしなかったのだから。」

サンダーベイに暮らす先住民に対して何十年にもわたり繰り返されてきたメッセージは、彼らは犠牲者としての価値すらなく、彼らの死は正当な調査に値しないというものだ。それは警察行政上の組織的人種差別ではない。それは単なるレイシズムだ。サンダーベイの先住民コミュニティは、何が変わったと信じればいいのか?

そして、これはサンダーベイだけの問題ではない。最近、二〇一六年にサスカチュワン州のある農場で農家のジェラルド・スタンレーに射殺されたコルテン・ブッシー(レッド・ペサント・クリー・ネイション出身、二二歳)の死亡に関して、カナダ連邦警察の民間審査苦情委員会による再審理が公開され、警官がコルテンの母親デビー・バティストを侮辱したことが明らかになった。再審理では、連邦警察がブッシーの死に関する調査の扱いに関し、四七件の調査結果と一七件の勧告が出された。再調査では、警察が証拠を野外に置きっ放しにしたこと、母親であるバプティストさんの息を嗅いで飲酒の有無を確かめていたことを戒めた。彼女の息子が死んだと警察が彼女に告げた直後にだ。彼らは母親をまるで犯罪者のように扱ったという。[*2]

カナダ全土の先住民族は、サンダーベイだけでなく、これ以上の報告や王立委員会の設置、調査を求めていない。私たちがすでに知っていることを今さら報告されても仕方ないのだ。カナダという国家を運営するために作られた組織、官僚、政策、プログラムは、先住民族を念頭に置いて作られたものではない。こうした社会的制度や組織は、この土地に入植するためにやってきた人々が、カナダという国を建設するために作られたのだ。しかし、これらの土地は私たちが生きてきた土地だ。何万年もの間、先住民族が暮らしてきたタートル・アイランドだ。

カナダは、警察や政府、あらゆる行政機関で同じ問題を何度繰り返し発見すれば、問題だと認め始めるのだろうか？

カナダの歴史的無関心、いずれ事態は良くなるという楽観的な信念は暴力そのものだ。そんなことはありえない。時間をやり過ごすことで解決することはない。もし、あなたが暮らす地域社会で、高校や大学への進学や就業のために地方から出てきた若者たちが次々と死亡したり、路上でホームレスになったりしたら、あなたは一体どう考えますか？

八ヶ月間、欠かすことなく「七人の羽根」の審問に出席し取材を続けてきたＣＢＣジャーナリストのジョディ・ポーターは次のように語った。「私たちは、ここで語られていることをどのように意味付ければ良いかわからないのです。何が私たちをカナダ人足らしめるのか、その存在の不安さが露呈している。あなたという存在が、この土地に住み続けてきた人々にとって命取りになる、と言われているのですから。」

二〇一八年、私はCBCマッシー・レクチャーの登壇者として、カナダ国内の五つの都市を訪れ、カナダにおけるレイシズムとジェノサイドについての二冊目の本「*All Our Relations: Finding the Path Forward*」の話をした。一連の講演は、人間を土地から分離するという暴力、家族を引き裂くこと、それによって引き起こされる魂の分離を中心的なテーマとして取り上げ、社会からの疎外感をなぜ感じるのかについて考える内容だ。しかし「真実」以上にその答えを与えてくれるものはない。先住民族はこの大地につながっている。私たちはずっとここにいて、これからもどこにも行かない。私たちの進むべき道は人間の内面から示されるものでなくてはならない。心に宿る知識、私たちを何千年にもわたって支えてきた智慧に従って。

あなたがこの本を手にしてくれたことを嬉しく思います。本を読むことは、「七人の羽根」やこれまでに失われた全ての子どもたちの命に敬意を払うことに繋がります。

Chi-miigwetch（どうも、ありがとう）

タニヤ・タラガ

二〇二一年五月、トロントにて

プロローグ

巨人ナナブジョウと交わした約束を覚えているか？

巨人は、海のごとく巨大な湖であるギチガミ（スペリオル湖）付近に棲んでいた。ドシン、ドシン、ドシン。巨人の騒々しい足跡は巨大な谷となり、水辺を囲む花崗岩やスレートが切り取られ岩の表面が露出した。

しかし、巨人がオジブウェ族を脅かすことはなかった。オジブウェ族は巨人が残した峡谷や森の中を住処していた。幸せで平和な共生の時代。オジブウェ族の人々は、ギチガミ湖岸近くの滑らかな岩壁に絵を描き、後の世代に部族の物語を語り継いだ。

オジブウェ族だけが知るナナブジョウの秘密。岩に埋め込まれた星空のようにきらきら光る金属。巨人は、その美しいものが盗まれることを恐れていた。そこで、オジブウェ族に秘宝の隠し場所を白人に言ってはならぬと告げた。秘密を守るのなら、オジブウェ族の暮らしを守ろう。しかしその約束が果たされず、何者かがギチガミ付近に居を構えるようになれば、破滅的なことが起こり、オジブウェ族を二度と守ることができなくなる、と告げた。オジブウェ族は巨人の話に耳を傾け、秘密を堅く守ると誓った。

月が何度も満ち欠けした間、巨人とオジブウェ族は平和に暮らしていた。ところがある日、オジブウェ族は、道に迷い助けを請うスー族の男に出会う。彼らはその男を招き入れた。しかしその男は、潜入者だったのだ。キラキラと輝く金属の話を聞いた男は、彼の部族にそれを持ち帰りたいと切望した。男はオジブウェ族に取り入って、銀が隠されている場所を聞き出そうと企んだ。

スー族の男は辛抱強く待った。それからある日、オジブウェ族が銀のありかを話しているのを耳にした。情報を頼りに、銀を盗もうと抜け出した。カヌーに滑り込み、銀があるはずの岩の裂け目を目指して水辺を下った。宝を見つけたスー族の男は、その幸運をにわかに信じることができなかった。ポケットを宝でいっぱいにした男は、カヌーを盗んで逃げた。

スー族の男は思ったほど賢くなかった。川を下って逃げようとすると、旅をする白人の男たちに出くわし捕まってしまった。男は盗んだ銀と引き換えに解放してくれと請うた。貪欲な白人達は略奪品を巻き上げた上、もっとよこせと脅した。スー族の男は銀のありかを教えることを拒んだが、白人達はそれを「拒否」とは受け取らなかった。彼らはどうやったらその男が自白するか知っていた。火を囲んで座り、男に強い酒をふるまった。酒の力は、男の恐怖心を和らげ、気分をよくし、唇を緩めた。酔いが十分回ったころ、白人の男たちは銀のありかを再び尋ねた。スー族の男は、つい秘密を漏らした。

頭上を飛ぶハヤブサが、その様子を見ていた。スー族の男の裏切りを聞くや否や、すぐさまナナブジョウの元に飛び立ち警告した。しかし、巨人ナナブジョウは男が秘密を暴露したことをすでに知っていた。突然、ナナブジョウは自分の体が重くなるのを感じた。ついには動くこともできなくなり、手足を抱え込み横たわってしまった。

巨人の温かな血肉は固い石へと変わった。そしてオジブウェ族だけが生き残った。

サンダーベイは二つの顔を持つ都市だ。ポート・アーサー側が白い顔、フォート・ウィリアム側は赤い顔。北側に位置するポート・アーサーは、緩やかなカナダ楯状地の上に建設された都市である。二階建てのレンガ造りの家並みが東西南北に広がり、通りからはスペリオル湖の美しい眺め、その奥に、石となった巨人ナナブジョウが横たわるシブリー半島が見える。

赤い側は、カミニスティクィア川（地元ではカム川として知られる）のほとりにあり、マッカイ山の麓に広がる平地は、伝統的にオジブウェ族の土地で、現在はフォート・ウィリアムと呼ばれる地区である。ビッカーズ公園近くにある狭い飛び地に建てられた建物（裕福な時代のもの）を除いて、フォート・ウィリアム地区には労働者階級の住宅、小さな平屋や二階建ての家が立ち並ぶ。その多くはすぐにも修繕が必要な状態であり、前庭にはピックアップトラックが停まっている。

一万年以上にわたり、先住民族はカム川とギチガミ（スペリオル湖）のほとりに沿って、その北側と西側に豊かな社会を築いてきた。ギチガミは伝説の宝庫である。また、世界最大の淡水湖でもある。スペリオル湖の広大さは、湾の天候を予測不可能とし、付近に住む者は湖の女神の気分（ジェット気流、予期せぬ暴風や豪雨、そして眩しい太陽）に翻弄される。一瞬にして、明るく晴れた空が黒くなり、不吉な空模様になることがある。北部からは、カミニスティクィア川、マッキンタイア川、ニピゴン川、ピジョン川、そしてセント・ルイス川を含む何百もの河川や小川がスペリオル湖へと流れ込む。これらの河川は先住民族の交易道であった。人々は水の流れに沿って歩き、カヌーを漕ぎ、北部地域を移動した。太古の昔から、河川の合流点はオジブウェ族とクリー族が出会う場所だった。

白い顔の人々がやってくる以前は、こうした場所が交流拠点となっていた。そして、河川は商人にとっても重要な交易ルートとなった。ここは毛皮取引の中心地であり、フランス系の罠猟師や先住民の罠猟師が貿易業者と出会う場所でもあった。オジブウェ族はこの場所を、空が震えスペリオル湖の計り知れない力と激突する場所、雷を意味するアニミキ（Animikii）と呼ぶ。フランス系の人々もそれに従って Baie de Tonnaire、サンダーベイ（Thunder Bay）と呼ぶようになった。

オジブウェ語で「島のある川」を意味するカミニスティクィアは、サンダーベイで最大の川だ。ドッグ・レイクを起点とした流れは険しい岩の上を越え、四七メートルもの高さから荒々しいカカベカ滝となり流れ落ちる。カカベカ滝の流れに勢い付けられたカム川はフォート・ウィリアムに流れ込み、マッカイ山の麓を蛇行する。ナナブジョウの子孫、フォート・ウィリアム・オジブウェ族が現在も暮らす土地だ。今日、カム川沿いには産業がいくつか点在する。白人らは、カム川の流れの力をなんとか利用しようと試みてきた。カム川には、オンタリオ・パワー・ジェネレーション（オンタリオ州が所有する電力会社）の発電所が二つある。モミの並木の続く河岸には製材工場レゾリュート・フォレスト・プロダクツがある。伐採された材木を運ぶトラックが一日中工場に出入りしている。都市部を走る路面車両を製造するボンバルディア社の巨大な組立工場も、カム川河岸にある。

植民地時代、入植者たちは権力と統治の象徴となる主要な建物を建設することによって、赤い側から領土を奪ってきた。二〇〇九年には、メイ通りとドナルド通りの角に、三九九五平方メートルの新しい市役所がオープンした。ガラス張り、コンクリート造の近代的な建物だ。一階ロビーは百人以上収容可能な広さを持ち、美しい正面玄関には滝のオブジェと多くの座席スペースを備えて、何百人もの人が集うことができる。広々とした空間は、公共交通の拠点としても賑わっている。市庁舎前の通りには、市内各地を巡回するバスの停留所がある。[*1] 市庁舎の先には、二〇一四年にオープンしたサンダーベイ裁判所の素晴らしい建築が街区を占める。一万八五八〇平方メートルの建物は六階建てで、一五の法廷、アトリウムには英語、フランス語、そしてオジブウェ語で書かれた標識がかけられている。そしてサンダーベイ警察が警護に当たっている。

カム川の流れに惹きつけられ人々が岸辺に集まる。若者たちが土手にやってきて、橋の下や茂みに隠れて酒を飲みながらパーティーをすることもある。巨大なパルプ製紙工場が発する強烈な匂いの蒸気が黄色い漏斗形の雲となり空中に飛散しているものの、ここではプライバシーを保つことができる。何より、自然が近い。彼らは岩の上に座り、水のせせらぎを聞き、故郷を思う。

製紙工場の入り口の横に、チペワロード（Chippewa Road）と書かれた緑色の州道標識がある。（異なる部族の名をつける）ユーモアセンスのある官僚がいたのだろう、これはオンタリオ州にある一三三の先住民族の一つ、フォート・ウィリアム・ファースト・ネイション居留地への入り口だ。チペワロードは現在、居留地への唯一の入口となっている。かつてはもう一つの入り口として、ジェームズ通り旋回橋があったが、二〇一三年に放火事件があった。CN（カナディアン・ナショナル）鉄道が所有するこの橋は居留地と市を結んでいた。フォート・ウィリアムへと続くガタガタの古びた橋を渡るとき、いつも何かが起こった。車は減速せざるを得ず、タイヤは衝突のたびにすり減った。頭のどこかで、もしかしたら今度こそ橋から落ちるのではないか、というかすかな恐怖を感じるのだ。今では、黒く燃え残った木材と鉄骨の残骸が修繕されることもなく残されているが、カム川は相変わらずその下を流れている。

市、州、連邦政府、誰が修繕の責任を負うのか、決着がついていない。居留地に責任はないし、鉄道会社も支払わない。非難の矛先は四方八方に向き、何も変わらない。

ポート・アーサーの町並みは、ビクトリア朝時代の富によって造られた。白い側は、商業、貿易、そして法の支配の顔を持つ。ボタンダウンシャツを着て、ステーキハウスKegで食事をし、そして真新しい小区画に開発された同じような家に住み、韓国の起亜の車に乗っているような人々のことだ。そこに住む人々は、医師、弁護士や二つの地区の土地所有者たちだ。土曜日には、大型小売店を回って買いだめし、そのまま車で別荘に向かう、あるいは「キャンプ」と称して、モーターボートやジェットスキーなどで余暇に興じる人々だ。

一八七〇年、イギリス陸軍大佐ウォルズリーは、ビクトリア女王の息子を讃えて入植地をポート・アーサーと名付けた。ウォルズリーは、現在マニトバ州となった地域を支配下に押さめていたメイティ(訳注:Métis、カナダ先住民族の一つ)のルイ・リエル暫定政権の後任となるべく、一二〇〇人の家臣を引き連れてこの地域を通過していた。ここスペリオル湖の北岸の地こそが、カナダの国造りの始まりとなった場所なのだ。この地点から鉄道や道路が西へと敷設されていった。プリンス・アーサー・ホテルは、鉄道王が北部ビジネス拡大を進める際、快適に滞在するための拠点として建設されたものだ。オジブウェ族とハドソンズ・ベイ・カンパニーから土地を取得する緊急の取引が行われたのは、若いカナダという国の成長のためだった。[*2]

探鉱者、労働者、農地所有を夢見る移民たちは鉄道路線周辺に集まってきた。急成長する西側から商品や穀物などが輸送されてくるからだ。背の高い穀物貯蔵庫群。見張りのごとく立ちはだかる巨大なコンクリート造のサイロが赤い側に建設された。カム川の辺り、マッケイ山の麓近く、オジブウェ族の土地に立つウェスタン・グレイン貯蔵庫もその一つである。この港は北米最大の穀物貯蔵施設であり、川沿いに八つのターミナルが機能している。[*3]

ポート・アーサーが繁栄するにつれ、入植者たちは、家族、教会、そして彼らの価値観を持ち込んだ。ビクトリア朝の女性たちは教会や教育委員会を立ち上げ、フィンランド人労働者を数百人単位で定住させた。病院が建設され、教会は無限の教養を持つ先駆者として、フランス系開拓者の子弟らに神の言葉を与え改宗させ、未開地からやってくる異教徒や野蛮人を教育する役割を果たした。

穢れなきビクトリア朝の名において、ポート・アーサーは繁栄し始めた。しかし、二〇世紀に入ると、毛皮の取引はほとんど途絶え、ビーバーの毛皮の売り上げで得られた商品や西洋式の生活習慣に依存するようになっていた先住民族の多くが貧困状態に陥った。毛皮の取引が減少するにつれて、彼らの多くが町郊外に住まうようになっていたが、あばら屋のような住宅には暖房設備や水道配管はなかった。彼らは西洋式の文化や教育を学んでおらず、イギリス社会が支配的となるポート・アーサーからは疎外されていた。

もし、「インディアン」が宗主国英国に忠実な正しい英語を話すカナダ人になることができるならば、彼らを同化する必要があった。すでに一八七〇年に、聖ジョセフ教会の修道女たちが、フォート・ウィリアム側にカトリックの孤児院を開いていた。学校を併設し、孤児院の運営が軌道にのると、先住民の幼い女の子たちでいっぱいになった。修道女たちは少年にも門戸を開いた。彼女たちは施設の拡大のため、連邦政府のインディアン省（Department of Indian Affairs）に資金援助を求め、連邦政府はこれを支援した。子どもの数が増えれば増えるほど、孤児院は多くの資金を得ることができた。聖ジョセフ教会のこの施設は、最終的に聖ジョセフ先住民寄宿学校（St. Joseph's Indian Residential School あるいは Fort William Indian Residential School とも呼ばれた）となる。

一九〇七年にフランクリン通りの新しい建物に移転したこの学校は、貧困にあえぐ親に見捨てられたり引き離されたりした、何千人もの先住民の子どもたちを受け入れた。先住民の親たちも、子どもたちがイギリス式の教育を受ければ、新しい植民地時代の社会に適応することができるに違いないと考えた。居留地や先住民コミュニティの中で暮らしていた子どもたちも、カナダ連邦警察（Royal Canadian Mounted Police, RCMP）やインディアン省の役人によって、無理矢理に寄宿学校へと連れて行かれた。赤い制服に身を包んだ警官が、子どもたちを捕まえるために派遣された。彼らの任務は、すべての先住民を一定の空間に囲い込んでおくことだった。

すべての子どもが喜んで寄宿学校に行ったわけではない。歴史的な文書には、子どもたちが幾度となく逃走を試みた報告が散見される。また、学校で実際に起こっていることを子どもたちから聞いた親の中には、子どもを学校に送り出すことを拒否した者もいた。学校に戻らなかった子どもたちの名前は記録され、担当行政官が警察に報告し捕まえた。例えば、サンダーベイ西部、サバンヌに住むジョセフ・ピスカという少年の家族は、彼を家に留めようとした。インディアン省の行政担当官ジェームズ・バークは、ジョセフを学校に連れ戻すために警察を派遣した。一九三〇年一〇月二五日、カナダ連邦警察のD・K・アンダーソン巡査は、ジョセフ少年を連行する様子を詳細に綴っている。「午前七時二〇分、ピスカを連れ戻すため、また他の子どもたちが匿われていないかを確かめるためフォート・ウィリアム駅を出発。」しかし、アンダーソン巡査がサバンヌに到着したとき、予測できない晩秋の天候のために橋を渡ることができなかった。

アンダーソン巡査は後に、上司への報告書で「湖は深さ二インチまで凍りついており、すべての運行が停止した。居留地に到達する唯一の方法は水上なので、陸路はなく、薄氷の状態は安全ではない。マン巡査に指示を求めたところ、次の電車で帰るようにとの指示があった。」と述べている。彼はサバンヌに隠れているであろうピスカと他の子どもたちの捜索を断念せざるを得なかった。[*4] しかし、この日のピスカのように幸運に恵まれる子ばかりではない。

一九六六年、聖ジョセフ先住民寄宿学校はようやく取り壊された。少なくとも六人の子どもがこの学校で命を落とし、さらに一六人が行方不明のままだ。この学校の卒業生の一人に、有名なオジブウェ族の画家、ノーヴァル・モリソーがいる。彼の孫カイル・モリソーは、この本の主題である七人の生徒の一人だ。元寄宿学校の敷地には、現在、カトリック系の公立学校、ヨハネ・パウロ二世小学校（Pope John Paul II）が立つ。二〇一七年六月一九日に、旧学校とその生徒たちの様子を描いた壁画が公開されるまで、カナダの歴史の闇の部分で起こったサンダーベイの辛い記憶が人目に触れることはなかった。現在では毎年九月三〇日、サンダーベイそしてカナダ全土の先住民族の人々が「オレンジ・シャツ・デー」と称した記念行事に集う。寄宿学校の犠牲者を追悼し、サバイバーに思いを寄せるためだ。人々はまず市庁舎に集まり、そこから一緒に旧学校の敷地に向かって歩く。儀式は現在の学校で執り行われる。

この本の主題である七人の若者、「命を落とした七つの羽根」の物語を理解するためには、サンダーベイの過去を理解しなければならない。分断の種、苦悶と嫌悪、文化的な認識と理解の欠如がどのように植えつけられ、現在においても、誤解や不理解という無意識の差別がくり返される現実を理解しなければならない。また、カナダ政府の歴史的対応にも目に向けるべきだ。非先住民の子どもと比べて、先住民族の子どもたちには、一貫して低いレベルの教育・保健サービスしか提供されていない。なぜ、今日もそうした状況が続いているのか。端的に言えば、白人社会の繁栄は、赤い人たち先住民族を無力な存在に押し込めることで築かれてきたということだ。

予言通り、巨人ナナブジョウは眠りにつき、破壊的なことが起こってしまったのである。

第一章　盲目の男からのメモ

サンダーベイのフォート・ウィリアム地区側にある繁華街を東西方向に長くまっすぐに貫くアーサー通り。魅力を欠いたその通りには、ドライブスルーのレストラン、ガソリンスタンド、食料品店、そして別の目的地へと急ぐ車が走り抜ける。

アーサー通りからシンジケート通りに曲がり北上すると、七〇年代の雰囲気が漂う寂れたショッピングモール、ヴィクトリアヴィル・センターがある。立ち並ぶ空き店舗。通り向かいにある裁判所に出向く前にコーヒーを飲んでいる人たち。モールの一部には、精神科診療所、アートギャラリー、先住民保健センターが入っている。上階には、ニシナベ・アスキー・ネイション（Nishnawbe Aski Nation, NAN）の事務所がある。オンタリオ州の三分の二、約五四万平方キロメートルに及ぶ地域にまたがる、四九の先住民族を束ねる自治組織である。[*1]

古びたエレベーターが一台動いている。ドアが閉まるとブーンという音がして、震えながらゆっくりと昇っていく。ボタンの近くに貼られた掲示には「故障したら、ここに電話を…」と書かれている。もし、ではなくて「故障したら」とは。

二〇一一年四月、ある曇りの日のことだった。私は、NANのグランドチーフであるスタン・ビアディを訪ねた。二〇一一年のカナダ連邦議会選挙が大詰めを迎えていた。現職の保守党候補者スティーブン・ハーパー首相は、大多数の先住民族に嫌われていた。首相在任の五年間、彼は環境保護を撤回し、石油輸送用パイプラインを建設し、カナダ中の六三四のファースト・ネイションズ（先住民族国家）に十分な資金を供給してこなかったからだ。[*2] ハーパーの対抗馬は、前トロント市議会議員で左派の新民主党党首のジャック・レイトン。レイトンはギターの弾ける社会主義者で、高速道路を取り払い自転車レーンや公園を作ることを公約に掲げていた。

受付係に案内された大きな会議室でスタン・ビアディを待った。壁、折りたたみテーブル、絨毯、部屋の中のものはすべて灰色だった。唯一の色は、赤い楕円が描かれた白い旗。先住民の伝統的な生活の象徴である楕円の内側にはグレイト・ホワイト・ベアー。赤い背景は赤い人を象徴する。熊は手足を広げて立っている。熊の足が触れる線は大地を、頭が触れる線は天空の大霊との関係を象徴している。熊の肋骨を連結する複数の円はコミュニティを、肋骨のラインはコミュニティを一つにまとめる歌や伝説、文化、伝統を象徴する。

スタンが入ってきて挨拶をする。椅子に腰掛けると茶色の目がきらめいた。

スタンは物静かで哀愁を漂わせる人物だ。私が連邦選挙の話を聞こうと、トロントから九二〇キロメートル北に飛んできたことを説明する間、彼は疲れた様子で無言のまま椅子の背にもたれていた。

私は、彼の世界に無理やり入り込むことのないよう注意を払い、自分が書こうと考えている選挙に関する記事の内容を説明し始めた。私は彼の世界につながっているとも、いないとも言える立場だ。東ヨーロッパ出身の父とオジブウェの母を持つ私の混血の呪いでもある。母は、サンダーベイから車で西へ一時間ほどの森で育ち、ポーランド人の父親はウィニペグ出身だ。

カナダ全土の先住民の投票パターンは統計からも読みづらく、多くの選挙区で浮動票となっており、それが選挙の流れに影響を与えていること、などを指摘してみた。スタンは無表情で私を見ている。いくつか質問を投げかけてみたが、話を振るたびに、彼は一五歳の先住民少年ジョーダン・ワバスの失踪について語るのだった。対話が成り立たずもどかしい。互いに別の言語を話しているようだった。「先住民の有権者が投票に行けば全国五〇の議席に影響を与えることができるのに、そうなりませんね」と私が問うと、「なぜかって?」「それなら、なぜジョーダン・ワバスのことを取材しないのか?」とスタンが答える。

「スティーブン・ハーパーは先住民の味方ではなく、もし皆が投票に行けばこの選挙をひっくり返せるのに。」と私は話題を戻そうとした。「ジョーダンが、もう七一日間も行方不明なんだ。」と彼は呟く。視点を変えてレイトン候補について尋ねようと、左派の新民主党の政策は、より先住民問題に焦点を当てたものになるのでは、と強調してみた。ところが、「川岸で靴が見つかったんだ。警察はジョーダンのものではないかと考えているようだ。」とスタンが続ける。すれ違いの対話が一五分ほど続き、私はとうとうあきらめて黙りこんだ。苛立ちを覚えた。サンダーベイで行方不明になった先住民の高校生のことなど、トロントの都市部ではニュースにもならないではないか。しかし、自らの姿勢、今どこにいるのかについてはたと気づいた。私は、四万五千人の先住民が選んだこのグランドチーフと向き合っている。彼は明らかに何かを伝えようとしている。「学校にいる間に行方不明になったり、死亡した生徒はジョーダンで七人目なんだ。」とスタンが言う。二〇〇〇年以降だけでも、ジェスロ・アンダーソン、コラン・ストラング、ポール・パナチーズ、ロビン・ハーパー、レジー・ブッシー、カイル・モリソーが亡くなっている。そしてまた、ジョーダン・ワバスが行方不明だ、と。

スタンの言葉がようやくのみ込めた。七人の生徒。七という数字は先住民族文化において象徴的な数字なのだ。アニシナベ族の人間なら誰でも七つの火の予言を知っている。それぞれの予言は火に例えられ、北米大陸であるタートル・アイランドに生きる人々の歴史の中で重要な時代を表している。最初の三つの火は、一四九二年に最初のヨーロッパ人と接触する以前の暮らしがどのようなものであったかを物語る。大西洋沿岸で平和に暮らしていた時代、そして食物や水を求めて西に移動した時代の物語である。

四つ目の予言では、肌の白い人種の到来と彼らが何をもたらすかが語られる。肌の白い人種の顔を読み取り、アニシナベ族の未来を予知せよという予言だった。[*3] 顔読みによる二つの予測が告げられていた。一つは、白人の顔が幸せそうで兄弟愛を示していれば、タートル・アイランドのすべての人にとって変化の時が訪れる。二つの国が一つになり、知識と理解に満ちた強い国へと成長する。調和と平和の時代が訪れる。

しかし、もう一方の予測で、もし白人たちの顔に闇を見たならば、注意せよと警告する。この顔は極度の苦痛と死をもたらすことになる。最初はこの顔がよくわからないかもしれない。一つ目の幸せな顔に似せているかもしれない。しかし実際には、闇の顔を持つものの心は暗く、大地が与えるものすべてを自分のものだけにしようとする。この闇の顔はいずれ破壊を引き起こす。川や水は毒によって汚染され、動物は死に至る。

五つ目の火までに、戦争と苦しみが人々を襲う。と、そこに救済を約束する一人の人物がやってくる。

彼の教えを先住民が受け入れれば、必ず喜びがもたらされようと唆す。しかし、もし人々がこの預言者に耳を傾けたなら、何世代にもわたって損失を被ることになる。過去の暮らしを忘れ、未来への方向性をも失ってしまう。

六つ目の火では、肌の白い顔は死の仮面をかぶる。人々はだまされたのだ。心と身体の病が人々を蝕み、子どもたちが連れ去られることになる。エルダーや過去の教えは忘れさられ、家族は引き裂かれ丸裸にされる。人々は挫折し人生の目的を忘れてしまう。「命の杯は、悲しみで溢れるだろう」[*4]

七つ目の火が訪れると、若者たちが立ち上がり、エルダーの助けを求めて過去の道を辿り始めるだろう。しかし、エルダーの多くは眠りについているか、助けることはできない。若者たちは自力で自分たちの道を見つけなければならない。もしそれが成功すればアニシナベ国は再生するだろう。しかし、もし彼らが失敗したらすべてが失われてしまう。

スタンは、七人の生徒の全員が、高校がほとんどないオンタリオ州北部の僻地、何百キロも離れた地域のコミュニティ出身であると言った。彼らは皆、教育を受けるために居留地を離れざるを得なかった、と。

NANが管轄する地域とマニトバ州に接するグランド・カウンシル条約第三号地域の北部には、七五以上のファースト・ネイションズ（先住民族国家）の居留地が点在する。広大なカナダ楯状地にカバの木や甘い香りのするヒマラヤスギの森林が覆う僻地だ。ここに住む先住民たちがサンダーベイに移り住むのは、高校課程を修了し、仕事を見つけ、必要な医療を受けるため、そして居留地の貧困から逃れるためである。

サンダーベイ市の人口は約一〇万八千人、カナダ統計局によるとそのうちの一万人強が先住民である。[*5]

また先住民人口は増加傾向にあり、二〇三〇年までに同市の推定人口の一五%が先住民になると予測されている。[*6]

サンダーベイ市は、彼らの出身コミュニティとは何もかも違う。居留地には信号や横断歩道はない。マクドナルドやロブロウ（大型スーパー）もない。あるのはノーザン・ストア。高価な食料品から電池、ゴム靴まであらゆるものを販売する小売店だ。商品はすべてチャーター機で空輸されるため、人口の多い南部都市と比べると食品価格は三、四倍と法外だ。

食の安全保障という視点では、北部の食料不安は価格だけの問題ではない。野菜、果物、生肉は非常に高価であるため、人々の食事はパン、炭酸飲料、加工肉などの安価な食品に頼らざるを得ない。貧困のため選択の余地はなく、食料関連の問題は更なる問題として先住民族を悩ませることになる。糖尿病、高血圧、心臓病、歯の病気はいずれも、炭水化物及び糖質の多い食事の結果引き起こされるのだ。しかし、ヘラジカやウサギ、魚やヤマウズラ、ガチョウなどの伝統食を復活させ、高価な空輸される食料品への依存を減らし、祖先代々伝わるやり方を復活させようという強い動きもある。

先住民族らが住む居留地は、世界最大の淡水湖に囲まれているが人々の住宅には清潔な上水道、下水設備さえ整っていないことが多い。停電すると水のろ過さえできなくなる。北部地域では、強力で持続可能な電力へのアクセスが大きな課題となっている。多くのコミュニティでは、二酸化炭素排出量の多いディーゼル発電機に電力供給を頼っている。冬場は送電線が凍結することもあるからだ。オンタリオ州の先住民族コミュニティの半数近くは、水は常に煮沸して使用するよう勧告されている。蛇口から出てくるものを直接飲むことはできず、バクテリアが繁殖していない風呂に子どもを入れることもできない。彼らの居留地に隣接する水源は、巨大な南部の都市住民によって略奪されているとも言える。ほぼ一世紀にわたって、マニトバ州ウィニペグ市は水路を利用してオンタリオ州北西部の先住民族コミュニティであるショール・レイク四〇から水を汲み取り、七〇万人近くの都市民に飲料水を提供してきた。一方、ショール・レイク四〇の先住民のために残された水にはバクテリアが繁殖し続けており、煮沸勧告も二〇年近く続いている。[*7]

先住民が暮らす地域には事実上病院はなく（ムース・ファクトリー島に立地する病院が唯一のものだ）、常設の消防署もなければ、機能している学校もほとんどない。フライ・イン遠隔地（訳注：プロペラ機でしかアクセスできないような僻地）にある居留地の学校のほとんどは八年生で終わり、一二年生までの課程があるのはほんの一握りだ（訳注：オンタリオ州では一二年生までが義務教育）。高校に行くためにはティミンズやスー・ルックアウト、サンダーベイなどの都市部に引っ越さねばならない。

カナダで最後の先住民寄宿学校が閉鎖されたのは、一九九〇年代である。当時、連邦政府は、インディアン・北部担当省（Indian and Northern Affairs Canada, ＩＮＡＣ）を通じて、先住民族の子どもたちのための学校に資金を提供し維持することを約束していた。しかし、カナダ全域でこの約束がまともに履行されたことはない。居留地に立地する学校の教育水準や設備の質には大きな地域格差がある。他の学校の管轄区域では当たり前と思われている基本的な設備、図書館、体育館、科学実験室などはほぼ皆無だ。

「高校に行くのは、カナダの子どもの権利だ」とスタンは言う。しかし、先住民の子どもたちは違う扱いを受けている。世界で最も優れた教育システムを誇るこの国では、彼らのニーズは忘れられている。

彼は私を見て言った。「ドライブに連れて行こう。」

私たちはNANのオフィスを出て、スタンの古ぼけたピックアップトラックに乗り込んだ。彼はゴスペルのCDをプレーヤーに入れた。ゴスペル音楽は魂を癒すことができるのだろうか。彼は神について考えるとき息子を近くに感じるという。

ダニエル・ビアディは一九歳だった。フォート・ウィリアム・ファースト・ネイションのとあるホーム・パーティーで殴られ、意識を失っているのを発見された。サンダーベイにあるデニス・フランクリン・クロマーティ（Dennis Franklin Cromarty，DFC）高校を卒業する直前だった。DFC高校は北ニシナベ教育委員会（Northern Nishnawbe Education Council，NNEC）が運営する先住民族のための学校である。DFC高校に通う子どもたちのほとんどは、サンダーベイから数百キロ離れた居留地から来ている。生徒は下宿しなければならず、下宿先の家庭には学校から下宿にかかる費用が支払われる。この本に登場する七人のうち六人がDFC高校に通っていた。

ビアディ家は、オンタリオ州北部の奥深くにある人口約三〇〇人のコミュニティ、マスクラット・ダム・ファースト・ネイションの出身だ。僻地にある居留地には空路でしか行けない。しかし、ダニエルは父がNANのグランドチーフになったので、サンダーベイに引っ越さなければならなくなった。妻のネリーも夫についていくことになり、ダニエルは高校在学中、両親と一緒に暮らしていた。

ダニエルはスタンとネリーの一人息子だった。自慢の息子、夫婦の喜びであった。人生を謳歌し、友人とホッケーを愛した社交的なティーンだった。ビアディ家の息子は五歳の時にホッケーの試合に魅了され、後にオンタリオ・ジュニアAリーグでゴールキーパーとして二位にランキングされるまでになった。サンダーベイに引っ越したことで、プロチームでプレーできる可能性もあった。NHLのスター選手、スタール兄弟、パトリック・シャープやゴールキーパーのマット・マレーのように。

七月のその夜、ダニエルのNHLの夢は打ち砕かれた。三〇時間に及ぶ集中治療の後、彼は二〇〇四年八月一日に死亡した。

スタンはいつもダニエルのことを思い出してしまう。そして、彼は七人目の若者を失うことは決してできないのだ。息子を亡くした彼にとって、七人の若者の喪失は、彼自身の苦しみそのものだった。ダニエルの死と七人の若者の死は希望の喪失であり、自らの世代が次世代を守りきれなかったことの結果だ、と。こうした先住民の若者らの失踪や死は、カナダと先住民族との関係がすべて間違っていることを示している。

スタンは、行方不明のジョーダンは、息子のダニエル同様ゴールキーパーだったと私に話しながら、急に車を止めた。

あたりを見回すと、カミニスティクィア川に架かるジェームズ通り旋開橋が目に入った。スタンは河岸近くの廃屋裏に車を停めた。

「ここで何を?」トラックから降りて私は尋ねた。

恐怖心のようなものを感じた。

目の前には、カム川の茶色い雪解け水が流れていた。盛り上がった春の土手の反対側には、アニミキワジ(オジブウェ語でサンダーマウンテン)、あるいは植民者たちがマッケイ山と呼ぶ山が見えた。山頂からは市の全景や、スリーピング・ナナブジョウを眺望できる観光名所だ。しかし、この標高三百メートルのアニミキワジは単なる展望台ではない。フォート・ウィリアム・ファースト・ネイションのオジブウェ族にとっては聖なる地なのだ。

鼓動が早くなり、みぞおちから気分が悪くなる。私はこの場所をよく知っていた。ここは私の祖母が住んでいた居留地で、私の子どもたちが夏の太陽のまぶしい光に照らされて草むらを駆け抜けた場所、山の脇にある崩れかけた頁岩（シェールロック）を登ろうとして居留地の警官に叱られたこともあった場所だ。

スタンは自分に言い聞かせるように呟いた。「ジョーダンは川の中に追い込まれたと思う。」

捜索隊によって彼の運動靴の片一方が発見されている。動物追いのプロである先住民族の狩猟者たちも、川面に通じる足跡を発見している。何かに追い立てられていたような跡だった。

すでに四人の少年の遺体が、スペリオル湖に流れ込む河川や水路で発見されていた。一カ月後、ジョーダンが五人目となった。

盲目の男からのメモがある。

その盲目の男はエルダー（訳注：民族の智慧を守り伝える賢者）だ。

彼はある幻影を見たという。

彼はリリアン・スガナケブにそのことを伝えた。リリアンは、二〇一一年二月七日に行方不明となったジョーダン・ワバスのために、ウェベクェ・ファースト・ネイションのコミュニティ捜索チームをまとめていた。捜査の指揮センターは、市のフォート・ウィリアム側にある旧カナダ赤十字事務所に設置されていた。

ジョーダンが行方不明になった時、ウェベクェ・ファースト・ネイションのメンバーが彼を探すために約五四〇キロ南のサンダーベイまでやってきた。老いも若きも、親類や友人、ジョーダンを個人的に知らぬ者も駆けつけた。コミュニティの一人が行方不明になった時には、彼らはいつもこうするのだ。

捜索隊の中には、狩猟の腕前で知られる熟練のトラッカーもいた。彼らは凍てつく冬の道路を運転し、トラックとスノーモービルを持ってやってきた。

その中にあの盲目の男がいた。

リリアンはその盲人に話しかけた。彼女は彼と一緒にテーブルに座り、ボールペンで六枚の白い紙に彼が見た幻影を描いた。その描画はページの中央をくねくねと流れる川から始まる。カム川だ。川のそばにフェンスがあり、二つの建物が並んでいて、一フィートほど離れていると書いてあった。

そのエルダーは川の北側に線路が見えると言う。南側にはマッケイ山が見える。橋がある。パルプ工場が見えるという。建物群、穀物エレベーターも見える。彼は、業務用倉庫か保管庫のようなものが見えると言う。そこには柵がないようだ。線路がそばを走っている。リリアンはすべてを書き留めた。

彼はリリアンに、ジョーダンが行方不明になった夜、二人の人物がジョーダンと会ったと言う。彼らは若者のようだ。口論。乱闘。

エルダーは「男たちは明らかに何かを隠そうとしている」と言う。盲目の男には、ジョーダンの身体が地面に横たわっているのが見える。雪はそれほど深くない。ジョーダンの魂は川面あるいは河岸に止まっている。

盲目の男にはジョーダンの顔が見える。その顔は北を向き、足は南を向いている。
エルダーは、亀の精霊が近くにいると言う。夜鳥がいる。夜には熊もやってきている。
そして、「探せば探すほど、彼はいなくなる」と言う。

二〇一〇年九月、ジョーダン・タイタス・ローレンス・ワバスはサンダーベイ行きの飛行機に乗っていた。マタワ部族協議会（Matawa Tribal Council）がある二階建ての茶色い建物に入る真新しい学校、マタワ学習センター（Matawa Learning Centre）に入学するためだった。この学校には緑地や運動ができるような校庭といった高校らしい外観もない。古い低層の事務所ビルは大通りと駐車場に面している。

マタワ部族協議会は、ジョーダンの出身であるウェベクェを含む、九つのクリー族とオジブウェ族の北部ファースト・ネイションズ（先住民族国家）で構成されている。マタワの名は、オジブウェ語とクリー語の双方で「河川が集まるところ」を意味する。この九つのコミュニティは、北部地域で地理的境界を共有し主要水系で結ばれている。先住民族の部族会議が集まって連合を結成し、都市部で様々なサービスを提供することは珍しくない。こうした協議会は職業訓練、住宅、そして教育サービスを提供している。

マタワは、九つのファースト・ネイションズ（先住民族国家）すべてで小学校を運営している。協議会は初等教育環境が十分でないことも自覚し対応してきた。しかし、協議会の二〇〇七年の教育報告書の中で、過去一〇年間で大きな改善があったにもかかわらず、マタワの教育システムは他の自治体との比較では「標準以下」、オンタリオ州の基準に満たない、と述べている。生徒の成績が低いことが課題で、「州の基準に対して習熟度が極端に低い」と指摘している。教室や教材の不足に加えて、子どもたちの認知的、身体的、そして特別なニーズに応じて教育できる専門教師もいない。[*8]

マタワ学習センターには三〇人の生徒しか在籍していなかった。センターでは生徒一人ひとりに個別化された学習プランを与える代替教育プログラムを提供している。生徒は責任を持ってこのプログラムを進める意思と能力があることを証明して入学を許可される。ジョーダンは条件をクリアして入学した。

ジョーダンは母親のバニースに、勉強を続けるためにサンダーベイに行かせてくれと頼んだ。彼は英語と数学が得意な良い生徒だった。

バニースはためらった。彼女は息子がウェベクェに残って地元の高校に通うことを望んでいた。仮設の校舎、限られたコースしかないなど、地元の学校に十分な環境が整っていないことは承知していた。しかし、サンダーベイはあまりにも遠く、まだ幼い下の息子たちもいたので彼女はジョーダンと一緒に行くことができなかったからだ。

ジョーダンには大きな夢があった。彼は地区のホッケーリーグの選手になることを強く望んでいた。その先には、メープルリーフや他のNHLチームのプレーヤーになる夢があった。もしウェベクェにとどまっていたら、そんなことは決して起こり得ないのは明らかだった。居留地には屋内競技場が一つもなかった。屋外リンクが一つあったが、冬場でも整備されていないこともあり、リーグを構成できるほどの子どもの数も足りなかった。バニースは息子のためにすべきことは何か理解していた。息子を都会に行かせ、高校教育を受けさせ、地区リーグでプレーできるようにすることが一番だと。

バニースは、ジョーダンを行かせるしかなかった。未来を切り開こうとする息子を邪魔することなどできるはずもない。母親として何ができるか？　心の葛藤は大きかったが、彼女は微笑んで息子に自信を持たせるように振舞うしかなかった。心の中の不安が鈍い痛みを引き起こす。しかしそれは無いことにするしかなかった。

サンダーベイでは、ジョーダンは縁戚のいとこにあたるクリフォード・ワバスと妻のジェシカの元に下宿する手筈になっていた。フォート・ウィリアムの空港近く、郊外の二階建てタウンハウスがその住まいだった。下宿を提供する家庭は、宿泊代や食事代などの生活費を賄うために、毎月一人の生徒あたり五百ドルを受け取る。「下宿親」には、夜間の子どもの監督、食事、宿題の手伝い、課外活動参加の送り迎えなどの義務はない。クリフォードの家は小さく、ジョーダンはもう一人の生徒、シェーン・トラウトレイクと部屋を共有した。クリフォードは最初からジョーダンと馬があった。彼は静かで礼儀正しく、一人でいるのを好む性格だった。ジョーダンはすでに身長一八五センチ、体重も九〇キロを超えており、一人前の成人男性と間違えられるほどだった。しかし、彼は大人ではなかった。成人の身体になりきっていない、一五歳の子どもだった。

学校に行くには、ジョーダンとシェーンは公共交通機関を利用しなければならなかった。停留所はメアリー通りを歩いてすぐのところにあった。二〇一一年二月七日月曜日、クリフォードはジョーダンがいつものように、午前八時二〇分にマタワに向けて出発するのを見た。

寒い朝だった。耳が凍るような北の寒さは、日中はマイナス一七度、夜はマイナス三二度にもなる。多くの一〇代がそうであるように、ジョーダンは薄着だった。白いアディダスのスニーカー、メープルリーフのロゴがついた野球帽、裏地付きの紺色のデニムジャケットの下に紫色のハーレーのパーカー、「Blink If You Want Me」と書かれた白いTシャツ、そして黒いジャージのズボンを身につけていた。

その日の朝、バスの中でジョーダンはウェベクェ出身の友人であるデズモンド・ジェイコブと顔を合わせている。シェーンも午後遅くマタワ高校のホールでジョーダンを目撃している。高校にはウェベクェ出身の子どもが常に十数人いた。彼らの多くは、信号やショッピングモールを見るのは初めてのことだった。サンダーベイは故郷とはまるで違う。

ウェベクェ居留地はジェームズ湾低地の中でも高台に位置し、飛行機か冬季に凍結する氷道でしか行けない。空から見ると、低地の巨大な緑はトラの縞模様のように見える。薄緑色の湿原が、長く細い河川や茶色の湿地帯に沿って続く。湿原の下には、ダイヤモンドやニッケル、銅やクロム鉄鉱など、ステンレス製品を作るのに使われる資源が手つかずのまま広大な範囲に渡って横たわる。北部のこの地域は『リング・オブ・ファイア』と呼ばれ、ジョニー・キャッシュの熱狂的ファンだった探険家によって名付けられた。

ウェベクェ族の人々は伝統的な生き方を大切にしている。狩りをし、魚を釣り、動物の皮を剥ぎ、その皮を衣服として使い、美しいビーズのミトンやモカシンなどに作り変える。ジョーダンは民族の伝統的なやり方を学んで育ち、森は彼の故郷だった。季節の変わり目には、特に寒さが厳しくなる前に冷凍庫に魚や肉を貯蔵する必要があり、狩りに加わり家族を大いに助けた。

ジョーダンは責任とは何かを理解していた。いるべき場所には必ずいるような子どもだった。ジョーダンがその晩、夕食の時間になっても姿を見せず、帰宅が遅れると言う電話もなかったので、下宿親のジェシカは何かおかしいなと感じていた。ジョーダンはその晩ホッケーの練習予定があった。彼はミゼットB（一八歳以下）チームであるカレント・リバー・コメットのゴールキーパーで、いつもなら八時四五分からの練習開始前に食事を済ませるために帰宅するはずだった。地区リーグを経験したことのない彼にとって、チームの選手として活躍することは驚くべき偉業であり、才能を開花させていた。監督は彼にAAリーグに入るべきだったと言ったが、彼はドラフトの日付を逃してしまった。コーチからプレーを続けるようにアドバイスされ、翌年には上のリーグに入ることは可能だろうとも言われていた。

ジョーダンはガールフレンドのマイダ・オキースに夜一一時に電話をすると約束していたので、その晩は家にいるはずだった。マイダはサンダーベイの北三五〇キロ近くに位置するエバームトゥン（フォート・ホープ）ファースト・ネイションの出身である。彼女はハンマルスジョルト高校に通うため、叔母とサンダーベイに住んでいた。二人が出会ったのは、二、三年前の夏、ウェベクェのパウワウ（夏祭り）だった。仲の良かった二人は、放課後を共に過ごし、いつもジョーダンがマイダを叔母の家まで訪ねていた。彼女は彼のホッケーの試合の常連客でもあった。しかし、一月、マイダの叔母が地元に帰ることになり、マイダは他に頼る人がいないサンダーベイに残ることはできず、叔母と一緒に戻るしかなかった。二年間の付き合い。ジョーダンは彼女を深く恋しがっていた。三月の春休みには、ジョーダンがフォート・ホープに彼女に会いに行く計画も立てていた。

深夜を過ぎて、マイダはジョーダンの下宿に電話をかけた。呼び鈴は鳴るが誰も出なかった。ジョーダンに連絡する唯一の方法は固定電話かパソコン。ジョーダンは一ヵ月前に携帯電話をなくしていた。

一方で深夜二時ごろまで、下宿親のジェシカは横になりつつも眠ることができず、ジョーダンはどこにいるのだろうと心配していた。

ジョーダンが最後に目撃されたのは、下宿から一ブロックしか離れていない場所で、彼は白と青のサンダーベイトランジットバスを下りていた。

彼は一〇代の若者たちのたまり場であるインターシティ・ショッピングセンターにいた。インターシティはサンダーベイ市の中心市街地、これといって特徴のない地区にある。カム川、フォート・ウィリアムとポート・アーサーを結ぶ線路が近くを走る。このあたりを「非武装地帯」（またはＤＭｚ）と呼ぶ人もいる。

インターシティには誰もが行く。オンタリオ州北西部全域で最大かつ唯一の近代的なショッピングモールで、フードコートがあり、若者に人気の有名な衣料品店が入っていた。店やレストランのない地域で育った一〇代の若者にとって、このショッピングモールは、ハンバーガーやドーナツ、炭酸飲料などを初めて体験する魅惑的な場所で、自由に座れる場所も多い。放課後ともなれば、ショッピングモールで誰とでも会うことができる。

ジョーダンはその後、さらに数人の友人たち、ジャレッド・シュガーヘッドやマイケル・センプルらと合流し、少し飲むことにしたようだ。ショッピングモールでたむろするだけでなく、突然、誰の監視下にも置かれず都会の遊び場に放り出された北部出身の一〇代の若者たちが、見境なく飲酒しながら時間を潰すのはよくあることだった。自信がない、友人がいない、あるいは単に人混みの中に溶け込みたいと考える若者たちにとって、飲酒は片時の孤独を忘れることのできる社会的装置にもなっていた。その夜ジョーダンが何を飲んでいたのか、その酒をどこから手に入れたのか、詳しく分かっていない。

しばらくして、ジョーダンはジャレッドと別れたようだ。千鳥足ではあるもののまだしっかり意識はあった。午後八時三五分に彼をとらえた映像からは、トイレが近くにあるモールの入り口に向かって一人で歩いている様子がわかる。メープルリーフの野球帽を前後ろにかぶり、サブウェイの紙コップを手に持っていた。その時点で、午後八時四五分からのホッケー練習に間に合うようにするなら、道具を取りに家に飛んで帰るはずだ。

帰宅するには、インターシティから市役所まで移動しなければならない。市役所前ターミナルからは、市内の他の遠く離れた地区へのバスが出ている。市役所前ターミナルは、学校が終わって下宿に帰る途中の一〇代の若者たちにとっていつもの集合場所だった。また、バスを待つ間、暖を取ろうとする旅行者の待合い場所でもあった。

高校生のジュリア・メクアナワップ、ヴィクトリア・ムーニアス、アシュリー・キースケティは、幹線一号線のバスでジョーダンを見た、と証言している。午後九時半頃で、彼らは一緒にバスに三〇分近く乗っていた。ジョーダンは中央のドア近くに一人で座り、左手に空の瓶を持っていたと言う。彼女たちは内輪でおしゃべりをしていたが、ジョーダンとマイダの間柄を知っていたので、スマートフォンを取り出し、面白半分にジョーダンがマイダに会いたいと懇願しているビデオを作った。[*9]

アシュリーは、ジョーダンは酒を飲んでいたようだ、と証言した。彼女は、彼がメアリー通りの停留所で降り、ホルト・プレイスの彼の下宿に向かって歩くのを見届けると、例のビデオをマイダに送信した。彼女はその晩遅くマイダに電話をかけている。ジョーダンの最後の映像は、サンダーベイ・トランジットのビデオカメラに午後一〇時〇分に撮影されている。

盲目の男はリリアンに、バスに乗っている少女たちのことも話していた。

彼は背の高い少女の魂が、彼女が語っていること以上に何かを知っていると言った。

下宿親であるクリフォードは、ジョーダンを最後に見た翌日の二月八日、サンダーベイ警察に連絡を入れ行方不明の旨を報告した。朝八時二〇分に家を出てから戻っていないと告げた。その日の夜一〇時ちょうど、ロバート・メイン刑事が家を訪ねてきてジョーダンについての詳細な質問をした。メイン刑事が受け取った行方不明者報告書から刑事はその日に少年が行方不明になったと思ったようだが、自宅を訪ねた時にはすでに二四時間が経過していた。[*10] 刑事はジョーダンの写真を求めたので、ジェシカは刑事にデスクトップパソコンで彼の写真を見せた。[*11] ジョーダンが最後にFacebookに投稿したのは二月五日。多くの北部地域の子たちと同様、ジョーダンもFacebookのヘビーユーザーで、彼のページには四千三百ものメッセージがついていた。[*12] その後の四八時間、メイン刑事は、ジョーダンの最後の行方についての情報を得ていたかもしれぬマタワ高校の生徒たちについての情報を得たが、彼らへの聴取はすぐには行われなかった。[*13]

二月一一日、ジョーダンの失踪に関する初めての記事がクロニクル・ジャーナル紙に掲載された。四行ほどの小さな記事で、行方不明になっている一五歳の少年の捜索に市民の協力を請うというサンダーベイ警察の声明だった。「ジョーダン・ワバスはカナダ先住民で月曜日から行方不明。身長一八五センチ、体重八五キロ。警察は彼がビクトリアビル地区にいる可能性があるという。中心市街地の南部地区を頻繁に訪れていた模様。」

同日、サンダーベイ緊急タスクチームが、ジョーダンの地上捜索を初めて実施した。一五歳の少年が行方不明になったというのに三日間も動かなかった。カナダの法執行機関の慣例では、子どもが行方不明になったり誘拐されたと考えられる場合、あるいは警察がその子どもが深刻な危険にさらされていると判断した場合には、緊急警報が出されるのが常であるが、それも出されなかった。捜索のための警察犬部隊も出動せず、鑑識部隊も派遣されなかった。警察はマッカイ山や線路から数キロ離れた地区の第二次世界大戦時代を彷彿させるような住宅を回って捜索を続けた。彼らはジョーダンが最後に目撃されたメアリー通り西のバス停から出発し、東はホルト広場、西はニービング通り、そしてジョージナ湾の最東端部へと進んだ。それから彼らは南に移動しメアリー通りを西に戻り、北に行って自転車道に入った。彼らはジョーダンの写真をあらゆる世帯、道ゆく人に見せて回ったが、手がかりは何も掴めなかった。彼を見た者は誰もいなかった。

翌日、警察はジョーダンの行方不明者のポスターを作成し、パトロール中の全制服警官に配布した。ジョーダンの画像はコンピューター・システムにも登録され広く拡散された。緊急タスクチームが再び出動し捜索範囲を地理的に拡大した。徒歩でグリッドサーチを開始し、すべての住居を巡回し、各住戸の庭をくまなく捜索した。その地域の住民に、ガレージや物置を点検してほしいという嘆願書が新聞に掲載された。

今回も手がかりは皆無だった。

ジョーダンの失踪から六日後、ウェベクェから応援にかけつけていたコミュニティ捜索チームの一人が、雪に覆われた川の中から野球帽と足跡を見つけ、すぐにジェームズ通り旋回橋に伝えにいった。[*14] 野球帽は水中に沈んでいたわけでも、氷や雪に埋もれていたのではなかった。橋のすぐ下、カム川の東側に建てられた木造の小屋の近くの凍った川面に落ちていた。南側にはマッケイ山があった。北側には線路があり、遠くには盲目の男の幻影に映っていた二つの穀物エレベーターがあった。メアリー通りの最寄りのバス停から旋回橋までの距離は二・二キロほどある。誰かが、意図的にその場所に野球帽を置いたとしか思えないような偶然だった。

その帽子は新品のように見えた。紺色に白いメープルリーフのロゴ。つばには、帽子サイズを示す金色のステッカーが貼られ、ナショナル・ホッケー・リーグの公式商品であることが証明されていた。帽子は検証のためにトロントの法医学センターに送られ、オンタリオ州警察は空からドローンを飛ばしてこの地区を撮影した。警察は殺人事件の可能性を否定していないと述べた。

ウェベクェ族の捜査チームは帽子と足跡を見つけるとすぐに、先住民警察であるニシナベ・アスキー警察とジョーダンの両親バニースとデリック・ジェイコブに連絡した。

バニースとデリックは、息子が行方不明になったと聞くとすぐに、小さなチャーター便でサンダーベイに飛んできた。彼らは空港近く、アーサー通りのエアーレイン・ホテルで複数の部屋を借りて、ウェベクェやその周辺地域から応援に入る捜査メンバーを受け入れた。

警察はホテルにバニースを訪れ、DNAサンプルを求めた。

その後、警察は潜水チームを要請した。

オンタリオ州警察のダイバーが、帽子が置かれていた付近の氷に穴を開け、大規模な水中捜索を行った。硬く厚い氷の下、凍えるような寒さの中で、ダイバーたちはこの地点を二日間近く捜索した。

しかし、何も見つからなかった。

ジョーダンを見たという通報の電話が警察に殺到していた。ショッピングモールやマックスのコンビニエンスストア、銀行や食料品店の近くでの目撃情報だった。少しでも役に立つのではないかという人々の思いが伝わる。二月一八日までに、警察は二〇件近くのジョーダンの目撃情報を追跡したが、毎回何も見つからなかった。警察は、インターシティ・ショッピングセンターの警備員にも聞き取りを行っていた。警備員の一人が、掲示されていたジョーダンの行方不明者のポスターを破り、ゴミ箱に捨てていたことがわかった。[*15]

北部地域とは、一体どんなところか。まず、誰もが知り合いであるということが言える。ジェームズ湾沿岸のアッタワピスカット・ファースト・ネイションに住むジェニファー・ワバノにハドソン湾に近いウィーヌスク・ファースト・ネイションのサム・ハンターを知っているかと尋ねれば、彼女は「もちろん、私はサムを知っている。彼は私のいとこです。」と答えるだろう。

北部地域は、亜寒帯林の広大な森林が覆う人口も疎らな地域であるが、そこに住む人々は皆つながっている。人々は大地、河川などを介してつながっている。伝統的に狩猟者や採集者であった先住民族は、はるかな距離を徒歩や水上で移動しながら動物を追い、捕獲して持ち帰った。

ウェベクェのような孤立したコミュニティに行方不明の子どもがあれば、キャット・レイクのコミュニティが救援に出る。マーティン・フォールズやスー・ルックアウト、その中間に位置する多くのコミュニティが互いを助け合う。そして、各コミュニティの自治組織が準備する捜索活動のための資金

（宿泊費、食事代、休暇費）が不足すると、アニシナベ族の人々は寄付集めに奔走する。ビンゴナイトや各種地域イベント、募金行脚を行う。ジョーダンが行方不明になってから一ヶ月後の二〇一一年三月、ペギーとダニー・サカケープ夫妻は、五〇〇キロに及ぶ募金行脚を開始した。オンタリオ州最北西部に位置するキッチンヌマイコシブ・イニヌウワグ・ファースト・ネイションを出発し、岩だらけで凍結した湖の上、凍てつく冬の道をウェベクェまで目指した。行方不明の情報を広め、捜索資金を集めるためだ。助けを必要とするコミュニティがあれば、北部地域のアニシナベ族の人々は協働し行動する。[*16]

二〇一一年三月二〇日、ジョーダンの捜索が開始された初日に、彼が履いていたとみられるアディダスの運動靴の片方を見つけたのは、キャット・レイク・ファースト・ネイションから参加した捜索チームの一人だった。キャット・レイクは条約第九号の領土内にあり、ピクル湖の北約一七五キロメートル、ウェベクェから約三〇〇キロメートルの距離にある。捜索が始まる前日、一三人のコミュニテメンバーが、一ヶ月間行方不明になっているジョーダンを探すためにサンダーベイに到着した。ワゴン車を連ねてやってきた彼らは、開業したばかりのホリデー・インにチェックインした。キャット・レイクの捜索チームは、北部地域でもその能力の高さが評価されている。以前、四五日間行方不明になっていた人を見つけ出したこともある。[*17]

彼らは大量の食糧（ヘラジカや新鮮な魚）を持参し、捜索本部に出入りする人たちに提供していた。キャット・レイクの捜索チームは活動指針をまとめ、印刷した紙を関係者全員に配布した。

・捜索は祈りから開始し、祈りで終えること。

- 捜索チームは、心と身体、そして魂を一つに行動すること。
- 一度に一箇所に絞ってチームで捜索すること。
- サンダーベイでの滞在中は、飲酒や薬物使用をしないこと。
- チームから離れて行動しないこと。
- ジョーダンを発見するという使命のみに集中すること。個別の動きは慎み、創造主が与えてくれた昼間の時間を活かしてサンダーベイの地を捜索すること。
- メンバーを置き去りにすることなく、一人一人の所在を常に把握すること。
- メンバーに疲れが見えたら休憩を取ること。
- チームの誰かがジョーダンを発見した場合、決して触れずにその地点にテープを貼って進入禁止とすること。
- 自らの力と勇気を信じお互いを助け合うこと。

キャット・レイクの捜索隊は、盲目のエルダーが語った幻影の地図を頼りに、カム川の河岸へと向かった。彼らはフック、ロープ、棒を使って河岸線に沿って氷を割り続けた。トム、マギー、パディ、デイジーの四人がジョーダンの靴を見つけた。真新しい白のアディダスの運動靴で、サイズは二七センチ。シュータンの後ろで紐が結ばれていた。彼らは棒を使って靴を拾い上げ、箱に入れて捜索センターに持ち帰った。また、靴の近くに何かを引きずった跡を雪の上に見つけた。彼らは警察に通報したが、警察はその痕跡を「子どもがそり遊びでもしたのだろう」と取り扱わなかった。[*18]

カナダ赤十字社の元事務所に設けられた捜索隊本部で、バニースはその右足の靴を見て、それが息子のものだとわかった。ジョーダンはいつもシュータンの後ろでひもを結んでいた。サンダーベイ警察が呼ばれた。警察はその靴を証拠品として、トムとリリアンと共にそれが発見された場所へと向かった。トムは靴があった正確な地点、どの方向に置かれていたのかを説明した。

警察が現場を離れて、キャット・レイクの捜索隊も一日を終えた。メンバーは休憩を取るためウォルマートに出かけ、マクドナルドで簡単な食事をとった。ホテルに戻ったのはかなり遅い時間だったが、トム、デイジー、パディ、そしてもう一人の捜索メンバーであるデリア・ウンバッシュは眠れずにいた。凍りつくような三月の夜、深夜一時半、彼らはタバコと食糧を手に取りカム川沿いの桟橋へと向かった。ジョーダンの霊に祈りを捧げるために。

翌日、別のキャット・レイクの捜索メンバーの一人が雪の中に血痕を発見した。彼はそれをすくってジップロックに入れた。彼らはサンダーベイ警察を呼び、警察は証拠として持ち帰った。同日午後、二本の歯が発見された。ジップロックに入れ、再び警察を呼んだ。

血痕は人間のものではなく、歯はジョーダンのものではないことがわかるまで、何週間も待たされた。しかし、バニース・ジェイコブのDNAと、ジョーダンのゴールキーパー用マスクから採取したDNAのサンプルと、氷の上で見つかった帽子には正の一致が確認された。誰か他の人が同じDNAプロファイルを持っている可能性は限りなく低い。

ジョーダンの幻影を見ていたのは、あの盲目のエルダーだけではなかった。カサボニカ・ファースト・ネイションのメレディス・アンダーソンもある幻影を見ていた。メレディスはジョーダンのことをよく知らなかったが、彼が夢見に現れた。彼女は友達のローズにそのことを伝え、紙にメモを書き留めてもらった。

ジョーダンの夢をまた見た、とローズの筆記体で書かれたメモは始まる。

「本当?」とローズが尋ねた。

「彼は立っていた。」とメレディス。

「彼はどこに立っていた?」

「河岸近くの柵の横」とメレディス。

「旋回橋の方?」

「私たちが以前に声を聞いたところ。湖から切り株が突き出ている川のそば。彼はそこに立っていた。」とメレディス。

「左側、それとも右側?」とローズが尋ねた。

「よくわからない、でも、そのあたりに立っていたから、その付近のどこかにいたはず。」とメレディスが強調する。

「その声を聞いたとき、誰と一緒だった?」

「アニータ、彼女もその声を聞いている。」

「穀物エレベーターの近く、あの辺?」とローズは尋ねた。

「そう。」とメレディス。「切り株のある柵のそば。私がどこについて話しているかわかる?」

メレディスは、盲人のエルダーと全く同じ場所でジョーダンの姿を夢見していた。旋回橋と穀物倉庫のエレベーターのそばだ。

捜索は永遠に終わらないように思われた。建物の二階にある捜索本部の入り口に白い模造紙が貼られ、ジョーダンが行方不明になってからの日数が、毎日更新されていた。積み上がる数字は暗い気持ちを呼び起こす。日数が増えるたびに希望が失われていく。帽子が見つかって以降、何の手がかりも見つからない日が幾日も続いた。しかし、捜索チームはあきらめなかった。彼らはジェイムズ通り旋回橋の脇に立ち、ジョーダンの顔が貼られたプラカードを掲げ、通りすがりの車に声をかけては、「ジョーダン捜索基金」への寄付を求めた。そして毎日、カム川岸を注意深く歩き、路上での聞き取りを続けていると、情報の空白を埋める噂が流れ始めた。

二つの線が浮かび上がった。

まず、ある人がリリアンに告げた情報だ。ダレン・オリバー・ビーバーという名の男が、こう語ったという。フォート・ホープ出身のジョーダン・ワブースという男が麻薬密売人に八千ドルの借金をしていたのを知っている。それで、先住民暴力団のストリート・ギャングのメンバーが勘違いして、ジョーダン・ワバスを誤って誘拐したのではないか。実際、マニトバ州を拠点とするこの暴力団は、少なくとも二〇年前にはサンダーベイにも勢力を拡大していた。ギャングたちは、市内の麻薬取引に深くかかわっており、一〇代の若者に注射器を配り、彼らを北部の故郷に送り返しては居留地で麻薬の密売を行なわせている。

もう一つの情報は、DFC高校の副校長であるシャロン・アンジェコネブが警察に伝えたものだ。高校に通う女子生徒の一人、アンジェラ・レイが、ある男子生徒から聞いた話だった。その男子生徒は、自分と何人かの仲間がメアリー通りからジョーダンを追いかけたこと、そしてジョーダンが川の氷の上を走って逃げようとして転んだ、とアンジェラに話した。アンジェラはこの話を聞いたとき、友人のグレン・クワンディベンスやアンバー・アンジェコネブと一緒にいたという。警察がグレンとアンバーを尋ねて確かめたところ、彼女たちはアンジェラの話に心当たりはなく、彼女が嘘をついているとさえ言った。[*19] サンダーベイ警察がこの線をフォローした形跡はない。

警察がジョーダン・ワブースの母親であるリズ・ワブースに問い合わせたところ、彼女の息子は先住民暴力団を恐れていたのは事実だ、と伝えたという。言われてみると確かに、ギャングのメンバーが、自分の息子と勘違いしてジョーダン・ワバスを殺した可能性もあるのでは、と恐怖に駆られたという。

三月一八日、バニース・ジェイコブはフォート・ホープ出身のジョーダン・ワブースと彼の友人でウェベクェ出身のローレンス・メカナックが、同日の早い時間にFacebook上でやり取りした内容の記録を警察に提出した。

ワブース：ジョーダン・ワバスの失踪の原因が俺らしいんだ。

メカナック：そんな話、聞いたことがない。

ワブース：そうか。でも俺のところには噂が回ってきている。

ワブース：そいつの親って誰？

メカナックは、親はバニース・ジェイコブとデレックだ、と返事をしている。

ワブース：ああ、それなら知ってる。
メカナック：そのこと早く誰かに言ったほうがいいよ。親たちも疲れてるし、ウェベクェも金を相当つぎ込んでるらしい。そいつを見つけたい一心でさ。
ワブースは、わかってる、誰かが来たら話をする、と言った。
サンダーベイ警察はフォート・ホープのニシナベ・アスキー警察署に電話し、ジョーダン・ワブースにサンダーベイ市内で聞きたいことがあるので彼を探していると伝えた。しかしニシナベ・アスキー警察はサンダーベイ警察に対し、オンタリオ州警察がすでにワブースに接触しており、必要な情報はすでにサンダーベイの刑事に伝わっているはずだ、と返答した。[20]

五月初旬、早くもカム川は春の兆しを見せ始めた。氷と雪が溶け始めていた。凍った水面の下に水が流れ込み、割れ目が見えた。
ボートで釣りをしていたという三人から、旋回橋近くにあるウェスタン・グレイン・ターミナル近くの川に死体が浮かんでいるのを見たと、警察に通報があった。サンダーベイ警察は午後七時五分に現場に到着し、三人の釣り人たちに状況を聞いた。間も無く消防車や救助車が到着。警察は検視官も呼んだ。約二〇人の捜索隊が現場に到着した。「タバコを吸う者、携帯電話で話す者、お互いを慰めあいながら警察からの報告を待った。」と、クロニクル・ジャーナル紙のある記者は書いている。[*21] 捜索はすでに九二日間に及んでいた。

デイル・スミスは妻のマーティナと共に、カム川の土手に立っていた。二人はジョーダンが行方不明になってからずっと捜していた。

デイルは「もし、ジョーダンなら」と前置きし、「家族も安堵できるだろう、ジョーダンでない可能性もあるわけだから。スペリオル湖にでも流されていたら遺体が上がることもないだろう」と話した。[*22]

浮腫んだ遺体を川から引き上げたのは消防隊だった。遺体はひどく腐敗していたが、身体的特徴、青いジャケット、パーカー、左足には白いアディダスの運動靴を身につけており、ジョーダンの特徴と一致していた。

岸辺で待機していた葬儀社の職員が遺体を遺体安置所に運んだ。

バニースは五月初め、ウェベクェに一時帰宅していた。彼女のサンダーベイ滞在が長引いていたので、幼い息子たちに会いたがっていた。五月一〇日、夕方に飛行機でサンダーベイに戻ると、空港でボランティアの捜索隊が出迎えた。彼女に川で遺体が発見されたことを告げ、遺体が発見された川辺の場所まで車で送り届けた。バニースは警察に会ったが、警察はそれが彼女の息子であるかどうか確定はできないと伝えた。彼女は一旦ホテルに戻り報告を待つことになった。[*23]

午後九時ちょうど、サンダーベイ警察のドン・ルイス巡査部長がホテルに出向き、リリアンとバニースに状況報告をした。[*24]

検視は翌朝に実施されることになった。歯科治療記録との照合が実施されるが事実を補強するだけだろう。そして、身元は判定された。遺体はジョーダンであった。

遺体が発見されて三日後、警察はチルドレンズ・エイドが運営する一〇代の若者のための共同住宅、チャーチル・グループ・ホームの職員から電話を受けた。そこに暮らす一人の少女、ジョシィ・シャーボノーが、スティーブン・コールという名の男と別の男がジョーダンをジェームズ通り旋回橋から突き落としたという話を誰かから聞いたと言う。しかしジョシィは、そのことについて警察や他の誰にも話したくなかったのだという。彼女はグループホームから逃げ出し、行方をくらませていた。

遺体が発見されてから八日後、警察はシャーボノーを知るブリットニー・カケガミックを探した。ブリットニーによると、サンダーベイの裁判所でジョシィと話していて、ジョーダンについて何か知っているようだ、と語った。ジョシィが言うには、スティーブン・コールともう一人の男がウィリアムに向かう途中、旋回橋のところでコールがジョーダンを突き落としたと自慢げに話していた、と。コールがタバコを買うためにフォート・ウィリアム・ファースト・ネイションに向かう途中、ジョーダンが彼に喧嘩をふっかけた、という内容だった。

警察は裁判所でジョシィを見つけた。彼女は、友人アリアナ・ローリンが話したことだとして、次のように告白した。スティーブン・コールと、バブルというニックネームで知られていたオースティン・ミラーという名の男がジョーダンと落ち合った。その時彼は酔っていたようだという。アリアナによると、ジョーダンが彼らの喧嘩を買おうとした時、スティーブンがジョーダンを川に突き落とした、ということだ。

警察はオースティンとスティーブンに事情聴取を求めたが、二人ともジョーダンとはなんの関係もないと否定し、その夜、彼に会ったことさえも否定した。しかし五年後、コールの友人のライリー・フリーマンが、スティーブン・コール自身がジョーダンを突き落としたと言っていた、と法廷で証言した。フリーマンは当時まだ一三歳。当時、あまりにも動揺していたため、コールのことを信じてしまったと語った。[*25]

フリーマンは、彼の友人が暴力沙汰を起こし、麻薬盗みの前歴があることを知っていた。しかし警察は、その夜ジョーダンを目撃していたジャレッド・シュガーヘッドのような友人らに、その夜ジョーダンがマリファナの入った袋を持ち歩いていたか、そのために事件に巻き込まれた可能性があるかどうかを確認することもなかった。[*26]

二〇一一年六月二三日、サンダーベイ警察はスティーブン・コールに事情聴取している。彼は、ジョーダンと最後に会ったのはクリスマス前だと言った。彼はジョーダンを知っていることを認めたが、「同じサークルの中で一緒にいただけ」で親しい間柄ではなかったと言った。ジョーダンについて何か耳にしたのは、彼の遺体が川で発見されたと母親から聞かされたのが最後だったという。[*27]

サンダーベイ警察は、現在サンダーベイに居住するジョーダン・ワブースにも事情聴取を行なっていた。彼は警察に対し、自分には麻薬関連の借金はなく、もし借金があったとしたら、借金取り立てで探しまくるギャングらの標的になり易いサンダーベイには住んでいないだろうと語った。彼は、当時の警察の事情聴取を受けた際、ハイになっていたかもしれない、と話した。

ワブースは、なぜFacebook上で誤情報が広がったのか、どこから出てきたのか理解できない、と付け加えた上で、これはケニー・ワバスという別の若者が始めたのではないかと推測した。そして、母親が勘違いして噂を始めたのかもしれないと警察に話した。

今日に至るまで、ジョーダンの死にまともな説明がつかないでいる。二月の容赦ない寒さの中、下宿先付近で目撃されてから、どうやって何キロも離れた凍りついた川で命を落としたのか、警察も解明できずにいる。

可能な推論はこうだ。ジョーダンはバスを降りた。玄関まであと少しの距離。マイダに電話をする予定だったので自宅に向かうはずだった。だがそうはせず、メアリー通りを一・二キロ歩いたところで九〇度右に曲がり、橋までさらに一・八キロ歩いた。その場合、メアリー通りのすべての住宅の前を通り、ジェームズ通りを歩き、営業中だったロビンズ・ドーナツの前を通り、マックスのコンビニエンスストアを通過し、信用組合の前を通り、それから暗い地下道に降りて反対側まで行き、それから急に左に曲がって橋に向かい、フォート・ウィリアム・ファースト・ネイションへと続く旋回橋へと歩いた。だが、なぜそうする理由があるのかは謎のままだ。

ジョーダンはフォート・ウィリアムに知り合いはいなかった。それだけでなく、橋にたどり着いた後、どうやって建設作業員が捨てた巨大なコンクリートブロックや産業廃棄物の上を歩き、急な堤防や雪を下り、水の中に落ちたのか。

サンダーベイ警察は、ジョーダンの死に関するファイルに「不慮の事故」と記している。彼の死亡に関する最終検視報告書は、二〇一一年八月二四日、検視官マイケル・ウィルソン医師によって提出されている。彼はジョーダンの死因を「低体温による溺死」と結論づけた。*28

七人の先住民族の生徒の死因審問が行われた際、弁護士のシャンテル・ブライソンが、オンタリオ州立青少年支援事務所（the Provincial Advocate for Children and Youth）の代理人となった。この団体は、児童養護施設の子どもや社会的弱者の声を代弁する州公式の組織である。

「そのルートは何度も運転したことがあります。岩をよじ登って川へ行ったこともある。」と彼女は言う。「信じられない。何一つ。」

第二章　チャーニーが逃走したわけ

エア・カナダ・センターに立ち並ぶ黒光りしたオフィス・タワーと豪華なホテル。トロント市街の中でも最も近代的な場所だ。トロント・ラプターズを応援する様々な人種のファンがファンゾーンでぎゅうぎゅう詰めになり、頭上をパンするテレビカメラに向かって飛び上がってはしゃぐ横で、伝説的なメープル・リーフの選手らのブロンズ像が静かな笑みをたたえている。リアル・スポーツ＆グリルでは、タイトな黒Tシャツ姿のウェイトレスが、週末に仲間とスポーツを楽しむ男性客らにモヒートやバド・ライトを販売している。通りを行った先にあるCNタワーに登ったり、ブルージェイズの試合を観戦したり、水族館を覗けばエイやメカジキが頭上を泳いでいるのを見て驚嘆することだろう。

デルタ・ホテルの中にある客もまばらなコーヒーショップの中で、アルヴィン・フィドラーは暇そうなレジ係の上に掲げられているハーブティーのリストを眺めていた。

ミント。アルヴィンはミントティーを選んだ。

その客が、スタン・ビアディの後を継いで、フランスとほぼ同じ大きさの地域を含む複数のチーフの支持を得たニシナベ・アスキー・ネイションのグランドチーフであることを、レジ係の女性が知るはずもない。二世紀前なら、彼女が今立っている場所を割譲させようと企む英国王室の使者らをも従わせることできた人物なのだ。

アルヴィンは、その場を見回して小さな円形のテーブルに腰を下ろした。カフェのスピーカーからエレクトロポップが流れていた。小柄だががっしりとした体格のアルヴィンは、まるで自分のエネルギーを抑制するかのように、腕と脚を組んでいる。一体何事かという表情で私の顔を見つめている。

その日はイースターの週末で、アルヴィンは連休の三日間に多くの予定を詰め込んでいた。妻のテサと過ごす週末。プリンスのコンサート。胎児アルコール症候群の会議。ジェームズ湾沿岸のクリー族国家とオンタリオ州の間で結ばれる新しい条約の署名。クイーン通りでレコード探し。

この週末は、オンタリオ州北部半分に広がる広大な地域に暮らす四万五千人の自治、代表という重責からの束の間の休息だった。彼の部族であるアニシナベの人々の多くが、清潔な水を使用できていない。トイレを流すことができず、多くの人は茂みの中に捨てるために汚物をバケツで運んでいる。部族の若者の自殺率は西洋で最も高く、改善の兆しが見えない。

もちろん、彼はあらゆることを試みて来た。

週末の野球講習、陸上競技大会、ホテルの宴会場を借りて有能な一〇代を紹介するイベントの開催。この春、アルヴィンは一〇代の若者の一団を連れて、首都オタワにある国会議事堂に向かい、ジャスティン・トルドー首相と面会の機会を得た。トルドー首相は映画スター並みの有名人で、特権階級生まれの国のトップである。トルドー首相は先住民にシンパシーを感じているが、アニシナベの民が日々経験している問題の深刻さを真に理解することはない、とアルヴィンは感じている。カナダの歴史が示しているように。

アルヴィンは、黒くスパイキーな髪を手櫛で整えながら、私に視線を合わせた。

「レイスは最近、どんな様子だ?」と笑いながら尋ねる。

レイスとは、サンダーベイから西に約一時間のところにある旧カナダ太平洋鉄道の沿線の忘れられた停車駅だ。その町はかつて、その土地で暮らす猟師や労働者たちの小さな集落だった。水道がなかったので淡水井戸を皆が使っていた。かつては小さな一部屋の校舎と商店が建っていた。今ではそれらも無くなり、路傍に数軒の荒れ果てた家屋が残るだけだ。

レイスの地を知るのはアニシナベ族の人々だけだ。サンダーベイに暮らす白人にレイスの名を聞いたことがあるか聞いてみるといい。聞いたことがあるような、でもどこにあるのか思い出せない、と総じて顔をしかめて見返してくるだろう。

先住民の人に聞いてみてほしい。全く異なる話が出てくるだろう。高速道路からどのくらい先にあるのか、そこに着くのにどのくらい時間がかかるのか、レイスやサバンヌ、ウプサラ、地域のあらゆることをよく知るのは誰だったかなど、教えてくれるだろう。

レイスは、私の母が少女時代を過ごした場所である。母は、母方の祖父母、寄宿学校のサバイバーであるリズ・ゴーチェと、猟師で鉄道労働者のラッセル・ボエン(別名アルフォンス・ピスキー)によって育てられた。祖父は、インディアン省行政官の目を逃れて森の中で暮らしていたので、寄宿学校には通わないで済んだ。リズとラス(ラッセル)はサヴァンで結婚したのちグラムに移り、最終的にはレイスに定住した。

私が最初にアルヴィンに私の母はレイスの出身だと告げると、彼は冗談だろうという顔をした。レイスにルーツを持つ都会のジャーナリスト。彼は椅子から転げ落ちるほど驚いていた。

私はアルヴィンに、サンダーベイの学校で亡くなった七人の生徒について本を書き始めており、そのうちの五人がフォート・ウィリアム・ファースト・ネイション周辺の水辺で亡くなったことにひどく困惑していると伝えた。

彼は頷いた。

私がこの本の執筆を思い立ったのは、五年前、かつてのカナダ赤十字社の事務所だったと伝えた。そこは、ジョーダン・ワバスの捜索の指令センターになっていた。当時、彼は七〇日間行方不明だった。マスクラット・ダム・ファースト・ネイションの元副チーフであるアルヴィンは、ジョーダンが行方不明になったことをテサが電話で伝えた時、カナダ真実和解委員会（The Truth and Reconciliation Committee of Canada, TRC）のメンバーと共に全国を巡っている最中だった。

真実和解委員会（TRC）は、カナダ政府にとって過去の傷を癒すための最重要の取り組みである。一五万人もの先住民族の子どもたちと、数十万人の子孫たちが被った深い傷。彼らの人生は、あの寄宿学校制度によって逃れようもなく狂わされたのである。二〇一一年、TRCは全国各地を巡回しサバイバーらの声を集めていた。アルヴィンは地域会議を準備し、オンタリオ州のサバイバー全員の証言収集を指揮した。

彼が目の当たりにしたのは、カナダ北部の人々が世代間にまたがるトラウマに苦しんでいる惨状だった。子どもたちが予防可能な病気で死亡していたこと、栄養不足や糖尿病に配慮を欠いたため身体と心が壊れていったこと。若者の自死が増えていること、小さい子では一〇歳という年齢で自らを死に追いやるしかない状況を理解するようになったという。さらに、性的虐待がもたらした負の遺産、寄宿学校制度による人間性の破壊。彼はNANのグランドチーフとして見たもの、自分のコミュニティで暮らしていた際に見てきたものが原動力となり、民族の暮らしをよくするために自らの人生を捧げることを決意したのである。

アルヴィンは、再びテサからの電話を受けた時のことをよく覚えている。ジョーダンの遺体が川で発見されたとの知らせだった。彼はイエローナイフのホテルにいて、TRCを代表して無数の証言を聞いていた。感情の揺れ動く一日だった。寄宿学校サバイバーである証言者と共に、各部屋には証人、エルダーあるいは医療支援者が同席していた。サバイバーが心の奥底に隠してきた人生で最も辛い経験について話している間、精神的および感情的な支援を受けられるようにとの配慮だ。これらの話を聴くことは大きな名誉であると同時に、重大な責任を負うものである。また、聴き手にとっても精神的に大変辛い作業であった。その痛みに耐えがたく、頭は記憶の重みで激しく打ち砕かれるような思いをする日も少なくなかった。

アルヴィンはテサの電話を受けるために廊下に出た。テサは彼に、ジョーダンが川で見つかったと伝えた。

アルヴィンは怒りを抑えられなかった。彼は皆に話していた。皆に警告していたのだ。彼は三年前、二〇〇八年にもう一人の学生レジー・ブッシーが溺死で発見された際、皆に警告していたのだ。当時NANの副チーフだったアルヴィンは、サンダーベイの学校で子どもたちが死んでいて、なんとかしてそれを食い止めなければと訴えていたのだ。

私はアルヴィンに、当時、色々と忙しくてこの本の企画がなかなか進まなかったことを告白した。

アルヴィンは再び頷いた。

「以前は、この本を書くつもりはなかったんだね。でも、今その時が来たと。」彼が言った。そしていくつかのアドバイスを授けてくれた。「チャーニー・ウェンジャックから始めなさい。」

チャーニー・ウェンジャックが誰なのか知らず恥ずかしくなり、頭が真っ白になった。彼は死んだ七人の生徒のうちの一人ではない。

アルヴィンは私が彼の名前を聞いたことがないことを察知した。彼はテーブル越しに身を乗り出しながら、「チャーニー・ウェンジャックだ」と念を押した。


一〇月のスペリオル湖沿岸の天気は全く予測できないほど変化が激しい。カバノキは鮮やかな黄色に染まり、さわやかな秋の朝は暖かく晴れた日になる。しかし、夜になると天気は急変する。灰色の冬の訪れは早く、気温も氷点下になる。

カナダ太平洋鉄道の線路沿いに、サバンヌやレイスのような小さなコミュニティが点在するこの地域では、魔力が躍動している。ここは、グレイト・スピリットと呼ばれる森羅万象の守護者が、タートル・アイランド（訳注：北米大陸）の水を分けるように命じた場所である。ここから河川、小川、そして湖が生まれたとされる。北極圏に向かって北上する水もあれば、残りは五大湖や亀の甲羅に傷をつけて開発された都市部へと南下して流れる。

この神秘的な水流線は、今では北極圏流域として知られているが、物理的には見ることができない。それは感じることしかできない流れだ。

この河川流域は、様々な生き物たちにとっての自然な境界であり続けてきた。一七世紀になると、ハドソン・ベイ・カンパニーは流域を目印にして南部に広がる土地を自分たちのものだと主張した。彼らはスペリオル湖の北、西、東で、ヨーロッパ人男性用の黒のトップハットを作るためにビーバーの毛皮を求めた。その二世紀後、この地域はロビンソン゠スペリオル条約でイギリス国王が支配する土地の北限とされ、先住民族にはウィリアム・フォート近くに小さな土地があてがわれた。

ここで重要なことを理解してほしい。複数のファースト・ネイションズ（先住民族国家）と英国政府との間で調印された国対国の条約が、いかにして完全な不履行と裏切りへと転換されたのか。それは、インディアン法と呼ばれる温情主義的な法律が強く関係している。この法によって、先住民族は僻地に隔離され、百年以上もオタワ（訳注：現カナダ首都）の従属的存在として扱われてきた。

条約には、物品・金銭のやり取り、漁業や狩猟の権利の保護などが含まれていた。しかし、法律はさらに、ファースト・ネイション（先住民族国家）の伝統的な土地の譲渡と居留地の創設も監督した。居留地ではコミュニティが形成され、伝統的な暮らしの実践が許される。このように先住民族を辺境に隔離し続けながら、政府は残りの土地を白人入植者に開放し、カナダという国家は誕生したのだ。先住民族は自らの利益に一切かなわない一方的な取り決めのルールに従ってきた。しかし、カナダ政府は条約の不履行を続けている。

フォート・ウィリアム・ファースト・ネイションは、一八五〇年にロビンソン゠スーペリア条約に調印した。当初から、フォート・ウィリアムのオジブウェ族はこの条約締結プロセスに不信感を抱いていた。一八四〇年後半、英国王はヒューロン湖の湖岸とスペリオル湖の北岸を調査するための偵察隊を北部地域に派遣した。アッパー・カナダ（訳注：一七九一年、現在のオンタリオ州に創設された英国植民地）にとって、西部への拡張とつながるこれらの土地の支配権掌握は絶対であった。偵察隊はオジブウェ族の交渉代表者ジョセフ・ポー・デ・シャットと面会した。ポー・デ・シャットの「当初の態度が敵意に満ちていた」[*1]のは、偵察隊は真の意図を隠していると彼が感じたからだろう。話し合いの場には、偵察隊でさえも警戒していたイエズス会の司祭であるフリーミュート神父が参加していた。先住民・北部担当省が発行した一八五〇年のロビンソン＝スペリオル条約の歴史的解釈では次のように述べられている。

ここでも他の地域同様、イエズス会士は誤ったその教義についてだけでなく、われわれの任務についても独自の考え方でインディアンに影響を与えようとしている。それは、彼らがインディアンを正しく導きうることで政府に対する影響力を高め、原住民にとって良い取引となるよう誘導し、最終的には聖職者の利益となるような現金を得られるなどと考えているからとは思われないが、政府は十分に警戒しなければならない。[*2]

説得に数日を要したが、教会の助けもあって偵察隊はポー・デ・シャットの信頼を得て、アッパー・カナダのエルギン卿から交渉権を与えられていたウィリアム・ロビンソンと面会することになった。ロビンソンに託された、交渉の全費用とそれに伴う年金支払いの予算はたった七千五百ポンド。ポー・デ・シャットにとっての懸案は、狩猟と漁業権だった。そこでロビンソンは、「カナダ楯状地の荒涼とした地域に大規模な入植が行われることはなさそうだったので」彼らにすべての狩猟と漁業の権利を確約した。彼はポー・デ・シャットに、誰もどのみちそこに引っ越さないから心配するなと言った。ポー・デ・シャットはロビンソンを信じ、一八五〇年九月七日にロビンソン＝スペリオル条約に調印し、バチワナ湾からピジョン川までの島々や「陸地を形成している」内陸部を含むスペリオル湖沿岸全域が英国の手に渡った。この取引により英国が手にしたのは五万七千平方キロメートルに及ぶ土地、その引き換えにわずかばかりの年金や財貨、そしてキミニティクィア川の右岸から三キロメートル内陸に位置する空間、西に九・五キロメートル、北に八キロメートル、そこから東進して前述の川の右岸までがフォート・ウィリアム居留地として残された。またこの条約で、ハドソン・ベイ・カンパニーが有する権利を妨害しないこと、が確認された[*3]。

この条約によって、サンダーベイでの入植に始まり、国の拡大への道が開かれるようになった。数日後にはヒューロン湖の北岸を国王の領地とするロビンソン＝ヒューロン条約が調印された。数十年後の一八七三年から一九三〇年にかけて、オンタリオ州の最北、マニトバ州との境界線に沿った八万八千五〇〇平方キロメートルの土地が条約第三号として英国領となった。東には条約第九号の調印によって三三万八千平方キロメートルが英国の手に渡った。最後に、第五号条約によって、オンタリオ州北西部の小さな土地を抑え、マニトバ州東部開拓の準備が整った。これらの条約の結果、アッパー・カナダは現在のオンタリオ州へと姿を変えた。

一八七六年、カナダ政府がインディアン法（Indian Act）を導入し、所管庁としてインディアン省（Department of Indian Affairs）が設置された。（現在は、先住民・北部担当省 Indigenous and Northern Affairs

Canadaと名称が変更されている。）　インディアン法は、植民者の邪魔にならないよう先住民族を居留地に隔離する様々な規則を課した。

インディアン法はアパルトヘイト（人種隔離）の一形態で、先住民族を統制し、服従させることを目的とした法律だと言われている。この法律を見れば、カナダ先住民の人生の一部始終を歴史的にどう改変してきたかがわかる。このインディアン法を通じて、カナダ政府は寄宿学校制度を形成し、儀式の禁止を命じ、裁判所へ訴えることを許さず、先住民族の人々がインディアン省行政官の許可なしに居留地を離れられぬよう移動を制限し、政治団体の結成を禁止した。

今日まで、カナダ連邦法の下で「インディアン」と認められ、条約の権利を認められるのは、このインディアン法によって規定された者だけである。この法律によってすべての先住民族が登録されてきた。名前が登録リストにあれば、その人が所属するバンド（訳注：居留地の行政組織）を示すステータスカードが発行され、番号が割り当てられる。政府は登録者数を制限するために慎重に適応条件を規定してきた。例えば、過去には、先住民女性が白人男性と結婚すると、その女性は「インディアン」の資格を失った。あるいは、先住民が居留地を離れて土地を購入した場合にも資格を失った。先住民がカナダ軍に入隊したり、大学に入学した場合にも資格を失った。先住民が選挙で投票したければ、「インディアン」としてのすべての資格と条約上の権利を放棄しなければならなかった。こうした先住民資格や権利の消失を引き換えとする投票の権利は、ジョン・ディーフェンベーカー首相が政権を取る一九六〇年まで続いた。[*4]　移動の自由や教育の追求さえも制限されたインディアン法の重圧は、四世代にわたって先住民族の人々を苦しめてきた。

カナダ政府にとって「インディアン法」が非常に成功した法律だったことは、南アフリカの白人議員が残忍なアパルトヘイト体制を構築する際のモデルとして参考にされたことからもわかる。英国によるこの二つの植民地政府は、闇深きレイシズムの歴史を共有する。エルダーのシャノン・サンダーバードは、インディアン法は民主主義の中に抑圧的な体制を生み出したと述べている。「カナダが他国で起きている残虐行為に対する防波堤のような役割を果たしながら、自国の人々には目をつぶるのは偽善以外の何ものでもない。」[*5]

人種隔離政策の二つのシステムの大きな違いは、南アフリカにおける白人の数は実際には多くないことである。南アフリカの白人は、アフリカ南端の植民地人口のわずか五%を占めるだけだ。それでも何十年もの間、アパルトヘイト下で勢力の均衡を保っていたのだが。

一方のカナダでは、先住民の人口はその逆で、カナダ全体のおよそ四%を占めるだけだ。そのため、インディアン法が国内メディアの注目を集めることも、国際ニュースの見出しを飾ることも少ない。自由を求める南アフリカ黒人の闘いを支援したようなロックコンサートが開催されることもなかった。

政府は、先住民から土地を奪うだけでなく、次の世代をカナダ社会に同化させるために条約を利用した。子どもたちは「野蛮な」家族から引き離され、カトリック、プロテスタント、長老派教会が運営する学校に送られた。一八八三年、カナダの初代首相ジョン・A・マクドナルド卿はこの計画を国会議員に次のように説明した。

学校が居留地にあれば、子どもは野蛮な両親とともに暮らし続ける。子どもは野蛮人に囲まれており、読み書きはできるようになるかもしれないが、習慣や躾、考え方はインディアンのままだ。読み書きができるただの野蛮人であり続ける。インディアン省のトップとして私が強く主張したいのは、インディアンの子どもたちを親の影響から可能な限り遠ざけるべきであり、そのための唯一の方法は、白人の習慣や考え方を身につけさせるために、訓練中心の工業学校に入れることである。[*6]

もしすべての先住民族の子どもたちがカナダ社会に吸収されたら、彼らの言語や文化とのつながりは断ち切られるだろう。彼らが居留地に住むこともなくなる。他のカナダ人に混じり生活し、働くことになれば、もはや条約や居留地、先住民族に与えられる特別な権利の必要性もなくなる。寄宿学校制度の唯一の目的、そして真実は、文化的虐殺の行為であるということだった。もしカナダ政府がすべての先住民族の子どもたちを同化させることに成功すれば、もはや先住民に対する金銭的補償、法的義務はなくなってしまう。そして、こうした任務を遂行するための法律として作られたのがインディアン法なのだ。[*7]

同法では、一六歳以下の生徒は寄宿学校にとどまることが求められている。「身体的に健康な七歳から一五歳までのすべてのインディアンの子どもは、教育長が指定する工業学校または寄宿学校で、その学校が毎年開設される全期間、教育を受ける。」[*8]

カナダ全土で三九の寄宿学校が設立された。[*9] オンタリオ州には、一五校が北部地域に設立され南部に作られたのはわずか二校である。[*10] 寄宿学校は一九世紀の中頃に最初のものが開校し、最後の一つは二〇世紀の終わり近くまで運営を続けていた。オンタリオ州では、七つの学校がカトリック修道会によって運営され、五つは英国国教会によって、一つは長老派教会によって、一つは合同教会によって、そして三つはメノナイト教徒によって運営された。[*11] 寄宿学校の生徒は、英語、数学、科学に加え、神の教えについても学ばされた。

学校の多くは過密状態だった。多くの生徒がいればいるほど、運営母体の教会は連邦政府からより多くの補助金を受け取ることができるからだ。生徒一人当たりの年間収入は約百四〇ドル。[*12] 数を増やし、子どもたちを取りまとめるためにインディアン省行政官が派遣され、支援に当たった。赤い制服に身を包んだ連邦警察官が、子どもたちを自宅から連れ去った。そのため先住民と警察の間には、積年の疑念や不信が横たわる。インディアン法は「不登校者対応官」を任命し、不登校の生徒を逮捕し、学校に連れ戻す権限を与えている。また、保護者に「二ドル以下の罰金」や、「一〇日以下の懲役若しくはその両方」[*13] を科す権限も与えられた。

学校内の環境は往々にして不潔で不衛生であった。建物の多くが、登録された子どもすべてを収容できる大きさを備えておらず、安普請で作られていた。インディアン省では建物の修理や維持にかかる予算を確保していなかった。一九四二年にオンタリオ州マンシーにあるマウント・エルギン寄宿学校（合同教会の運営）を訪問した政府関係者は、次のようなコメントを残している。

建物はレンガ造りで、外観はやや重厚感がありますが、内部は今まで見た中でも最も荒廃した建物の一つです。私が訪問したとき、男子用洗面所の配管は修理の不完全な状態にあり、その結果、洗面器は汚れた水でいっぱいになり、床も汚れた状態のままでした。洗面所や建物全体の悪臭にはほとんど耐えられませんでした。建物の一部は文字通りゴキブリの巣と化しています。[14]

同学校を訪問した別の検査官は、少年たちが納屋を浴室として使っていた、と指摘している。[15]施設が政府から受け取る一人当たりの予算は、子どもたちの衣服、食料、授業料に充てられるはずであったが、子どもたちは適切な衣服を着ておらず、栄養も不足していた。学校ごとに提供される食事の内容に変更が加えられ、学校で育てた食材で補われることもあった。ケノラの北東にあるラウンド・レイクに立地していたセシリア・ジェフリー寄宿学校で提供されていた「公表された」メニューによると、子どもたちには週に三回野菜が提供され、果物は週二回、おやつが週に三回、スープや肉汁がなければラードがすべての食事と一緒に提供されていた。おかゆは毎日の朝食で、ローストビーフが日曜日の昼食に出されていた。夕食は、パンとスープ、豆とプルーンが交互に出され、時々ジャガイモが出た。そして水曜日の夕食にはミートパイとブランケーキが出た。[16]

ほとんどの場合、寄宿学校は子どもたちの家から何百キロも離れているところに立地していた。教育は英語で行われたが、子どもたちはオジブウェ語、クリー語、その他何百もの先住民族の言語を話していた。こうした言語は、現在、風前の灯にある。子どもたちは自ら民族の文化を忘れようとした。そうしなければ、忘れるまで叩き続けられるからだ。子どもたちは「異教性」、非キリスト教的なやり方を非難され、罵られ、軽蔑された。髪の毛は切られ、衣服や所持品は取りあげられた。病気になっても、呼吸器系感染症や結核の場合、多くは適切な医療を受けられなかった。薬も与えられず、医師の診察も受けられなかった。その結果、何千人もの子どもが命を落とした。病気やその他の理由により寄宿学校で命を落とした子どもの正確な数は明らかになっていないが、六千人近くと考えられている。教会や学校当局が保有する記録のほとんどが焼却などにより廃棄されているため、正確な数字が不明なままである。一九三六年から一九四四年の間に、連邦政府は約二〇万件のインディアン省が保有する関連文書やファイルを廃棄している。[*17] 残されたものはすべて歴史的真実の断片であり、それらの断片のどれも、学校の建物の内側で起こった恐怖の物語の全体像を語り得ない。

ラウンド・レイクにあったセシリア・ジェフリー先住民寄宿学校（Cecilia Jeffrey Indian Residential School）はすでに取り壊されている。唯一の痕跡は歩道であり、それは色あせてまるでローマ軍兵士が使用していたかのようだ。突然始まりそしてと切れる歩道は理不尽な方向転換を繰り返しながら、いまとなっては消えてしまった目的地に向かっている。

一世紀も前にここに建っていたのは、頑丈な四階建ての赤レンガの建物で、箱形の窓が並び、側面には礼拝堂があった。同校は一九二九年にこの場所に開校し、一九七四年まで運営され続けた。何千人もの生徒たちがこのホールを行き交った。閉校後、この土地は条約第三号合同協議会（Grand Council of Treaty No.3）に返還され、建物は取り壊された。

セシリア・ジェフリー寄宿学校がかつてそびえ立っていた場所に、現在は空色の平屋の建物がある。建物と言っても立派なコンテナハウスにすぎず、学校のレンガ基礎の上に建てられたものだ。その横には、陥没孔と見間違えるような舗装が剥がれた穴だらけの駐車場。ラウンド・レイクの湖岸側、敷地の南には腰の曲がった老人のような野球場のフェンス。西には、藪の中にひっそりと「子どもたちのために」と彫られた小さな石碑があり、その横に錆びたブランコが残されている。鉄のフレームからぶら下がった鎖。椅子の部分は腐っており、金属はねじれて悪魔のようだ。

エルダーのトーマス・ホワイトは、この空色の事務所の中で私を待っていた。ホワイト氏は、ケノラから車で一時間ほどのところにあるホワイトフィッシュ・ベイ・ファースト・ネイションの出身だ。彼自身、インディアン寄宿学校のサバイバーであるが、セシリア・ジェフリーではなく、一八九七年から一九七二年まで運営されていたケノラ地区の聖メアリー・インディアン寄宿学校に通っていた。聖メアリー学校はカトリックのオブラート修道女によって運営されていたが、現在は取り壊されている。ホワイト氏は条約第三号合同協議会のエルダーで、この委員会の建物で日中を過ごし、寄宿学校の歴史の語り部として人々に真実を伝え、サバイバーに語りかけの活動を続けている。

ホワイト氏は小柄で快活な人物だ。スタスタと歩いて事務所へと案内してくれた。窓のところで立ち止まり、彼はかつて野球場だった場所を指差した。

「あそこが見えるかい？　あそこへは行かないでほしい。」と彼はつぶやいた。

埋葬地があると言う。すでに、事務所で働く若い連中が、昼休みにゴルフの打ちっ放しでもできるようにと大きな柱を立てようとしたのだそうだが、彼は一蹴したと言う。

「以前は、あそこでパウワウをやっていたものだ」と彼は言う。

パウワウとは、夏に開かれる先住民族の祭りの一部で、何世代もの家族が集まりキャンプをし、羽根やビーズで装飾された頭飾りをつけて、ドラムの絶え間ない鼓動に合わせて踊りが続く。互いに敬意を表し、エルダーらが語る民族の智慧を思い出すための時間である。

「ところが、二人が亡くなったんだ。二人とも踊り手だった。あの場所でだ。一緒にいたわけではないけど、二人とも心臓発作だったそうだ。あの場所でな。」と彼は語り、荒れ果てた野球場を指差しながら「誰もここに寄り付かないんだ」と言った。

ホワイト氏の事務所はこのプレハブの建物だ。彼の机の脇に白い壁があり、大きな額縁の写真が飾ってある。百年ほど前のもので、聖メアリー寄宿学校の建物の前に整列した先住民の子どもたちの写真。黒いボウルのような髪型が不機嫌な顔を囲んでいる。誰一人笑っていない。子どもたちだけでなく、彼らの周りに立つ黒い外套を着たクモのような修道女までも。

「本が沢山載っているテーブルがあるはずだ。私たちが集めた寄宿学校関係の本や写真、皆がここにきたら閲覧できるようにね」と、ホワイト氏は申し訳なさそうに言う。

彼は、寄宿学校のサバイバーやその家族がセシリア・ジェフリー寄宿学校の遺品を見に来た際、その遺品など見られるような展示を設置したいと考えている。

「でも、誰も来んのだよ。この場所に来ると気分が悪くなるらしい。」と、ホワイト氏が言った。

彼はゆっくりと机から立ち上がって部屋の中をウロウロし、それから床に這いつくばってテーブルの下を這い回った。数回うなり声を上げた後、彼は埃まみれの硬い黒いプラスチック製のスーツケースを引っ張り出してきた。

彼はラッチを開き、ふたを持ち上げ、中身を指し示した。「セシリア・ジェフリーに関する資料はこれで全部だ。」と、言う。「チャーニー・ウェンジャックのことを調べているなら、ここから始めるといいだろう。」

パール・ウェンジャックのカラー写真があった。チャーニー・ウェンジャックの姉だ。この写真が撮影されたのは一九六五年、パールがセシリア・ジェフリー寄宿学校で過ごした最後の年。彼女は一七歳くらいだったはず。

パールの写真が撮られたのは、弟が失踪する一年前だ。

カールした黒髪のパール。銀色のフレームの眼鏡をかけている。白いハイカラーの半袖ブラウスに、藍色のスイングスカート。見知らぬ建物の階段に立って、クラスメイトの女子生徒一八人と一緒に写っている。皆、同じ年頃、同じ制服を着て、同じ短い髪型をしている。

その写真は、黒いスーツケースに入っている数少ない写真の一つで、子どもの身元がわかる一枚だ。他の写真は名前のわからない顔だらけだ。

黒いケースに入っている写真の数は相当数にのぼる。写真に写っている顔はすべて、頬骨が高く、茶髪か黒髪で、深みのある暗い目をしている。生徒たちは古びた赤レンガの大きな学校の前に先生と厳かに立っている。誰も幸せそうに見えない。さまざまな学校行事や休日の写真もあった。電飾と赤や緑のオーナメントが飾られたプラスチックのクリスマスツリー、その周りに座っている先住民の子どもたちの姿は、最も憂慮すべきものの一つである。プレゼントを交換しあう様子も見られる。きっと、クリスマスについて教えられたのだろうが、多くの子どもたちにとって、それは白人の伝統であって、彼らの伝統ではない。

幼い少年たちが写る一枚の写真。八歳に満たないような子たちがブランコのそばで並んでいる。忘れることのできない写真だ。少年たちは皆、ブルージーンズにチェック柄の長袖シャツ、薄手の青いジャケットを着ている。後ろの二人の男の子がお互いを押し合っている。先生が前にいて、厚手の茶色のおしゃれな羊皮のコートを襟までボタンで留めている。彼女が生徒一人一人に買い物袋から何かを渡しているようだ。彼らを囲む草は黄色く湿って枯れたように見える。

哀れな少年たち。さぞ寒くて不快だろう。

スーツケースには六歳から一七歳までの子どもたちの写真が何百枚とある。新しい写真を見るたびに、いたたまれない気分になる。この子たちが一体誰なのか誰も知らない。顔と名前が一致するのは極めて稀だ。名の知れぬ何百人もの子どもたち。これらの写真を見ていると、まるで墓荒らしをしているような気分に苛まれる。

チャーニー・ウェンジャックを特定する写真は一つも残っていなかった。

しかし、彼は確かにここにいるはずだった。黒い無表情の目をしてカメラをぼんやりと見つめ、私に語りかけているはずだ。

セシリア・ジェフリー先住民寄宿学校は、ラット・ポータージュに設立された女性宣教会の「インディアン担当」秘書、セシリア・ジェフリーを記念して名付けられた。当時、ケノラはオジブウェ語でラット・ポータージュ「ジャコウネズミが集まる場所」と呼ばれていた。

ジェフリー女史は想像通りの女性だ。豊満。タフ。英国人。彼女は首にブローチのついた高襟のビクトリア朝のドレスを着て、髪を後ろできつくお団子に結わいている。既婚者で敬虔な長老派のジェフリー女史は、仲間の女性グループとともに、ケローナおよびレイク・オブ・ウッズ地域に暮らすオジブウェ族の人々に神の教えを広めようと活動していた。子どもたちに英語を教え、白人の世界で暮らす準備をする学校をつくることが彼女の夢だった。学校は子どもたちを「救済し」、キリスト教を教え、森や湖の中で生活しながらも、読み書きを教えることができる場所になるはずだった。

「この学校にはサビコンからホワイト・ドッグ、ノースウェスト・アングルからショールに広がる地域から生徒が集まっている。寂しい山小屋や林道とは程遠いが、インディアンの子どもたちを訓練し、競争の激しい（彼らにとって）新しい世界にふさわしいようにすることが第一の目的である。」と、地元の女性ジャネット・クラザースは記している。クラザースは同教会に関わり、一九四五年に出版された『ツィーズミア郷土の歴史』のジャフリー婦人会版に寄稿している。ツィーズミアの歴史シリーズは、オンタリオ州各地の社会で活躍していた女性たちによって書かれたものだ。二〇世紀初頭からの日記やら様々な記録を保管していた。

「インディアンの子どもの訓練は、広くアピールし、深い理解を得なければならない取り組みである。」とクラザースは書いた。「彼らの人種のはるか昔から、生まれながらに自由を愛する心は存在するのに、多くのインディアンはいまだに迷信を信じ、真実に対する疑念を抱いている。極端な場合、病院で重病にかかっている子どもたちがいると知れば、集団で洗い桶を集めて、窓の下で大きな音を立てて叩き悪霊を追い払ったりする。[*18]」

学校は当初、ケノラの南西約七〇キロ、ウッズ湖のマニトバ境界近くのショール・レイク・ファーストト・ネイションの近くに位置していた。合同教会が運営するこの学校は、森の奥深くにありボートでしか行けない、信じられないほど人里離れた場所にあった。学生や物資を運ぶために蒸気船が使われた。婦人宣教会は二階半建ての校舎を寄贈した。一九〇二年に開校し、近隣のショール・レイク居留地などから九人の生徒が集められた。

条約第三号地域の先住民族の子どもたちが多かったこと、ウッズ湖のコミュニティで従事するインディアン省の行政官らが熱心に取り組んだおかげで、一九〇五年までには四〇人の生徒があっという間に集まった。[*19] 二七年間ほど学校はショール・レイクで運営され、校長の地位には合同教会の神父らが代わる代わる就いた。教師の数は生徒数によって変動したが、ベテランの教師と数名の若手教員が教鞭をとった。少女たちは寮母に監視され、少年たちには寮の管理人がついた。生徒らは半日を教室で、残り半分は庭仕事から木工、裁縫、掃除、料理まで、あらゆることをしなければならなかった。神の言葉も子どもたちに深く刻まれていた。生徒たちは毎朝毎晩礼拝に出席し、日曜礼拝を行い、夕方には日曜学校と歌の礼拝に出席することになっていた。毎朝、授業は聖書の朗読から始まった。[*20]

ウッズ・レイク地域のバンドの多くは、子どもたちが受けている教育が基準を満たしていないことや、行き過ぎた体罰に不満を言い始めていた。記録によると、ショール・レイク・バンド第三九番のチーフであるサム・ケジックが、居留地出身の八人の子どもの扱いに抗議したが聞き入れられなかった。子どもらの扱いが酷いと感じたのは彼だけではなかった。抗議の内容は、頻繁に革ひもで子どもたちが殴られているなどの過剰な体罰に関するものだった。中には、校長に厳しく罰せられて生徒が死亡したという記録もある。[*21] NANが二〇〇五年に出版した寄宿学校の歴史に関する書籍『オンタリオ州のインディアン寄宿学校』の執筆者であるドナルド・オージェーは、特に、一九一二年から一九一七年の間、校長による生徒らへの残酷な体罰に対する抗議が増加したと述べている。一九一四年七月八日から一九一七年の九月までの間、虐待の訴えが多かったこの時期に校長だったのは、ガンディエール神父、J・D・マクレガー氏、ドッド神父の三名である。[22] オージェーは、この期間には「校長による残酷な体罰の報告が絶えなかった」と書いているものの、どの校長が犯人だったのかについて、ドッド神父の名前以外、詳細は触れられていない。ドッド神父は賞賛されることも嫌われることもあった人物のようだ。[23]

　虐待問題の報告があまりにも止まないため、先住民族の家族は子どもを学校に通わせることを積極的に拒否し始めた。一九一四年、インディアン省の監査人は「年間を通じて一人の生徒すら獲得できていない」と報告している。[24] また、その理由として校長による体罰を上げている。男子も女子も多くの生徒が逃げ出したという。これを受けて長老派教会は苦情を調査する委員会を設置した。その報告書の中でこう書かれている。「学校がうまくいかないのではないかと心配している…男子生徒らはドッド校長によるひどい扱いを理由に学校を辞めている…少年たちが学校を去ったのはインディアンのせいではない。ドッド氏のせいだ…私たちはドッド氏に、なぜ少年たちが学校を去って行くのかその理由を伝えている。しかし、彼は行動を改めようとしない。[25]」しかし、オージェーは、ドッド神父は子どもたちに会いにくるよう親たちに声をかけ、時には家族に食事を提供したりしていたことも指摘する。[26]

　一九二四年までには、合同教会とインディアン省が、ケノラの近くに別の学校を建設すべく協議を進めていた。ショール・レイクの学校は遠すぎて、船でのアクセスも不便だったためである。また、ウィニペグ市がショール湖から取水し始めたせいで、水質の低下に加えて水量も減少していた。ショール湖からの取水はほぼ一世紀にわたって続いている。湖の水位が下がると蒸気船は運行が困難になる。さらに、もし学校をケノラに移転すれば、はるかに多くの子どもらを獲得できる算段もあった。

学校移転案に、ショール・レイク地域のチーフたちは反対した。学校には当時多くの子どもたちが在籍していたにも関わらず、移転の問題について話し合いはなかった。サム・ケジックをはじめとする地元のチーフらは、子どもたちを住まいから七〇キロも離れた場所に移動させることに抗議した。しかし、彼らの懸念は聞き入れられなかった。ケノラの郊外のラウンド湖のそばにある百六九エーカーの農場に新しい学校が建てられることになっていた。一九二九年に開校したこの学校は、当時在籍していた一二五人を収容するのに十分な大きさであった。

その後十年間も、子どもたちは学校で虐待を受け続けたが、すでに家族からは遠く離れている。一九四〇年から一九五〇年にかけて、政府は寄宿学校制度が失敗であったことを認めた。先住民族はカナダの文化や社会に無抵抗に同化していたわけではない。事実、彼らは積極的に同化政策に抵抗していたのだ。

それにもかかわらず事態はさらに深刻だった。一九四〇年から一九五二年まで、カナダの科学者らは全国各地で、先住民族の子どもたちに関わる行政官僚や栄養学の第一人者と協力し、いわゆる飢餓実験として知られる研究を、六つの寄宿学校の生徒を被験者として実施していたのだ。子どもたちは意図的に栄養失調状態に置かれ、牛乳と乳製品の摂取が制限され、その後、未試験のミネラルサプリメントとともに実験的添加物を含む食品が与えられた。医師たちは、子どもたちの身体がこうした食事の変化にどのように反応するか、特にウィルスやその他の感染症を撃退するための知見を得ようと、こうした人体実験を行っていた。「これらの子どもたちの多くは、実験期間中は、栄養失調状態に置かれていました。…強化小麦粉の混合物は、最終的に貧血を引き起こした」と、歴史家のイアン・モースビーは述べている。[*27] 子どもたちは実験を知らなかったし、実験への同意ももちろんない。親たちにも一切知らされていなかった。

実験期間中、結核が広範囲に広がり病状も重度になる者が多かった。肺への感染により、血を吐いたり、体重を減らしたり、極度の疲労感を訴えるこの細菌感染症で、実際に何人の子どもが亡くなったのかを知ることもできない。子どもたちは、フォート・ウィリアムか、マニトバ州ブランドンのいずれかの療養所に送られた。そこで亡くなった子どもたちもいる。一九四七年から一九五二年の間、学校での感染率は二五%に上った。[*28] セシリア・ジェフリー寄宿学校には墓標のない墓があり、少なくとも一四人の遺体がラウンド湖岸に続く草むらの斜面の下に埋葬されている。死因は不明だ。[*29]

一九六六年九月、オルバニー川の深く澄んだ水に浮かぶ飛行機のはしけの上でバランスを取っているのは、一八歳のパール・ウェンジャック。このはしけは、マーテン・フォールズ・ファースト・ネイションから三・二キロ北東にあるオゴキ・ポスト空港にあるものだ。ウェンジャック一家はオゴキ・ポストに住んでいる。オゴキ川がジェームズ湾に注ぐ強大なオルバニー川に合流する地点だ。オゴキは数百人のコミュニティで、より大きなマーテン・フォール・ファースト・ネイションに属している。見渡す限りのモミの樹林。晴れた日には、鏡のような川面にどこまでも続く森の縁が映し出される。

パールは小柄で敏捷な女性だ。茶色の目は高い頬骨の上に沈み、いつも陽気に輝いている。楽しいことが大好きで鋭い知性を持ち合わせている。彼女のコメントはいつも知的で洞察力があり、誰に何が起こっているかを常に知っている。彼女には、どんなに深刻な状況でも、すべてがうまくいくように感じさせる、軽やかさと安らぎをもたらす才能がある。

パールの人柄からすれば、当時一二歳だった弟チャーニーとも仲が良かったはずだ。まるで磁石のように。彼にも同じようにいたずら好きなところがあった。一一人の子どもたちでにぎわった彼らの家で、パールはチャーニーのために特別な場所を残している。心の中に生きる弟。

夏の終わりのあの日、チャーニーはパールの横に立ち、川の流れに沿って静かに前後に揺られているはしけの上でバランスをとっていた。

理由は分からないが、セシリア・ジェフリー寄宿学校に送られる居留地の子たちのリストからパールの名前が外されていた。彼女のきょうだい（アニー、マーガレット、デイジー、エヴリン、マーサ、リジー、ジョージ、そしてチャーニー）は飛行機を待っていたが、彼女だけはその年は家に留まるよう言われたのだった。

「どうして行かないの?」と、チャーニーは姉を見上げながら尋ねた。

「私の名前がリストにないから」彼女は答えた。「姉さんが行かないなら僕も行きたくないな」と、彼は言った。

弟が学校に戻りたくないと言っているのをパールが聞いたのは初めてだった。[*30] パールは弟に、行かなくちゃと言った。父親は弟が学校に行くことを希望していたし、彼の友達はみなすでに飛行機に乗っていた。選択の余地はなかった。

チャーニーは状況を理解した。しばしの沈黙の後、彼はパールを見上げて頼みごとをいくつか伝えた。

彼女はこう言われたことを覚えている。

「僕の服を全部洗って片づけて。箱に入れといてよ」と、配達される卵が入っている小ぶりの段ボール箱のことを言った。「僕のワイン色のセーター、前ボタンのやつを着ていいよ。赤い帽子は箱の上に置いといてね。」

しばらく間を空けてからさらに続けた。「僕の犬の世話を忘れないでね。マッチズとエニムーシュ。迷子になったり、いじめられたりしないように。」*31

わかったと言いながら、彼女は何か少し不安を感じた。それから彼女は湖岸に立ち、弟が飛行機に乗り込んで座るのを見届けた。なぜ私に服を箱に詰めるように頼んだのだろうと彼女は訝った。何か奇妙だった。弟の頼みごとは通常誰かが亡くなった時にすることだから。

三カ月後の一一月、パールは朝早く近所の売店に行き、備品を買って郵便物を受け取った。父親は森の奥深くで仕掛け罠を張るために留守で、彼女は幼い妹と年老いた祖母の世話をしながら、家事を任されていた。きょうだいが出発した後、父親を助けるためにわざと自宅に残されたことにパールは気がついた。母親は子宮がんを患っていた。

父ジェームズ宛ての手紙が三通届いていた。一通は母アグネスからで、子宮から二つの大きな腫瘍を取り除く手術を数週間待って入院しているところだった。母親の手紙はすべてオジブウェ語で書かれており、英語しか読めなかったパールは内容がわからなかった。もう一通は、間も無く義理の弟になるヘンリーからで、妹のデイジーへの結婚の申し込みだった。最後の手紙はセシリア・ジェフリーの校長からだった。

彼女は知らせをすぐに知りたくて急いで校長の手紙を開けた。その手紙は詳細についてはほとんど書かれておらず、状況報告だけが形式的に記されていた。ウェンジャック家の子どもたちは「非常によくやっている」、新学期に適応していると書かれていた。パールは良い知らせを伝えようと家に帰った。

午後二時、空から最初の地鳴りが聞こえた。彼女はオルバニー川を見下ろす窓際の居間に座っていた。ツインエンジンの飛行機の轟音が森の静けさを打ち砕いた。

マーテン・フォールズ・ファースト・ネイションに飛行機がやってくるのは、ちょっとしたイベントだ。空から予定のないフライトが現れるとなれば興奮は更に高まる。飛行機は通常、週に一度しか来ないが、自然界で聞かれるものとは違って非常に大きな音がするので、人々は思わず空を見上げる。しかしその日、パールはびっくり仰天した。飛行機が三機も、はるか遠くに着陸しようとしているのが見えたからだ。

これは何かあったに違いない、と彼女は思った。

飛行機に乗っていた人々がボートに乗り込むのが見えた。その数が多かったので、全員を乗せるのに五隻の船が必要だった。

ボートが岸に向かって近づくにつれ、パールは興奮し始めた。船に乗っていたのは彼女のきょうだいたちだった。帰ってきたのね！

興奮して歓声をあげながら幼い妹を捕まえると、きょうだいたちが一斉に湖岸へと走り寄ってくるのが見えた。でも、近づいていくと、誰も笑っていないことに気がついた。それから、セシリア・ジェフリー学校のコリン・ワサキース校長が、過度に落ち着いた様子の母親とともに下船するのが見えた。パールは一番年の近い妹デイジーに一瞥を投げ、何があったのと尋ねた。デイジーの顔はこわばっていた。「チャーニーがいなくなったの。」

チャーニー・ウェンジャックは小柄な男の子で、身長は約一四七センチメートル、ほっそりした躰つきで鋭い顔立ちをしていた。呼吸器系の病気を患うなど病弱な子だった。肺の手術で胴体の右側に大きな傷があった。

九歳になるとセシリア・ジェフリー寄宿学校の一年生となった。生まれて初めて机に向かったとき、英語を一切話すことができなかった。オジブウェ語しか話せなかった。教員は彼を留年させた。物覚えが悪いというレッテルを貼られていたが、ただ周りで何が起こっているのか理解できなかったのだろう。一九六六年の秋、チャーニーは、特別支援を要する子どもたちのための補習クラスに入れられた。

校内では男子と女子は別々にされたが、遊び場では一緒に遊ぶことを許された。記録によると、四年生から八年生までの中学年・高学年の女子は、一日の半分を学習に、残りの半分は家事や工芸に費やしていた。保健室の看護師の下で働く子もいた。四年生から八年生の男の子たちは半日を授業、残り半日は農作業、内装・外装の装飾・塗装、掃除などの作業に取り組んでいた。また、授業時間の前後には、男女ともに簡単な掃除や農作業が行われていた。[*32]

休み時間になると、チャーニーは男の子たちとおはじき遊びをした。遊びの時間だけは、きょうだいが顔を合わせることができた。が、姉妹の何人かは台所でほかの女の子たちと働かされていた。高い有刺鉄線のフェンスがセシリア・ジェフリーの周辺を取り囲んでいた。学校の裏には塀の隙間があって外の世界への通り抜け道となっていた。子どもたちが寄宿学校から逃げ出すのは珍しいことではなかった。当局は「逃走」と呼んだ。何人の学生が逃走したのか今となってはわからない。逃げた子どもの多くはあまり遠くへ行かず、不登校生徒を監視する行政官や警察によって連れ戻された。連れ戻された彼らを待っているのは厳しい罰である。他の子どもたちの前で、見せしめとして鞭が振られた。あるいは、暗い倉庫に閉じ込められてパンと水だけが与えられるお仕置き。子どもたちが集団で逃げ出したのは、学校での虐待が原因だった。

インディアン省は一九世紀後半から子どもたちが学校で性的虐待を受けていることを承知していた。しかし、孤立させられた子どもたちにはなすすべもなく、恐れのあまり立ちつくすしかなかった。大人が優しさを示す場合、それが性的暴行の入り口となるケースが多い。子どもたちは、夜間や週末に職員室やシャワー室に報告にくるように指示されることを恐れていた。子どもたちは廊下や、告解場、教会の中で手をかけられ、性的虐待を受けていた。最初の報告の一つは、一八八六年に出されたもので、それはインディアン省の通訳者で生徒募集担当のジャン・ルローが、アルバータのローマ・カトリック学校で勤務していた際、幾度となく少年たちを性的に虐待していたことが明るみになったのが発端である。しかし、犯罪捜査が行われることはなかった。[*33] 初期の頃から黙殺される仕組みがそこにはあった。学校や教会は虐待を隠蔽し、校長は苦情に対して対応しない。警察も同様だ。そして学校は何が起きているのかを親に伝えることもなかった。

繰り返すが、性的および身体的虐待を受けた子どもの数は、正確には分からない。今日に至って、ようやくサバイバーが事実を伝えるようになったからだ。二〇一五年一月末現在、「インディアン寄宿学校問題解決協定（The Indian Residential Schools Settlement Agreement）」の下で作成された独立評価プロセスには、三七、九五一件の虐待に関する告発が寄せられている。二〇一四年末までに三〇、九三九件が和解し、二六億九千万ドルが生存するサバイバーに支払われた。[*34]

統計には表れていないが、高学年の生徒の中には、自分ら虐待の仲間を集め幼い子どもたちを食い物にする者もいた。大人である監督者の手による虐待は、子どもたちにもこうした形で被害を与えたと言える。被害を受けた子どもらは学びの教室からさらに脱落し、怒りの感情を自分では扱いきれなくなる。こうした場合、より幼い子どもたちが犠牲者となりやすい。

これが、チャーニーが逃れようとした学校生活の実態だった。

一九六六年一〇月一六日の日曜日、チャーニーはもう懲りごりだと判断したのだろう。彼はセシリア・ジェフリーから逃げることを仲間のラルフ、ジャッキー・マクドナルドと話し合った。ラルフは一三歳、ジャッキーは一一歳だった。[*35] 二人は孤児の兄弟だった。ラルフは過去にも逃走していた。彼は逃亡を三度試み、そのたびに捕まって学校に連れ戻された。

チャーニーはその日まで一度も逃亡を試みたことがなかった。

学校の中で何かがあったに違いない。その日曜日に九人の生徒が逃亡を企てた。天候が間も無く変わることを知っていたのかもしれないし、そうだとしたら、今しかチャンスはないと考えたのだろうか。

暖かな日だった。チャーニーとマクドナルド兄弟は、薄手のジャケット、チェックのシャツにジーンズ姿で、革のアンクル・ブーツを履いていた。学校の裏手にあるフェンスの開口部をすり抜けて、彼らは森へと向かった。

三人の少年は茂みを抜け、ケノラ飛行場の周りを回り、彼らが知っている「秘密の道」を目指して走った。目的地は、マックファーレン川沿いにあるレディットという小さな集落で、ケノラの北二〇キロメートルに位置する場所だ。マクドナルド兄弟の叔父であるチャールズ・ケリーが、そこからわずか数キロメートル離れた場所に住んでいた。

少年たちは稲妻のごとく藪の中を走り抜けた。八時間もしないうちにレディットに着いたが、そこで一泊しなければならなかった。地元の男が少年たちを保護し、食事を与え床の上で眠らせた。翌朝早く、彼らはケリー家へと向かった。驚いたことに、チャーニーの親友で、同じくケリー家と親戚関係にあったエディ・キャメロンも同じことをしていた。エディはチャーニーと同い年で、ケノラから北へ三二キロメートルの全行程を一人で来たようだ。[*36]

猟師の叔父は甥っ子たちを見てとても喜んだが、今は食べる口が多すぎた。ケリー夫妻は、チャーニーを「ストレンジャー」と呼び始めた。エディは、チャーニーが地図を取り出して、彼の家ははるか遠く、大きな湖の近くにある、と言ったのを覚えていた。[*37] 彼らには、それがどこにあるのか、どうやってたどり着けるのか見当もつかなかった。

チャーニーは、自分が歓迎されていないことを察知した。ケリー家と血縁関係のない唯一の少年だったからだ。ある朝、チャールズは、甥を連れ仕掛け猟に出ると言ったが、カヌーにはチャーニーのスペースはなく小屋に留まるしかなかった。しかし、驚いたことに、チャーニーはマッド湖の罠を仕掛けてある場所に現れた。そこまで、五キロ近く歩いてやってきたのだ。

その晩は、皆で茂みの中で過ごしたが、チャールズはチャーニーに帰りも自力で戻るよう告げた。このことがきっかけで、チャーニーは決断をする。皆に、自分の家へ向かうと伝えた。まずナキナまで東に六〇〇キロメートル行き、そこから最後の鉄道の駅まで、そしてマーティン・フォールズへ帰る、と。手元にあったのは、マクドナルド兄弟と一緒に逃げた後に見つけた鉄道の地図だけだった。妻のクララ・ケリーはチャーニーに七本のマッチを渡した。それを堅い蓋のついたガラスの瓶に入れて。森の中で生き延びるためには、火を焚いて生き延びねばならないのだ。[*38]

チャールズはチャーニーに、線路に沿って進むこと、駅で止まって食べ物と道順を訪ねるように伝えた。

一二歳の少年の姿が目撃されたのはそれが最後となった。

チャーニーの死亡証明書によると、彼はレディットの東二〇キロの地点で息絶えたようだ。

一九六六年一〇月二三日、カナダ国鉄八二一号便の乗務員が、チャーニーが線路脇で倒れているのを発見した。体はすでに冷たく、服は濡れていたという。

寒さと湿気で発見される前日には既に死んでいたようだ。解剖の結果、肺の鬱血、小さな切り傷、脚の打撲、額の擦り傷、唇の切り傷があった。口の中と唇に砂利が残っていた。彼は線路につまずいて岩の上に倒れたに違いない。

ケノラ地区の検視官グレン・デビッドソン医師は、一九六六年一一月一五日に死因審問を請求した。審問の理由は二つあった。最初にセシリア・ジェフリー寄宿学校では「多くの不登校」があったこと。そして第二に、ケリー夫妻が、食料も監督もなしに、チャーニーを一人で行かせたのかどうかを確認する必要があったためだ。

「死亡者は丈夫ではなく、寡黙で内気。多くのインディアンの子ども同様、町の生活をほとんど知らない。」とデビッドソン医師は書き記している。[*39]

この一文は、チャーニーの死について書かれた唯一のコメントだ。

デイジーは、レッド・レイクにいた時に弟の死亡の知らせを聞いた。

彼女は妊娠の疑いがあるとして学校を退学させられていた。実際にはそうでなかったが、彼女はこれ幸いとレッド・レイクへと向かい親友サラのところに滞在していた。

ニュースでチャーニーが遺体で発見されたと聞き、デイジーに最初に伝えたのはサラだった。その夜遅く、牧師と警官が、ニュースを伝えるためにデイジーを探してサラの家にやって来た。彼らは、デイジーを二四〇キロメートル南のケノラまで送って行き、そこできょうだいと合流した後、チャーニーの亡骸をオゴキに連れて帰ってはどうか、と提案した。彼女はその申し出を受け入れた。

ケノラからは、セシリア・ジェフリーの学生であった二人の妹アニーとリジーが合流し、デイジーらはチャーニーの棺とともに列車で移動した。列車は東に向かい、サンダーベイの北西にあるスー・ルックアウトに向かった。スー・ルックアウトでは母が病院を出て合流、小さな町で仕事をしながら暮らしていた長女のマーガレットも合流した。

「母さんがずっと言ってたわ、「お父さんは何も知らないなんて…」」とデイジーは当時を思い起こす。*40

デイジーは姉のパールの生き写しだ。身長も体格も全く同じで、話すときにじっと見つめている黒い瞳まで同じ。彼女は頭も切れるし、無駄口もきかない。彼女が話すときは、必ず大切なことを含んでいる。

デイジーは、オゴキまでの重苦しい飛行機の旅を思い出す。誰もが悲しみで言葉もなく灰色の空気の中樹林帯の上空を飛んでいた。オゴキに着くと、そこにはパールがいて、きょうだいに会いたい一心で一目散に走ってくる。彼女の顔は喜びに溢れていた。デイジーは、弟の死亡の知らせを聞いた途端、パールの喜びの表情が一瞬にして消えたことを覚えている。

デイジーはまた、父親の親友であるジョンとルイスを見つけるよう言われた。ジェームズが狩に出ているのを知っていたからだ。デイジーは二人を見つけ、父を探し出しすぐに家に戻るよう伝えて欲しいと頼んだ。二人はすぐに出かけ、数時間後に父を連れて戻ってきた。

父親が家の玄関を開けると、子どもたち全員と入院しているはずの妻がいた。ジェームズはアグネスを見てこう言った。「本当なのか?」

デイジーがそうだと言うと、父親は床に倒れこんだ。長い間彼は動かなかった。何時間も時間が過ぎた。ある時点で彼は起き上がったはずだが、それが一体いつだったかデイジーには記憶がない。ただ、父親が何日も食事を取らず、会話も拒んでいたことを覚えている。家を出るときは、必要な時だけ。息子の墓を掘るためだ。

墓を掘り終えると、父親は葬儀を執り行った。

「そして、父が弟を埋葬しました。」とデイジーが言う。

息子の死に至った状況を判断するための審問が行われていたことは、ウェンジャック家に伝わっていなかった。審問に出席する機会は与えられず、法律顧問すら紹介されなかった。死因審問とは、生者を守るために死者から教訓を学ぶことを唯一の目的として、医療関係者が行う調査のことだ。検視官による審問自体は、誰かを非難することも告訴することもできない。殺人や暴行の容疑をかけることはできない。死因審問では、報告を聞き、今後への示唆を述べるにとどまる。当事者家族が不在の中で、四人の陪審員によって四つの勧告が決定された。陪審員を務めた人々の名前は伏されていた。

最初の二つの勧告は全く同じ内容だ。チャーニーと二人の少年が、最初の二つの住居に現れたとき、当局にすぐ通報すべきだった。子どもたちは警察に引き渡されて学校に戻るべきだった。

三つ目の勧告では、セシリア・ジェフリー学校の教師数を増やし、生徒を常に適切に監視、世話することを求めている。子どもらの行動を抑制することができていないとなれば、それは明らかに躾に問題があったと言うのである。「セシリア・ジェフリー校では、問題のある生徒を適切に管理するために、より多くの管理スタッフが必要である。」と調査結果に記されている。[*41]

勧告の四つ目は、「インディアン寄宿学校制度が、感情面や適応面で大きな問題を引き起こしている。この組織の責任者である私たちは、問題を軽減するために可能な限りのことをする必要がある。」との内容だった。

さらに陪審員は、インディアン寄宿学校制度とその哲学についてさらなる調査を提案した。「そうすべきですよね？」陪審員が尋ねた。[*42]

寄宿学校に子どもを入学させたことで、先住民族社会では社会的ユニットの最小単位である家庭の崩壊を招いた。そのため陪審員は、学校の立地を家族との連絡が可能な「狭い地理的範囲」とすべきであり、兄弟姉妹を決して離れ離れにしてはならないと提案した。

陪審員からは、「十分な生徒数」が確保できる場合は、居留地の中に学校を建設すべきであるとの提案も出された。

また、子どもたちは寄宿ではなく個人宅に下宿させ、学校は管理者が子どもたちの様子に十分目が届く規模に縮小することを要求した。

審問の調査結果がウェンジャック家に報告されることはなかった。彼らがその内容を目にしたのは、調査から約三カ月後の一九六七年二月、ジャーナリストのイアン・アダムズがマクリーン誌に掲載した記事だった。[*43]

チャーニーの死後二〇年以上が経ったある日、検視結果の写しが入った封筒が匿名の送り主からデイジーのところに送られてきた。彼女は同情的な弁護士が送ってきたのだ、としか言わないだろう。報告書を読み保管し、彼女はパールにも、家族の誰にもその報告書について話をしなかった。

封筒を受け取った時、デイジーは自分自身の苦悩を抱えていた。彼女の夫ヘンリーが最近になって、スー・ルックアウトにあるペリカン・インディアン寄宿学校時代に性的虐待を受けたと告白したのである。ヘンリーは、妻であるデイジーと共に三人の子どもを育てながらも、酒を飲み続けていた。しかし彼がその理由を妻に話すことはなかった。そしてある日、ペリカン寄宿学校の聖職者レナード・ハンズ牧師が虐待者であると彼女に話した。ハンズはその後一九六六年から一九七一年の間にペリカン寄宿学校で起きた少年に対する一九件の性的暴行の罪を認め、四年の禁固刑を言い渡されている。[*44]

ヘンリーは自分が受けた性的虐待には二度と触れたくなかったと吐露した。それについて考えたり、他人に話すこともしたくなかった。しかし、彼はその気持ちを妻には理解してもらいたいと望んでおり、こうした事件に妻が対処するとしてもそれは今ではなく、自分が死んだ後にして欲しいと考えていた。

ちょうどこの頃、デイジーは、チャーニーが寄宿学校時代に性的虐待を受けていたことを知った。チャーニーの友人の一人が、公に疑惑を提起することはなかったものの、姉たちにはセシリア・ジェフリーで実際に何が起こったのか、そしてなぜチャーニーが逃走したのかを知って欲しいと考えて連絡してきたのだった。

ある日突然、弟の友人と名乗る人物からデイジーに連絡があった。彼は、寄宿学校では上級生たちによる下級生虐待が夜な夜な寮の中で起こっていた、と告げた。チャーニーが逃走した日曜日、彼の仲間も逃走した。九人の子どもたちが逃走したのだと言う。[*45] これだけの子どもたちが一斉に逃走を企てる、これが偶然の出来事であるはずはない。何かから逃げたに違いないのだ。

真実を告げようとする彼自身は、逃走したもののチャーニーやマクドナルド兄弟と共には行動しなかった。彼は農場へ逃げ、そこで食料と暖かい宿泊場所を与えられ、農民が警察を呼んで学校に連れ戻されていた。

チャーニーの死から半世紀近く経ったころ、パールは弟の親友の一人から電話を受けた。チャーニーとは幼いころから本当に仲が良くいつも一緒にいた友達だ。パールが最後に彼と話したのは、五〇年も前のことになる。彼も寄宿学校時代に受けたトラウマから回復できないでいる一人だった。薬物中毒と精神障害を抱える悲惨な人生を送っていた。

なんとかパールを探し出したその友人は、どうしても話さなければならないことがあるので会いたいと彼女に頼んできた。

パールはサンダーベイまでやってきて、その人物の自宅で面会した。彼も、セシリア・ジェフリー学校で性的虐待を受けた一人だと彼女に話した。虐待は終わりなく続き、悪質だったと。そして、彼は、チャーニーも虐待されたうちの一人だったと伝えた。

加害者は校長でも教師でもなかったが、同じ人物から繰り返し受けていたと言う。虐待がいつ始まったのかははっきり言えないが、虐待があったのは事実であり、自分の人生は台無しにされた、と言う。

パールは自分の心の中を見つめ始めた。知っているという感覚が形になり始めた。彼女は学校で何が起こったか知っていた。彼女も、ある日、昼食の後、誤って入ってしまった部屋で、女性の教師が幼い少女に性的虐待を加えていたのを目撃したことを思い出した。その教師はその後、更衣室でパールを追い詰め、一二〇センチの長い棒で彼女が意識を失うまで殴ったのだった。

サンダーベイで七人の先住民の生徒が死亡した事件について合同で審問が行われると聞いた時、パールは深い不安に襲われた。何も変わっていないのだ、と彼女は思った。居留地には未だ学校が不足している。子どもたちは今も家族と離ればなれになり、教育を受けるために何百キロも離れた場所で暮らさねばならない。こうした高等学校にたどり着いたとしても、居留地にある小学校での教育が標準以下であるため、彼らの学力は他の同級生らと比べると何年も遅れている。サンダーベイに到着すると、生徒たちは孤立し、孤独になり、疎外される。彼らは下宿に置かれるが、下宿親は子どもたちの世話の対価を支払いとして受け取っている。しかし、養育的で愛情のある恵まれた下宿親に出会うことはほとんどない。

パールは、オンタリオ州北西部を担当する検視官デイビッド・エデン医師に、弟に起こった出来事を相談するために連絡を入れた。彼女はもう一度審問を希望した。今回は、チャーニーの家族が参加できる形で審問を要求した。

彼女はまた、弟と親友に起こった性的暴行と虐待の申し立てを改めて警察に訴えたいと伝えた。しかし、エデン医師は警察の捜査に関して何もできないと忠告した。もし彼女が犯罪捜査を求めるならば、警察に行かなければならない、と。しかし、パールは、その犯罪は半世紀前に起きたもので、その事実を彼女に話してくれた人物も、警察に状況を説明しうる状況にないことを伝えた。パールは、弟の親友が話したこと以外には何の証拠も持っていなかったが、チャーニー逃走の理由がそこにあると心の奥底で確信していた。

「エデン氏に面会して私はこう尋ねました。なぜ誰も弟の死後に出された勧告に従わなかったのか？と」

勧告は四つしかないことは承知していたが、それでも重要な勧告だ。
最も重要だと感じたのは、すべての居留地に適切な学校を設立することだった。そうすれば、子どもたちは自分たちの地域社会から出て行く必要がなくなるからだ。

「サンダーベイの生徒たちの話を聞いたとき、彼らは恐怖で失踪したのだと直感したの。」とパールは言った。

彼女には彼らの苦悩が痛いほど理解できた。故郷を求める深い孤独感。生まれ育った地域とはなにもかも違う大都会での暮らしに翻弄され、コミュニケーションは馴染みのない言語でしかできない。

「家に一人でいると、弟のことを思い出す。ただただ、家に帰りたいと思ったのだろう。彼の死を無駄にしたくはない」と彼女は言う。「寄宿学校の犠牲者でサバイバーの一人として、この高校生たちが感じたことがよくわかる。本当に、同じ気持ちを強く感じる。」

第三章　狼の知らせ

一九九六年、最後の寄宿学校がようやく閉鎖された。約一五万人もの子どもたちがこうした学校に送られ、そこで経験した恐怖とトラウマは彼らの子、孫、姪や甥らに受け継がれている。二〇世紀半ばまでに、インディアン省は過去七〇年間にわたり構築した仕組みを、ゆっくりと解体するという長いプロセスを開始した。しかし、当局がすべての学校を実際に閉鎖するまでには、何十年にも及ぶ官僚的な会議や協議会が設立されては、新しいアイデアを含む政策文書が提出され議論されてきた。政治的にも大きな影響力を持つローマ・カトリック教会は、彼らが先住民の学校教育を担当すべきだと考えており、教会から支配権を奪い取る計画は強い反対にあった。一九七三年、スー・ルックアウトにある英国国教会のペリカン・レイク・インディアン寄宿学校が閉鎖され、悪名高いセシリア・ジェフリー学校は一九七四年に閉鎖された。オンタリオ州で最後に閉鎖された寄宿学校は、メノナイトが運営する三校で、一九八六年に閉鎖されたクリスタル・レイク女子校、一九八九年に閉鎖されたポプラヒル開発校、一九九一年に閉鎖されたワーボン・ベイ・アカデミーである。[*1]

インディアン省が教会が運営する寄宿学校への予算を削減し始めると、北西部では教育環境に大きな空白が生じた。[*2] 子どもを学校に通わせたい家族は、都市部にある州立の学校に行くしか選択肢がなくなったのだ。ファースト・ネイション（先住民族国家）の子どもたち（中には北部ハドソン湾からやってくる者もいた）は、スー・ルックアウトにある州立高校に送られ、民家に下宿していた。生徒の中には、閉鎖されたペリカン寄宿学校の古い寮に滞在し、授業のために毎日スー・ルックアウトにバスで通学する者もいた。ペリカン寄宿学校は、ラック・スール・ファースト・ネイションの地、一七二エーカーもの美しい場所に立地していた。スー・ルックアウトからもわずか二〇分の場所にあった。

この地域の複数の部族評議会が集まり、教育の空白をいかに埋め、子どもたちの教育をどうすべきかが議論された。北西部では、先住民族は若者の教育に対して自治権を行使すべきであるという信念に基づき、北ニシナベ教育委員会（The Northern Nishinawbe Education Council, NNEC）が一九八七年に設立された。NNECを組織したチーフとエルダーらは、スー・ルックアウトの高校に行く子どもらの下宿プログラムを運営することになった。一九七九年、スー・ルックアウト地域の二四人のチーフから委任され、法人化したNNECは地域の教育行政団体となる。初代事務局長には、キチヌメークシブ・イニヌウグ・ファースト・ネイションのリャード・モリスが就任した。

子どもたちがスー・ルックアウトに下宿するようになってまもなく、NNECの職員は州立高校の学習進度に対して生徒らが遅れをとっていることに気づいた。子どもたちにとっても不幸な状況で、中退率も高かった。旧ペリカン寄宿学校を寄宿舎としていた子どもたちの状況が改善することは望み薄だった。古い学校を寮として使うことに反対するチーフもいた。過去の亡霊が強すぎると言うのだ。確かにこの学校は、デイジーの夫が、悪名高き小児性愛者であるレオナルド・ハンズに性的虐待を受けた場所だった。ペリカン寄宿学校は一九二六年から一九七三年まで運営されており、かつての生徒の多くは現在寄宿舎に住んでいる子どもたちの親であった。

当時のＮＮＥＣの指導者たちはより良い方法を模索していた。子どもたちが両親と自宅で暮らしながら、教育を受ける方法があるはずだと。一九八九年になると、骨太で独創的な遠隔教育計画が策定された。ＮＮＥＣの教育者であるマーガレット・フィドラー、ダービー・ハーパー、ブライアン・ビートンらによって遠隔教育システムが開始された。一九九一年、北米初のラジオを活用した通信学校、ワーサ遠隔教育センター（the Wahsa Distance Education Centre）が開講した。午前一〇時から午後一〇時（フォート・セヴァーンとフォート・ホープ・ワーサは午後一一時まで）までの間に、五五分単位の授業が複数提供される通信制の高校だ。授業はスー・ルックアウトのラジオ局から放送され、教師が一三本の電話回線を使って生徒に授業を提供する。高校のラジオのトークショーのようなものと考えれば良い。

この通信教育を最初に試した一人が、ラック・スール・ファースト・ネイションに住む若い母親、ノーマ・ケジックだった。物静かだがやり手のノーマは、ラック・スールの元チーフであるサム・ケジックの家に嫁いでいた。サムは八〇年も前に、セシリア・ジェフリー寄宿学校での生徒の扱いに疑問を呈していた人物だ。彼女は夫のジョンと共に建てた小さな小屋に住み、ラック・スールの土地に根付いた伝統的な暮らしを大切にしていた。ノーマはできることはなんでもやるタイプの女性だ。大学教育を受けながら三人の男の子を育てていた。こうした日常の最中、彼女はワーサ通信学校の受付係に採用される。事業を提供するコミュニティ内部に就業の機会をつくることは、ＮＮＥＣにとって重要な課題であり、ノーマはその条件を満たしていた。ノーマほどこの仕事の適任者である人物はいないだろう。問題や課題が出てくると、夕食を作りながらでも解決策を探り出してくれるからだ。彼女は同僚たちからの信頼も厚く、たちまち遠隔教育のコーディネーターになった。ＮＮＥＣのスタッフは、ノーマを念頭に置いた素晴らしい計画を持っていた。いつか彼女に校長になってほしいと考えていたのだ。ノーマはこれまでの学歴では昇進することは困難と考え、大学に戻りオタワ大学で通信教育を受けることにした。

彼女は全てを成し遂げた。勉強し、校長の資格を取り、校長に昇進し、息子たちを育てた。そして、もう一つの仕事を引き受けることにも同意した。それは、置き去りにされた幼い女の子の養母になることだった。ワーサの校長に昇進してからちょうど一三日後の一九九五年一月二七日、彼女はケノラにあるオジブウェ児童養護施設から電話を受け、子どもが欲しいかどうか尋ねられた。母親はラック・スール出身者だと言う。ウィニペグで出産した後、その子を置いて病院を出たと言う。ウィニペグ当局がオジブウェ児童養護施設に通達した内容によると、二月一七日までにラック・スールに赤ん坊の引取先が見つからなければ、その子は市の施設に移されるらしい。オジブウェ児童養護施設がノーマに連絡したのは、義理の妹であるドリーンから、彼女が常々女の子を欲しがっていたと聞いたからだった。ノーマは、その子を引き取った。

ワーサの通信教育では生徒たちは良い成績を収めていたが（州政府からの査察も受けながら、毎年着実に多くの生徒を卒業させていた）、NNECの教育者たちは子どもたちのためにもっと何かをしたいと考えていた。通信制ではない本物の高校だ。著名な教育者であるマーガレット・フィドラーとキチヌメークシブ・イニヌウグのジェイムズ・カットフツ校長の夢は、一九九二年、旧ペリカン寄宿学校の敷地に建てられた簡易校舎を使って、パイロットプロジェクトとして始まった。ここでも、複数のチーフが、過去のトラウマを踏まえて、この場所に学校を開校することに賛成しなかった。しかし、NANの元グランドチーフであるフランク・ベアディを含む一部のエルダーらが、過去を乗り越え、負の歴史を前向きな未来に変えるべきだと主張した。ベアディ氏は学校が和解の場となるべきだと主張した。コミュニティはようやく納得する。最終的にNNECは、現地に新しい学校を設立するために政府から資金援助を受けることになった。まもなく建設が始まり、二〇〇〇年九月までに開校する準備が整った。

三百人以上の生徒がペリカン・フォールズ高校への入学を申請したと聞き、教育関係者らは唖然とする。ペリカン・フォールズ高校は、入学希望者の三分の二しか受け入れることができなかったからだ。敷地内に一三戸の寮、一戸につきベッド数は一四床、合計ベッド数は一八二床であった。ラック・スールから毎日バス通学する生徒もいたが、大多数は寮生活となった。

コミュニティからの強い要望を受けて、教育者たちは別の校舎を探すことになった。サンダーベイで良さそうな物件が見つかった。古い職業高校であるノースウッド高校は、予算上の理由で一九九〇年代半ばに閉鎖された後、使われずに放置されていた。NNECがその物件に入札したところ、売却は迅速に進んだ。

秋の新学期までに、両方の学校に備品をそろえようと熱気に包まれていたことをノーマはよく覚えている。どちらの学校にも机、椅子、黒板、学用品が必要だった。スタッフの雇用とトレーニング、生徒らの下宿施設の手続きを急がねばならなかった。サンダーベイに開設する学校は、開講の時期を一〇月に延期することになった。校名は、デニス・フランクリン・クロマーティ高校（Dennis Franklin Cromarty High School, DFC）。ニシナベ・アスキー・ネイションの元グランドチーフの名前を冠している。チーフとして最初に選出された一九七九年以降、一九九三年に心臓発作で急死するまで長く任期を務め、人々から敬愛された人物だ。

勉学の拠点というよりは工場のように見えた一九六〇年代の校舎は、多くの改修工事が必要だった。設備を整えなくてはならないだけでなく、校舎にはアスベストが多く使用されていたからだ。一九五〇年から一九六〇年にかけて流行した断熱材アスベストは、がんの原因とされている。校舎の主床の壁や天井にアスベストが使用されていた。新学期が始まる前に処理ができたのは学校の一翼の部分だけだった。もう一つの問題は、旧式のボイラーシステム熱だった。ボイラーの修理が必要だったが、部品は北アメリカで手に入らず、ウクライナの工場から取り寄せねばならなかった。

もう一つの厄介な問題は、毎年一五〇人近い生徒が入学する可能性があるため、彼らの寮を手配することだった。生徒たちはそれぞれ、五〇〇〇キロメートルも離れた僻地の、北部先住民コミュニティの出身だった。DFC高校には学生寮がないため、子どもたちは下宿することになる。受け入れ家庭の審査を急ぎ、生徒の受け入れ先を決定せねばならなかった。ガイドラインのリストが載った情報パンフレットが印刷され、新しく下宿生の受け入れを希望する家庭に配布された。

NNECでは、下宿での保護者になる可能性のある人に対しては、犯罪経歴の調査、下宿親を希望する理由を本人と面談して調査する。また、生徒に十分なスペースが確保されているかどうか、自宅を訪問して調査することを徹底している。生徒が到着する前に、下宿親はNNECのオリエンテーションとトレーニングプログラムを受ける。下宿親は一定の規則に従うことが求められている。[*3] 例えば「生徒を世話する間、彼らの福祉と行動を見守る必要」がある。また、「食事の時間、外出制限、台所へのアクセス、電話の使用」について生徒と話し合った上でルールを定め、「あなた自身の子どもとして生徒を扱い、可能な限り家族や社会的な活動にも参加できるよう」務めることが望ましい、とされている。[*4]

受け入れ先の下宿に程度の差は生じる。一家庭に複数の生徒を受け入れるケースや、アパート形式の場合もあれば住居の中に複数同居の場合もあった。自分にあった下宿先を見つけるまで、何度も移動する生徒もいた。

家族から遠く離れている生徒たちに、適切な学校職員と適切な下宿先を選ぶことは必要不可欠だった。一四歳から二一歳までの若者たちがサンダーベイにやってくるが、彼らのほとんどは、都会に住むのも親から遠く離れたところに住むのも初めてのことだった。カルチャーショックは計り知れない。信号機や映画館、ショッピングモールを見たことがない子どももいた。実際、環境の変化があまりにも大きいため、DFCの生徒には「すべての生徒が知っておくべきこと」というガイドブックが配られ、道路やバスの安全性からアルコールの影響まで、あらゆることに関するアドバイスが提供された。街の安全に関して、このガイドブックでは常に次のルールに従うように記されている。

- 交通標識の意味を知ること。
- 道路を渡る前には、縁石や道路の端で一旦止まり、決して急に走り出さないこと。
- まず左に車やトラックがないか確認し、右、そしてまた左を確認すること。
- 歩くときは頭を上げて自信を持って歩くこと。迷子になったり不安な様子でいると不審者に目をつけられ易いので注意すること。

ガイドブックには、バスの乗り方まで書いてある。「空いている席を見つけ前方を向いて座る。通路は空けること。」[*5]

親たちはDFC高校を選択して我が子を送り出している。ここは寄宿学校ではない。教会による運営でもなく、先住民・北部担当省（Indigenous and Northern Affairs Canada, INAC）による厳しい規制があるわけでもない。学校は、先住民が運営する私立の学校だ。ただし、これ以外の選択肢となると、子どもの高校教育を放棄するか、家族共々都会に引っ越すかしかない。

カナダや西欧諸国の地域社会には、図書館、科学実験室、設備の整った体育館、教員資格を持つスタッフなど、清潔で衛生的な環境を備えた立派な地元の高校がある。しかし、北部地域の遠隔地（プロペラ機でしかアクセスできないような地域）のコミュニティには、そのような高校は皆無である。小学校はあったとしても悲惨なほど資金不足で、先住民・北部担当省はこれらを無視し続けている。

カナダ政府の怠慢の最たる例の一つは、ジェームズ湾沿岸の遠隔地にあるクリー族、アッタワピスカットに立地する小学校であろう。一九七九年に起きたディーゼル燃料流出事故では、小学校のすぐ下の地面に一一万三千リットルの燃料が漏れた。壁には五種類のカビが生えて、児童と教師は発癌物質を含んだ煙の匂いで具合が悪くなっていた。アッタワピスカットの人々は必死だった。子どもたちを有毒廃棄物処理場のような学校に行かせて勉強させるなんてできない。先住民・北部担当省は、二〇〇〇年五月に学校を恒久的に閉鎖し、その応急措置として、アッタワピスカット飛行場と土壌汚染のあった場所の間の土地に一四の仮設教室を設置した。ロバート・ノー、ジム・プレンティス、アンディ・スコットの歴代三人の先住民・北部担当大臣がそれぞれ新しい学校の建設を約束したが、仮設教室はそのまま学校として使用され続けた。[*6]

連邦政府はそもそも教育行政に関わるべきではなかったのだが、インディアン法があったためそうならざるを得なかったのだ。インディアン法では教育基準そのものが設定されておらず、従って行政指導ができない。また、法律で定められたコアカリキュラムがない。小学校の教師が州の基準を満たすべきという規定もない。それゆえ、小学校はファースト・ネイションごとに程度がまちまちになる。十分な人員を確保し運営されている学校もあれば、そうでない学校もあった。基本的な基準が欠如していたため、多くの子どもたちが高校へ進学する際、特に、遠く離れた見知らぬ都会では、勉強についていけず面食らってしまうのだ。

さらに、一九九六年、ジャン・クレティエン首相が二％の上限（訳注：先住民族のためのプログラム予算増加率に）を設けたため、学校への資金提供が不足する事態になった。二〇一五年に、ジャスティン・トルドー首相がこの上限を撤廃すると約束したが、同時期に先住民人口が二九％増加したことは考慮されないままである（NANによると、二〇一七年六月時点でこの上限は残っているという）。先住民の出生率は非先住民の出生率をはるかに上回っているが、学校への補助金額にこうした事実は考慮されなかった。[*7]信じられないことに、州の学校制度は同じ財政的圧力を受けていない。一九九六年から二〇〇六年の間、州の学校制度への予算は毎年三・八％増加している。これは先住民族の学校制度に対する予算増加額上限のほぼ二倍である。[*8]

当然ながら、十分な設備もなく、訓練を受けた教師陣も欠いた資金の乏しい居留地の学校に先住民族の子どもたちを送り込んでも、教育の成功にはつながらない。二〇一〇年に行われた調査によると、居留地を出て寄宿学校に通った人の高校卒業率はわずか二八%、寄宿学校に通わなかった人でも高校卒業率は三六%であった。さらに、寄宿学校に通った人のうち大学の学位を持っているのはわずか七%であるのに対し、寄宿学校に通っていない先住民では一〇%となっている。[*9]

先住民族ごとに教育制度は異なる。カナダ連邦政府は、学校単位で予算を配分し、各ファースト・ネイション（先住民族国家）に学校運営の「管理」を委ねるが、これら自治組織には教育行政をより良くするための法的権限や適切な財政的手段がない。その結果、先住民族が運営する学校であっても、カリキュラムは各州で採用されているものと同じになってしまう。それは文化的に適切な内容とは言い難く、また多様な言語の違いが十分考慮されていない。[*10]

二〇〇〇年四月、先住民・北部担当省（INAC）は会計検査院から厳しい指摘を受けた。監査役のデニス・デサウテルは、先住民と非先住民の子どもたちの間に広がる悲惨で大きな教育格差を埋めるのに省の予算が役立っているのかどうか、INACには全く自覚が無いと報告した。デサウテルは、INACの活動は「容認できないほど遅い」と評価し、即時の行動が「不可欠」と判定した。[*11] INACは教育における役割を明確にした上で、未解決の問題を解決し、成果を評価する方法を開発するよう勧告が出された。

二〇〇〇年一〇月、DFC高校が開校した。さび色の金属製の正面玄関であっても、そこに開かれた学校は多くの人にとって希望の場所だった。高校は先住民族によって運営され、先住民族出身の教師が配置されていた。看護士やエルダーらが毎日現場にいてくれた。各生徒には指導カウンセラーが割り当てられ、代理親の役割を果たした。教師から事務員、エルダー、用務員まで、スタッフ全員が子どもたちの面倒を見てくれた。

教育者たちが予測できなかった問題の一つは、どの生徒も例外なく過去の辛い経験を携えているということだった。中には穏やかな家庭生活を送ってきた子どもたちもいたが、ほとんどはそうではなかった。多くは、虐待、薬物やアルコール依存症、極度の貧困、精神不安定といった、寄宿学校時代に受けたトラウマを抱えた家庭で育ってきた子どもたちだった。

ほとんどの生徒に共通することがもう一つあった。収入がほとんどない家庭出身であることだった。冬用の暖かいコートや二足目の靴を購入する余裕がないのだ。放課後の課外活動のためのお金がなく、もしお金があっても、練習に車で送り迎えしてくれる保護者がいない。実家に電話をかけるにはテレホンカードが必要だった。下宿先では長距離の電話をかけることができなかったからだ。当時はまだ、誰もが携帯電話を持っているわけではなく、コンピューターを持つ者もほとんどいなかった。余分な小遣いはなく、週末に家に帰るための航空券を購入するなどありえなかった。

一〇代の若者の多く、特にまだ一四歳で九年生になったばかりの子どもは、基本的に一人暮らしに慣れていない。彼らは見知らぬ土地にやってきた「ストレンジャー」だった。ショッピングモールは初めての体験だ。まだ友達がいない子もいる。孤独な彼らはホームシックに悩まされた。極端な変化に対処できない子どももいた。都市のネオンや興奮、ひとりぼっちの孤独、退屈を持て余す時間、あらゆることが彼らを取り巻いた。だから、下宿親の留守中に子どもたちがすることを想像するのはたやすい。子ども同士で集まり、ふざけ回りパーティーに興じた。互いを助け、慰めあうためだ。

ＤＦＣ高校のスタッフは子どもたちが直面している問題を理解しており、普通の高校では見られぬほどのケアを子どもたちに提供した。彼らは家族のように子どもを見守った。誇りを持ってそうしていた。九時から四時の定時通りに働くスタッフなどいなかった。彼らは全員二四時間呼び出しに対応すべく準備していた。新しい生徒たちがドアを通るたびに、その代理親の役割を果たしていた。[*12]

先住民族が運営する新しい高校の開校という明るい話題で、その一〇月に何が起こるかなど誰も予想できなかった。グランド・オープニングの最初の一ヶ月の間に、DFC高校とNNECのスタッフは最悪の事態に直面していた。生徒の一人が失踪し、亡くなったのである。

シャウォン・ウェイビーは、学校の初日、DFC高校の玄関のコンクリートの階段にひょっこり現れた。彼は九年生、ようやく高校課程に進学した一四歳で、ミッシュケゴーガマン・ファースト・ネイション（通称ミッシュ）の居留地出身の生徒だった。ミッシュはオジブウェの居留地の一つ、サンダーベイから北へ車で六時間の距離に立地するコミュニティの一つだ。

痩せてひょろりとしたシャウォンは、玄関ホールを足早で縫うように進み、新しい仲間と挨拶を交わしていた。彼はジェスロ・アンダーソンとホールで出会った。九年生の同級生だ。

シャウォンとジェスロは友達になった。二人とも北部の小さなコミュニティ出身で、ジェスロはハドソン湾沿岸に近いカサボニカ・レイク・ファースト・ネイションの出身だ。この地域の人々はクリー族と北部オジブウェ族の混血である。

二人は一〇代の男の子にありがちな、彼らだけが面白いと思うようなジョークを飛ばし合う仲間だった。スポーツや学校のことが中心で深い話はしないがうまくやっていた。彼らは新学期が始まる一〇月の初めに会ったばかりだった。

シャウォンはジェスロを最後に見かけたときのことを覚えている。それは一〇月二八日、ジェスロが目撃された最後の夜だった。彼らは、カム川の岸辺にある波止場でたむろしていた。流れの速いカム川沿いに五五メートルほどの眺めの良い遊歩道があり、そこには入り口が二つあった。一つはシンジケート通りの南端、もう一つは市庁舎近くのドナルド通りの端にある。市は河川敷の景観をよくしようと努力していた。ベンチが河岸に配置され、北側には赤と白のジェームズ・ウェイリン、一〇〇年ものの退役したタグボートが係留されている。

都会に不慣れな新入生にとって、ここは大人や警察の目からも遠く離れており、たむろするには最適な場所だった。地下道や樹木の下で隠れて飲酒することもできる。

シャウォンは、その日は寒くて暗かったと記憶している。学校の子どもたちがそこでつるんでいた。彼は、ジェスロが体を揺らしながら、顔見知りらしい女の子たちに話しかけているのを見た。

ほかの友達と一緒にいたシャウォンは、ジェスロが女の子たちと一悶着起こしているのに気づいた。女の子たちはジェスロのことでもめているように見えた。よく見ていると、その女の子たちが誰かがわかってきた。ミッシュ出身のシャンテル・スカンクとロベルタ・スカンクだった。

一人がジェスロにキスをしているように見え、もう一人が腹を立てているようだった。ジェスロは笑っていた。何か面白いことが起きてるな、と思った。だが、少女たちは明らかにそうは思っていないようだった。彼女らは大声で口論し始めた。

シャウォンのグループの少年たちは、御構い無しにその場を離れようと言った。

「行こうぜ！」と彼らはシャウォンに言った。「放っておけよ」

シャウォンはジェスロと少女らの口論をするのを少しの間眺めていた。

仕方ねえな、行くか、シャウォンは呟く。

一〇月二八日の土曜日、カサボニカにあるステラ・アンダーソンの家の庭には霜が降りていた。

一匹の狼が彼女を見つめていた。

ステラは大きく息を吸い込んだ。狼はいつもメッセージを伝えるために姿を現す。

「あっちに行きな！」と、目の前の動物を追い払おうとした。[*13]

狼は彼女をチラッと見ると立ち去った。

二日後、ステラは息子のジェスロが行方不明であることを知らされる。

愛しい息子。初めて産んだ子。

その土曜日の夜、ジェスロ・アンダーソンは下宿先に戻らなかった。

一〇月一日に一五歳になったばかりのジェスロが門限を破ったことは一度もない。

ドーラ・モリスがジェスロを最後に見たのは、二歳年上の彼女の息子と一緒だった時だ。小柄ながらおおらかなドーラは、ジェスロの叔母、つまりジェスロの父親サムの妹だ。ジェスロの下宿親として、第二の母親的存在であった。ドーラは、近所の子どもらにとっても母親のような存在であり、フォート・ウィリアムの端にある夫トム・モリスと暮らす二階建ての家には、多くの人が集まってきた。ドーラはカサボニカ・レイク・ファースト・ネイションの出身で、トムはキチヌメークシブ・イニヌウグ（ビッグ・トラウト・レイク）ファースト・ネイションの出身だった。四季の移り変わりにしたがって移動し、オンタリオ州最北の高地に定住していった先住民だ。ビッグ・トラウト湖畔で発見された人骨は七千年近く前のもので、ヨーロッパ人との接触よりもはるか昔から、彼らがこの厳しい自然環境の辺境の地を生きてきたことを証明している。*14

ジェスロが小さかった頃、父親のサムと母親のステラは夫婦間の問題を抱えていた。関係修復が進みやすいようにと、ジェスロは叔母のドーラと従兄弟らと一緒にビッグ・トラウトに住んでいた。ジェスロにはローレンシアとサラの二人の姉妹がいて、後に弟クリントンが生まれた。ジェスロは親族たち特に叔母や従兄弟たちのことが大好きだった。

ジェスロは思いやりのある子で、いつも新しい動物を見つけては友達だと家に連れて帰ってきた。幼い頃から、彼には生き物を手なづける不思議な能力があった。六歳の時、森で見つけたフクロウをペットとして飼っていた。白と茶色のメンフクロウは強烈な黄色の目と小さく曲がった黄色のくちばしを持っていた。飼い犬と居留地周辺を歩くときは、フクロウがジェスロの腕に止まってお供をした。それは素晴らしい光景だった、とドーラは回想する。

ドーラは細身ではあるが力持ちで、ゆるくカールした髪をしており、ジェスロにとって安らぎと安定の源のような存在だった。ドーラは彼が必要な時には必ずそばにいて、短い期間ではあったが、ジェスロの成長に必要な家族での生活と基盤を与えた。ジェスロに食事を与え、世話を焼き、養った。彼女は彼を息子のように扱った。

ジェスロ失踪の第一報を聞いた日、ドーラは心ここにあらずの状態で恐怖を感じながら長い夜を過ごした。彼女は甥がドアを開けて入ってくるのでは、と時計の針の音を聞きながら待ち続けた。夜明けの太陽が昇り始めると、ドーラはそれ以上待てなかった。彼女は電話を取りステラに連絡した。[*15] 彼女は言葉を詰まらせた。言葉を口にすることができなかった。口にすればそれが事実となってしまう。事実を認めるのが辛かった。「ジェスロが、昨夜、家に帰らなかったの。」

ドーラが最後にジェスロを見たのは、土曜の昼過ぎだった。家にいた子どもらは、モールに行きたがっていた。

ドーラの息子ネイサンとジェスロはいつも仲が良かった。森の中で二人は何時間も一緒に過ごし、木に登り、パチンコを使って夕食にヤマウズラを捕まえた。幼い頃は、二人ともオジブウェ・クリー語を話し、サンダーベイに引っ越してからは、部屋をシェアし、テレビゲームで遊び、ソファでくつろいだ。

ドーラはウェケドンロッジで働いていた。そこは、遠隔地の先住民族コミュニティから通院のためにサンダーベイに来る人々のための住宅サービスを提供している。仕事に向かう前、彼女は息子たちに飲み物やスナックを買うためにそれぞれ二・五ドルを渡し、遅くなるが夕食には帰宅すると伝えていた。彼女は長男のネイサンに、親に変わって面倒をしっかり見るんだよ、と言った。夫のトムは、北部の遠隔地域でサービスを提供している先住民族経営の航空会社、ワセヤ航空の幹部だった。出張となると、通常、小型プロペラ機に乗っての往復八〇〇キロメートルの距離を移動した。

一七歳のネイサンは二人の弟――一二歳になるエイドリアンと一五歳のデイビッド――の面倒をよく見て

いた。ドーラはネイサンが責任感のある息子だと信頼していたし、彼とジェスロが夜一〇時の門限を破ったこともなかった。

息子たちが出て行くと、彼女は仕事に出る準備のために二階に上がった。ドーラは、英語がうまく話せなかったり、認知症で植民者の言語での意思の疎通ができなくなった多くの高齢患者を支援するためロッジに雇われていた。彼女は、オジブウェ・クリー語から英語への翻訳を担当しながら、患者が何を必要としているのかを介護者に伝えていた。職場でも、ドーラは常に誰かの世話で忙しくしていた。

午後九時の休憩に入ると、彼女は子どもたちの様子を確かめようと家に電話した。ネイサン、デイビッド、エイドリアンは友達と家にいたが、ネイサンは彼女に、ジェスロが数時間前に別れてからまだ家に帰っていないと告げた。いつもと違う状況に、彼女の心配はつのる。

午後一一時に仕事から帰宅したドーラは、別の出張から戻ったばかりのトムと家の前で顔を合わせた。彼らがドアを開けると、子どもたちはリビングで友達と遊んでいた。

ドーラはジェスロがいないことに気づいた。彼女がネイサンを見やると、ジェスロはまだ家に帰ってないよ、と返事があった。

数年前、ジェスロが一二歳でサンダーベイに滞在していた時にも同じようなことがあった。彼は数日間姿を消していたが、小さなコミュニティだったので誰もが彼がガールフレンドの家に滞在していることを知っていた。ジェスロがガールフレンドと道を歩いているのをドーラが見つけると、彼女は彼を車に連れ込んで家に連れて帰った。しかし、それから三年経った今、ジェスロが門限時間に家に帰らないのは明らかにおかしかった。しかも、年上のいとこと一緒に外出した後のことでもあったから。

ネイサンはドーラに、結局ショッピングモールには行かなかったと告白した。代わりに、彼らは従兄弟のリアンの家に行って酒を飲んでいた、と言う。その朝早く、ネイサンはランナーから調達したビールを持ちこんでいた。サンダーベイに住む「ランナー」とは、飲酒可能な一九歳以上の成人で、チップや酒と引き換えに、未成年の子どもたちにアルコールを調達してくる人のことだ。

ネイサンとジェスロはその日の午後、リアンと彼女の恋人のクリス、妹のデビー、スターライト・フロッグと一緒に遊んでいた。ネイサンはずっと一緒にいたわけではなかった。彼は付き合っている女の子に、彼女が働いているインターシティ・モールに遊びに行くと約束していたからだ。彼はジェスロを家に残してバス停に向かった。

ネイサンはその日、バスの窓越しにもう一度ジェスロを目撃していた。従兄弟のジェスロは通りを歩いていた。彼は近くの商店に向かう途中だったのかもしれない。あるいはモール、それとも別の友達の家に向かっていたのか。ネイサンはジェスロがどこに向かっていたかは知らなかった。ただ、彼が幸せそうに見えたことは記憶にある。

ドーラは高まる恐怖心を子どもたちには見せまいとした。彼女とトムは息子たちに心配しないように言った。ジェスロがすぐに帰ってくると確信していたからでもある。念のため、彼女はネイサンに、ジェスロがどこにいるか知っている人がいないか、いつもの行きつけの場所に行って友達に確認するよう頼んだ。

ネイサンが外出している間、ドーラとトムは彼らのバンに乗り込み、住宅街のビクトリア通り、ビッカーズ通り、バルモラル、レッド・リバー通りを行ったり来たりした。ドーラは住戸すべての戸口と私道、歩道をくまなく見渡した。彼らはさらにアーサー通りにも足を伸ばした。

四時間後、彼らは帰宅した。午前三時。ネイサンも戻っていて、友人の誰もジェスロを見ていないと報告した。疲れ果ててパニックになりそうだった。ドーラは数時間待つことにしたが、状況は変わらなかった。彼女は警察に連絡を入れることにした。

「甥が家に戻らないのです」と彼女は伝えた。

「他の先住民族の子らとパーティーでもしているのではないですか」と対応した警察官が言い、そのまま電話が切られた。

驚きを隠せなかった。警察のコメントはまるで平手打ちのようだった。

ドーラはさらに電話をかけ始めた。

まずはステラに。彼女の方が落ち着いて慎重だった。息子は間も無く帰ってくると信じているようだ。次に、ドーラはジェスロの父親サムをカサボニカで見つけようとした。彼は電話を持っていなかったので、他の親戚に電話して彼を探してもらった。彼女は自分の父親にも連絡を入れようとしたが、やめておいた。ジェスロが突然ドアを開けて入ってきたら、逆にびっくりさせてしまうのではないかと考えたからだ。彼女は再び警察に電話したが、失踪届を出すのは時期尚早だと言われた。行方不明になってから少なくとも二四時間経たないと失踪届を受理できないと言うのだ。

太陽が昇ると、ドーラは夫と家を出た。日光は恵みだった。三男エイドリアンの友人の一人が、前夜、多くの子どもたちがカム川の岸辺、地下道とタグボートの周辺にたむろし、そこで酒を飲んでいたと彼女に伝えていた。ドーラは、川岸で酒を飲むことが一〇代の若者の間で広がっていることを初めて知った。

ドーラとトムは、エイドリアンの友人と一緒に車で川へ向かった。その少女が地下道の場所を教えてくれた後、彼女を車で家まで送り届け、二人はその地域を探しに戻った。その朝早い時間には誰もいなかった。丈の高いくさや樹木をかき分け、ゴミや小枝を払いながらジェスロの痕跡を探した。

地下道付近の金網には私有地と書かれた看板がかかっていた。夫にフェンスを持ち上げてもらい、ドーラはくぐって反対側に甥がいるかどうか確かめに行った。

ネイサンも家を出て、通りで会った子どもらに従兄弟の行方を聞いて回った。運よく、ジェスロをブロディ通りのバスターミナルで目撃したと言う人に出会ったが、彼は川に向かおうとしていたのか短い時間しかいなかった、と言う。車が無いためバスであちこち移動している多くの生徒にとって、バスターミナルは皆の集まる場所だった。

ドーラが家に戻ると、ネイサンは目撃情報を彼女に話した。彼女は再び警察に電話し、何か手がかりはないかと尋ねた。何も情報が無いようだった。警察はもう少ししたら戻るのでは無いか、と彼女に伝えた。パーティーが終われば帰って来るでしょう、と。

一〇月二九日の日曜日、午後八時二〇分、ドーラはサンダーベイ警察署のドアをくぐり、行方不明者報告書を提出した。

最初の夜から、ドーラとトムはジェスロを探し続けた。

「昼夜を問わず運転し続けた」と、彼女は言う。ジェスロが行方不明になったのは自分の責任だと感じていたし、さらに悪いことに、彼は他人から預かった子どもだった。

彼が行方不明になった後の最初の月曜日、彼女は動揺しながら学校へ向かった。学校の事務所まで歩いて行き、相手が誰だったか記憶にないが、ジェスロがいなくなったこと伝えた。

「きっと戻ってくるだろう、彼は友達と一緒にいたのだから」と、学校の職員は彼女に伝えたと言う。心配しすぎないように、と。しかし、ドーラはとてつもなく恐ろしいことが起きていると感じていた。

彼女はジェスロが出席すべき授業の一覧表を尋ね、それから彼の時間割に記載されているすべての教室をまわった。週末ずっとパーティーに興じていたが、授業にひょっこり顔を出しているのではないかと万が一の希望を抱いたのだ。彼女は教室のドアの窓からのぞき込み、ジェスロの姿を探した。

ジェスロが行方不明になった次の火曜日、ドーラが学校の廊下を歩いていたところ、年配の男性に声をかけられた。その男性が誰だったのか、名前もわからないが、おそらくエルダーか教師だと思ったと言う。

「話が聞こえたけど、信じられないな。彼らがあなたに言ったこと。」と、その男性は言った。「彼らは探しに行くべきじゃないか？　あなたを助けて。」そしてその男性はドーラに、ジェスロは怪我を負っており、助けを必要としていると感じる、と言った。

彼の言葉が彼女に突き刺さった。彼女は学校を飛び出して車に乗り込み、ジェスロを探しながらもう一度通りを走り回った。

息子が行方不明になって数日後、ステラは家族や地域の人々とともにカサボニカから到着した。サンダーベイにいるボランティアもジェスロの捜索を手伝うために集められた。呼びかけに応じた人々の中に、アルヴィン・フィドラーと妻のテサがいた。彼らも捜索隊に加わった。実質的に先住民の人々ばかりのチームとなった。彼らは少年の痕跡を探しながらカム川の岸辺を徹底的に捜索した。フィドラー夫妻はサンダーベイに引っ越したばかりで、アルヴィンはニシナベ・アスキー・ネイションの保健コーディネーターの仕事に就いていた。テサは、生まれたばかりの養女リネットを連れていたにもかかわらず、捜索に加わると言って聞かなかった。ジェスロが無事に見つかることを誰もが期待していたが、時がたつにつれて、また新しい高校から少年が姿を消したということが現実になりつつあった。あらゆる人々がジェスロの捜索を手伝っていた、警察以外は。

「警察は一週間経ってもメディアに行方不明の通知さえ出さなかった。一一月五日になってようやくだよ、まだその記事を取ってある。」とドーラ。

警察は、ジェスロの失踪から六日後まで行方不明者の調査を開始しなかった。

ドーラはあらゆる手がかりを得ようと警察に電話をかけ続け、そのたびに厄介者扱いされた。「電話をかけるたびに、相手は間髪入れず「何の手がかりもない」とか「ただパーティーをしているだけだ」と返してくる。もう慣れたけど。」

その頃にはドーラは精神的にも追い込まれていた。「何も食べられなかった。食べた物を全部吐き出してしまう。身体の具合も悪かった。」

ドーラがサンダーベイ警察で経験したことは珍しいことではなかった。ジェスロが失踪する数十年前から、また、さらに一〇年経っても、先住民たちは、サンダーベイ警察が通報の内容を真剣に受け止めないと不満を訴えている。失踪者の家族に対する定期的な状況報告もなく、行方不明者や殺人の被害者の捜査官からの連絡もほとんどなかった。

警察への不信感を特に強く抱いているのは、「失踪・殺害された先住民女性と少女（Missing and Murdered Indigenous Women and Girls, MMIWG）」という一連の事件の被害者家族である。先住民族の女性や少女らが失踪あるいは死亡したケースは、カナダ連邦警察が示す一九八〇年から二〇一二年までの一一八一人という統計よりもはるかに多いとも言われている。[*16] 先住民女性の失踪や死亡はカナダの隠された恥辱である。長年の間、何世代にもわたって女性が失踪し続けていると警告を社会に発し続けているのは、先住民女性の生活改善のために作られた全国組織、カナダ先住民女性協会（the Native Women's Association of Canada）だけだった。ロバート・ピクトンが所有する養豚場でのおぞましい事件が発覚し、バンクーバーのダウンタウン、イーストサイド出身の数十人の女性を拷問によって殺害した容疑で逮捕されるまで、カナダ社会は、先住民族の女性が殺害され負傷する割合が、非先住民の女性の数倍高いという厳しい現実に目を向けることとことはなかった。その後、二〇一四年夏、ウィニペグのレッド川に一五歳のティナ・フォンテーヌの遺体が発見され（殴打され、こん棒で殴られ、性的暴行を受けていた）、これを国内のメディアが報じたことでこの問題が拡散した。先住民族のコミュニティであれば周知の事実、つまり、何者かによって先住民族の女性が拉致されている、という事実が一般にも知られるようになった。

二〇一四年、連邦警察は先住民女性と少女に焦点を絞った最初の報告書を発表、そこには全国の警察官のメモからの抜粋や事件解決率が含まれていた。連邦警察は、殺人事件の約九〇%が解決され、ほとんどの場合、先住民族の女性被害者と殺人者は既知の間柄だったと主張した。しかし、こうした数字に、何十年もの間、民族の悲劇に対して警察の注意を引こうと戦ってきた先住民族コミュニティは納得しなかった。被害者の数が少なすぎる上に、事件解決率が異常に高かった。多くの先住民族の被害者家族は、殺害者は不明のままだといい、それはおそらく事実であろう。連邦警察が報告した解決率九〇%という数字は、逮捕が行われたかどうか、または逮捕が意図されたかどうかを警察官に尋ねることで得たものだからだ。報告書では、有罪判決や裁判の結果は検討されていない。あらゆる殺人事件を裁判制度を通じて追跡し、その結果を記録する能力もインフラもないというのが理由だ。

一一八一名の失踪・殺人被害という数字にも疑問は残る。殺害されたり行方不明になったりした先住民族女性のすべてが警察によって先住民族であると確認されたわけではないからだ。すべての先住民がステータスカードを持っているわけではない。行方不明のケースが適切に記録されておらず、単なる逃亡者として分類されていると言う家族も多く、また、殺人事件を捜査する警察が殺害行為ではなく単なる事故として処理している可能性も高いと言う。

二〇一五年、トロント・スター紙は、全国の連邦警察を対象に、警察官の数とすべての事件の分析および資料の情報開示を請求した。しかし、連邦警察が開示を拒否したので、スター紙は、五人の記者、ジム・ランキン、デイビッド・ブリュザー、ジョアンナ・スミス、ジェニファー・ウェルズ、そして私、図書館司書のアストリッド・ラングとリック・ジンザー、データ分析家のアンディ・ベイリーをチームとして、一年半をかけてニュース報道や裁判所の文書から独自のリストを作成した。スター紙の調査結果は、連邦警察の調査結果とは異なっていた。スター紙は「失踪・殺害された先住民女性と少女」のケースを一一二六件発見し、そのうちの九三六件は一九八〇年から二〇一五年のものであった。スター紙は連邦警察の公式データにアクセスできなかったため、事件数に違いが生じた。全体では、七六六件の殺人事件が見つかり、そのうちの二〇件が拡大自殺（訳注：強い自殺願望を抱える人が他者を巻き添えにして死ぬこと。）と特定された。殺人事件のうち、未解決の事件は二二四件。スター紙は、先住民女性と少女の失踪事件を一七〇件見つけたが、これは連邦警察発表の一六四人に匹敵する。

しかし、スター紙の調査では、解決率の数値が連邦警察のそれと大きく異なっていた。一九八〇年から二〇一二年の間、スター紙の調査では事件解決率は七〇％で、同期間、二〇一四年に連邦警察が発表した解決率八八％よりも低くなっている。もう一つの違いは未解決の事件であった。スター紙の分析では、一九八〇年から二〇一二年の間に一八〇件の未解決事件が見つかっているが、連邦警察は同期間の未解決事件を百二〇件と報告している。

特に、サンダーベイ地域を見ると、一九六〇年から二〇一四年までのすべての「失踪・殺害された先住民女性と少女」の事件のうち、四四人もの先住民女性がこの地域出身であった。このうち警察が解決した事件は二三件となっている。[*17]

一九九二年二月一三日、当時一八歳のサンドラ・ジョンソンが、カム川に流れ込む細い川床、凍ったニービング・マッキンタイア放水路で惨殺されているのが発見された。裸の遺体は、往来の激しい陸橋の下の氷の上に横たわっていた。彼女の死は未解決である。二〇〇三年二月二八日には、レナ・フォックスの遺体が胎児のように丸まって遺棄されているのが発見された。サンダーベイのすぐ外側にあるカカベカ滝へ通じる人通りのあまりない道路上で発見されたとき、彼女の長い黒髪が遺体周辺に広がっていた。オンタリオ州警察は、公式に彼女の死を殺人と分類していない。しかし、その晩、バーの閉店時間が近くなって帰るのが心配だから迎えにきて欲しいと友人に電話を入れていた、と彼女の家族は言う。その友人がバーに彼女を迎えに行くのが遅くなり、着いた時にはすでに彼女はいなかったのだそうだ。レナの娘のリアン・マチミティは、母親が亡くなったとき、まだ一三歳だった。大人になってからも、母親の事件に何か新しい情報がないか、警察に何度も電話したという。警察から折り返しの連絡は皆無だ。[*18]

サンダーベイやオンタリオ州の北西部全体には、警察との情報共有の問題が何年も前から存在している。警察に対する不信感は何十年も前から存在する。寄宿学校に通わせるため、先住民の子どもを捕まえるという役割を警察が担っていた頃からだ。こうした不信感は今日も続いている。

ジェスロが失踪して一週間後、ドーラはDFC高校まで来るようにとの電話を受けた。警察は学校の駐車場に捜査指揮本部を設置していた。彼らは湖岸のある場所で黒紐のブーツを見つけ、それがジェスロのものかどうかドーラに確かめてほしいというのだ。彼女はすぐに家を出た。

捜査指揮本部に着くと、ドーラの動悸は激しくなった。警察は彼女にブーツを見せた。しかしそれはジェスロのものではなかった。警察は彼女に何度も確かめた。ブーツは紐で結び合わされ、川のそばで見つかったのですよ、と何度も言われた。彼女は、絶対にジェスロの靴ではないと伝え、その場を離れた。一方で、甥がまだその辺りにいるのだろうと思った。

一週間ほどして、DFC高校の誰かからドーラに電話が入り、もう一度学校に来るようとの要請があった。またもや神経をすり減らす思いがした。大勢の人がいる部屋に入ったことを覚えている。警官が一人か二人いたかもしれない。他の人たちが誰なのかわからなかったが、学校関係者だろうと推測した。彼女は警察が持っていた茶色の紙袋を目指して直進した。中にはブランドのFUBUの文字が大きく書かれた黒い帽子が入っていた。

彼女はそれがジェスロのものだとすぐにわかった。

警察は彼女に確信があるかどうか尋ねた。警察は、このタイプの帽子は町の多くのスポーツ店で売られているものだ、誰でも持っているものだと。

彼女は、間違いなくその帽子はジェスロのものだと、再び警察に言った。

彼女は紙袋を閉じ警察に戻した。そして彼女はドアを飛び出した。

ドーラは混乱しながら車に飛び乗った。動悸が激しくなる。発狂しそうになり、怒りの涙がこぼれた。

彼女は車のエンジンをかけた。だが、今回はジェスロを探して街中を捜索しようとは考えなかった。今度は、高速道路に車を走らせ、アクセルを踏むとすぐに市街地を後にした。

彼女はガル湾へ向かい北上した。心の底から泣きながら、三時間以上走っただろうか。街に戻ると、彼女は息子のカウンセラーであるロン・カヌスキーの元に直行した。

彼のオフィスに着くと、電話の最中だった。彼はびっくりして顔を上げた。丁度、彼女に電話をかけようとしていたのだ。

彼はドーラに、行方不明になっているのは彼女の甥のジェスロなのかと尋ねた。彼は机の上に開いていた新聞でそのことを読んだばかりだった。

泣き叫ぶドーラ。彼女はロンにすべてを話した。何が起こったのか、ジェスロをどうやって探していたのか、彼の帽子がどうやって見つかったのかを彼に話した。ジェスロが最初に行方不明になった時、誰も自分を信じてくれなかったと彼女は訴えた。彼女はロンに助けて欲しいと懇願した。川床の捜索を警察に依頼するよう、彼に伝えた。彼女は予感していた。ジェスロが水の中にいることを。

エイドリアンの友達がドーラに、若い子たちが飲みに行く川のそばの場所について話したときから、彼女は水辺のことを考えていた。彼女は毎日その場所に車で行き、あちこち探し回っていた。彼がいなくなって一週間ほどたったある日、車を運転している際、急にある感情が押し寄せてきた。彼女はジェスロが川の中にいると確信した。

ジェスロが小さい頃、風呂に入るのが嫌いだったことを思い出した。当時、彼らはカサボニカの近くのビック・トラウトに住んでいて、ジェスロは彼女と夫のトム、そして子供たちの所に泊まりに来ていた。まだ八才の頃だ。

家の中は一〇歳以下の子どもたちでいっぱいだった。彼女はジェスロと一緒に風呂に入ったのを思い出した。お湯をためて、ひょろひょろした小さな体が服を脱ぐのを手伝いながら、彼に話しかけた。彼女は震えが止まらずそこに立っているジェスロの姿を思い出した。彼は水を怖がった。

彼女は車を運転して自宅に戻り、怒り狂った嵐のような勢いで息子たちに釣りに行くよ、と唐突に伝えた。家の中を走り回って、ロッド、ジャケット、ブーツをかき集めた。

びっくりした息子たちは、なぜ釣りに行くのかと尋ねた。彼女はジェスロが川の中にいるはずだ、と言った。

困惑した表情の息子たち。ようやく彼女は立ち止まり、自分が何をしているのか、何を言っているのかを理解し、釣竿を置いた。

しかし、それからは毎日、時には日に二度、彼女は車を走らせ、川を見に行った。車を止めて、勢いよく流れる水を調べようとした。ジェスロが何かを落としたのではないか、彼女にしかわからない手がかりになる何かを。

しかし、手がかりは何も見つからなかった。

川床の捜索は簡単ではない。またカム川は水温も低く蛇行も激しい。大きなポールがフックに取り付けられたボートは、押し流されぬよう必死に抵抗している。

一一月一〇日金曜日、川を捜索するためにカサボニカからチームが編成され、警察もボートでやって来た。

ドーラは翌朝の一一月一一日土曜日（戦没者慰霊の日）にカム川へ行った。何人かの先住民捜索チームのメンバーと言葉を交わしたが、川床をさらっても何も出てこないと聞かされた。川は容赦ないほど冷たくなっており、捜索チームもその日は活動を切り上げようと検討していた。

彼女は彼らに捜索を切り上げないで欲しいと頼んだ。何か予感を感じていたのだ。あともう少し辛抱して続けて一日を終えるよう頼んだ。

警察と捜索隊が水をかき回し続けるのを見届けて、ドーラは自宅に戻り待った。夕方になって、DFC高校から緊急会議を開くので学校講堂にすぐ来て欲しいと連絡がきた。

彼女は息子たちに、何か進展があったようだから学校に行くと告げた。息子たちの間に喜びがわき起こった。ジェスロがついに見つかったと思ったのだろう。従兄弟がやっと家に帰ってくる。だが、ドーラは現場の状況を知っていた。彼女は息子たちに家で待つように言った。子どもたちの興奮を抑え、期待しないように言った。

ドーラはDFC高校の講堂に向かいながら、大きな鋼のドアを通り抜けたことを覚えている。講堂は人で溢れていた。生徒、捜索チームのメンバー、コミュニティのメンバー、家族、全員がそこにいた。誰がそのニュースを知らせたのか、ドーラは思い出せない。ただ、講堂の中が大混乱だったのは覚えている。泣き声、うめき声、叫び声がドーラを取り囲んだ。

ジェスロの遺体が川から上がったのだ。

この事実は知っておくべきだ。ドーラはサンダーベイ警察からジェスロの遺体が発見されたという連絡を一度も受けていない。

ドーラは行方不明者の報告書を提出していた。警察に何度も電話をかけ担当者に繋いで欲しいと頼み、どんな手がかりでも知りたいと考えていた。彼女は警察に釣り船にでも乗って、長いフックを使って川底を調べてくれと懇願していた。

彼女は通常あるべき連絡を受けていない。葬儀場から遺体を回収し、検視を行ったサンダーベイ警察やサンダーベイ検視局から、連絡は一切なかった。

一一月一一日土曜日に発表されたサンダーベイ警察のプレスリリースで、ドーラが知ったのは次の内容だった。

サンダーベイ警察は、本日午後遅くにカミスティキア川で発見された死体について捜査中である。遺体は捜索チームによって発見された。彼らは行方不明になっていたカサボニカ・レイク・ファースト・ネイション出身の若者を探して川床を調べていた。ジェスロ・アンダーソンの行方不明が親族によって伝えられたのは一〇月二九日。遺体発見は本日午後五時一五分ごろ。身元は確認されていないが、外見や服装などは一五歳の行方不明者のものとほぼ一致する。

現場には、サンダーベイ警察犯罪捜査課、犯罪現場課、制服警官隊のメンバー。サンダーベイ消防署が川から遺体を回収するのを補助。捜索チームは、カミスティクイア川記念公園周辺の復元されたジェームズ・ウェイリン・タグボートから南約二五〇メートルの地点で遺体を発見。川沿いの歩道から四フィートの地点を約二〇フィートの範囲で川床を調査していた。

この時点で殺人の可能性は疑われないが、死因を特定するために明朝に検視が行われる予定。[*19]

警察は犯罪の可能性を即座に否定した。太陽の暖かさも夜の暗闇には氷点下に急激に落ちる一〇月下旬に、ジェスロが自発的に川に入ったと結論付けた。

ドーラは激怒した。あのジェスロが自発的に水に入ったり、つまずいて落ちたりすることはありえない。

彼女は後に警察に問い合わせ、検視報告書を見せてほしいと署長に話した。彼女の要求は拒否され、両親だけがその情報にアクセスできると言われた。弟かステラに頼むしかない。

ジェスロの遺体が葬儀場に移動されたので、ドーラはジェスロのもう一人の叔母、セローマ・アンダーソンと一緒にそこまで車で行き、葬儀屋にジェスロの遺体を見せて欲しいとお願いした。もう一度彼の顔を見ておきたかった。

葬儀の責任者はこれを拒んだ。遺体は親族が見るべき状態にはなく、棺を閉じて葬儀を執り行うという。水中に入ると体が変化する。ジェスロだとわからないかもしれない。

ドーラは喧嘩腰で訴えた。「だったら、もう帰ります」という言葉に葬儀屋は折れた。

少し時間をかけて落ち着いた後、葬儀屋は彼女たちを中に招き入れ棺を開けた。

ジェスロの姿を実際に見て、葬儀屋が言ったほど遺体状態は悪くはないと思ったことを覚えている。しかし、もっとよく見ると、額の一番上から頭頂部にかけて、幅三インチの傷が確認できた。頬には丸いあざのような傷があった。すぐに、誰かがジェスロの顔に火のついたたばこを押し付けたのではと思った。

彼女はジェスロのおなかあたりをよく見た。腹部の張りは確認できなかった。手を見たが紫色にもなってなければ、水による膨張もなかった。

ドーラは大きく息を吸った。彼女は自分が正しいと確信した。これは偶然の事故ではない。

二年後、ネイサン・モリスはサンダーベイのサニーというバーにいた。彼が一杯飲んでいると、メリッサという名の女性が彼に近づいてきた。彼女はネイサンに、バーにいたある男がジェスロのことを話していて、自分のしたことを後悔しているようだ、と伝えた。

ネイサンはメリッサにその男のところに連れて行くように頼んだ。彼らがバーの外に出ると、その男が泣いていた。ネイサンは、その男にメリッサに言ったことをもう一度尋ねた。

彼は「俺が殺したんだ。俺がお前の従兄弟を殺した。申し訳ない。」と言った。

ネイサンは呆然とした。

別の二人の男が歩み寄ってきた。あごひげを生やしている男が一人いて、彼らはみな先住民だった。時間だ、行くぞと声をかけて、その男を連れてその場から立ち去った。

ネイサンはすぐにサンダーベイ警察には話さなかったが、一〇年近く経って、オンタリオ州警察が七人の生徒の死亡に関する審問を始めた際、このことを初めて伝えた。

死因審問の場で、ネイサンは、サンダーベイ警察の弁護士ブライアン・ガヴァーに、なぜその男が言ったことを警察に話さなかったのかと問われて「サンダーベイ警察を信用してないから」と答えた。

DFC高校の教師あるいはNNECの教育者の誰が、学校の運営開始後一カ月以内に生徒が行方不明になり死亡すると予想しただろうか。ノーマ・ケジックは、ジェスロの失踪が最初に報告されたときの教師たちの動揺を思い出す。

「スー・ルックアウトやペリカン・フォールズ高校で行方不明になった生徒はいなかったから。行方不明になったのはジェスロが初めて。まさか彼が戻ってこないとは誰も思わなかった。必ず彼は見つかると思っていた。」と彼女は言う。

今になってみれば、それがいかに甘い考えだったかと思い知らされる。

二〇〇一年一月、NNECの理事会は二つの高校に運営報告書の提出を求めた。教師、指導カウンセラーとして三三年の経験を持ち、後に文部省の監督官を務めた教育者のボブ・ピアスに、この検証作業が委任された。百人ほどへのインタビュー、アンケート調査は一九〇人に送付された。二〇〇一年五月に報告書を提出したピアスは、報告書を時間的制約の下で迅速に作成せねばならなかったので、今回の勧告を絶対的なものと捉えるのではなく、より考慮に値する提案として受け取って欲しいと述べる。主たる所見は、ペリカン・フォールズ高校を九年生と一〇年生専用とし、生徒が環境にも馴染み、一四単位取得と読み書き能力のテストに合格した後に、一一年生と一二年生専用の学校として運営されるDFC高校に進むことが望ましい、というものだった。

「北部の居留地から来た生徒が、突然、都会の環境に入るのは非常に難しい。子どもたちは、幾度となく社会的、学業面での問題を抱えて打ちのめされる。薬物、アルコール、自殺予防、その他多くの社会問題に対処するために、適切な専門的カウンセリングを提供すべきである。」とピアスは記している。[*20]

同じく二〇〇一年、NNEC執行部とNANが、今回はガーネット・アンジクネブに依頼して、NNEC組織の活動レビューを行うことになった。アルヴィン・フィドラーはアンジクネブに電話をかけ、生徒たちの心と身体の健康が心配だと伝えた。二〇〇一年七月に報告書を提出したアンジクネブも、ピアスと同様の結論に行き着いている。「生徒たちが直面している課題について、さらなる悲劇を引き起こさぬよう、小さな芽のうちに摘み取られることが強く望まれる。この状況を癒すために、いいかげんな対処がなされれば、この若者たちはその負の影響を成人してからも受け続けることになる。こうした将来を予感させる負のシナリオは、どんな犠牲を払っても回避されなければならない。」[*21]とピアス報告書の警告を繰り返した。

それからの一〇年、ボブ・ピアスとガーネット・アンジクネブの言葉がいかに予言的であったかが証明されることになる。

第四章　過去からつづく痛み

二〇〇四年一一月、カナダ連邦議会・会計検査院長のシーラ・フレイザーは、何ら成果を上げず予算を浪費しているとして、再び先住民・北部担当省（INAC）を非難した。あらゆる問題においてINACは「限定的な成果しか出していない」と結論した。「INACは、ファースト・ネイションズ（先住民族国家）への資金援助が、自らが設定した教育基準を満たすのに十分かどうか、また、達成された成果が提供された資源に見合っているかも理解していない。」

フレイザーはまた、INACが年間一〇億ドルを費やしているが、目に見える成果はほとんどないと指摘した。実際、INACはファースト・ネイションズ（先住民族国家）のコミュニティにおける教育サービスを後退させてきたように見える。「我々は、居留地に住む先住民の人々とカナダ人との間には著しい教育格差が存在し、この格差を埋めるのに必要とされる期間が約二七年から二八年とわずかながら増加していることを引き続き懸念する。[*1]」

同月、ジェリー・パケットによる一七六ページに及ぶ報告書「支援、安全性、責任：NNECによる中等教育学生支援プログラム評価」がNNEC幹部の机に叩きつけられた。元教員、校長を務めたのちオンタリオ州教育コンサルタントを務め、ウェスタン・オンタリオ大学名誉教授でもあるパケットは、二〇〇〇年以来三人目のコンサルタントとして高等学校プログラムの見直しを依頼され、NNECの学生、教員、役員メンバーにインタビューしながら一年近くかけて教育システムを検証した。最終的な結論は強い非難を含んでいたが、同時に情熱的な内容でもあり八一の包括的な勧告が提示された。彼は教育委員らに対し、もっと言葉を濁した報告書を書くこともできたが、それは誠実な態度ではなく、「関係者の内心を知るに至った今、教育プログラムの深刻な問題を考えると眠ることさえできない。」と語った。[*2] 彼は、コミュニティが参加していないことをまず非難した。コミュニティとの協議のためにスー・ルックアウトの北にあるファースト・ネイションに行ったが、ほとんど誰も来ていなかったという。サンディ・レイクでは一人の参加者もなかった。他の場所では、NNECからの連絡は一切ないと言う親もいた―電話に出るスタッフもおらず、誰に何を相談すれば良いのか不明瞭であると。親たちは自分たちの意見が無視されていると感じており、子どもが行方不明になったときでさえ、親に連絡が来ないこともあったという。

パケットはこうした見解が論争を呼ぶことはわかっていたが、自分が見聞きしたことを書かなければならないと腹をくくっていた。NNECが学生を「支援する」態度を根本的に変える必要があると感じたからだ。現在、彼らがしていることは「組織維持」という最悪の慣習を反映しているだけであり、改善している点もあるものの、学生への支援は、社会的正義と共同体全体の福祉に対する先住民族的な基本原則とは全く相容れないものだと、彼は述べる。[*3]

パケット報告は多くの点で、二〇〇一年にボブ・ピアスが提出した報告書と似ている。両報告書はペリカン・フォールズ高校が九年生と一〇年生のための学校として運営されること、そして、子どもたちの準備が整ったと証明できたら、上級学年と高校卒業後の準備コースのためにサンダーベイのDFC高校に移るべきだと強く主張していた。パケットは、二年以内にDFC高校の上級学生のための宿舎が建設されるべきだと主張、下宿親にはより厳格なルールを設けるよう要求した。彼は三段階のシステムに分類された下宿を提案した。レベル一の下宿は、より多くの支援を必要としている新入生を対象に、より具体的な手助けと、厳格な規則が設定されたもの。レベル二の下宿は、レベル一からより自由度の高いレベル三への繋ぎとして、より自立した年長の学生に向けたもの。

パケットは、ファースト・ネイション（先住民族国家）が独自の教育を管理する必要があると心から信じていたが、NNECが八一の勧告を実施して状況を好転させることができるようになるまで、調停スタイルの合同委員会のような組織の設置を推奨した。勧告を批判する者に対しては、彼は自分の信念を「売る」のが目的ではないと念を押した。これらの勧告が実施されるのであれば、資金を提供しシステムを統制するのが、先住民・北部担当省（INAC）であろうと、ファースト・ネイションの団体であろうと構わないと述べる。

「同じようなことをしていては意味がない。」と同氏は記している。[*4]

パケットは、もしシステムを変えることができないならば、それは学生たちをさらなる危険にさらすことになると警告した。

二〇〇〇年代初頭、オンタリオ州北部の先住民族は深刻な危機に直面していた。あちこちで若者の自殺が発生していたのだ。若者の自殺という伝染病はまるで野火のように、ある地域から始まり、近隣のファースト・ネイションへ、そしてまた別のファースト・ネイションへと暴力的な勢いで広がった。まだ一〇歳という子どもたちが、一〇代・二〇代の若者と共に自らの命を絶っていた。両親が家に帰ると、息子や娘が部屋の中や外の木にぶら下がっていた。ほとんどの場合、若者は縄で自分の命を絶っていた。こうした自暴自棄の行為に誰もがひどく動揺した。この世での生を諦めることを選んだ子どもたち。その若い魂とともに、コミュニティから希望が漏れ出した。

オンタリオ州北部の先住民族コミュニティの多くが、一九九〇年代に寄宿学校時代が終わってもなお、自殺という疫病と戦っていた。民族の指導者たちにもどう解釈してよいのか分からないほど、前代未聞の事態だった。伝統的な先住民族の文化では、人々が自ら命を絶つことはまれであり、特に子どもたちが自ら命を絶つことはありえない。

一九八六年から二〇一六年の間に、ニシナベ・アスキー・ネイション（NAN）地域だけで五百人以上が自殺している。そのうち七〇人が一〇歳から一四歳の子どもで、二〇〇人以上が一五歳から二〇歳の若者だった。[*5]

一九九〇年初頭、NANのチーフらは非常事態を宣言した。何をすべきかわからなかったが、何かを変えなければならないことは確かだった。問題の大きな要因として、北部のコミュニティには精神医療や一般医療サービスがほとんどないことが挙げられる。そのため、北部の中核都市であるスー・ルックアウト、ティミンズ、サンダーベイなどにあるサービスに過剰な負荷がかかっている。また、こうした施設も、多くの利用者からは数百キロも離れていることは言うまでもない。先住民族のコミュニティは、保健・医療サービスの予算配分、どのようなプログラムを提供するかに関与することができない。先住民を対象とした保健・医療サービスの予算配分は連邦政府の管轄だからだ。先住民族の指導者たちは連邦政府、そしてオンタリオ州（先住民以外を対象とする医療サービスは州の管轄）と協力し、精神医療従事者を飛行機で送り込むなどの緊急処置を講じている。しかし、これらの専門家たちは、当面の危機が過ぎると地域を去る。同様に、精神医療プログラムが開始されても、資金不足やプログラムの変更のため、短期間で終了することが多い。

一九九六年、王立先住民委員会（the Royal Commission on Aboriginal Peoples）による自殺に関する報告書は、先住民族の自殺に大きく寄与している四つの要因を明らかにした。精神疾患、不安、統合失調症、未解決の悲嘆である。[*6]

若者の自殺に関する報告や研究は山ほどある。しかし、すべての統計上の数字の背景には、子ども一人ひとりの命があることを忘れてはならない。一九九九年一一月二九日から一二月九日まで、ネスカンタガ・ファースト・ネイション出身のセレーナ・サカーニ（一五歳）の死因を調べる審問が行われた。生後六カ月の時、自宅が火事になり、セレーナは父親を亡くしている。彼女はアルコール依存症、シンナーの常習的な吸引により波乱の人生を送り、一九九七年一一月二三日に首をつって自殺しているのが発見された。審問の結果、こうした自殺を防止するために四一の勧告が出された。「カナダ連邦政府とオンタリオ州政府は、NANの地域内で発生している自殺の流行は、非常に大きな社会的危機であることを認識すべきである。この悲劇的な現象はNANのすべての家族とコミュニティに影響を与えており、適切に対処されるべきである。」[*7]しかし、こうした勧告のうち、実行されたものはほとんどなかった。

ペリカン・フォールズ高校は、二〇〇〇年に開校して以来、七人もの生徒を自殺で亡くしている。その数は不気味にも、二〇〇〇年から二〇一一年までにサンダーベイで亡くなった生徒と同数だ。

二〇一〇年までワーサ通信プログラムの校長を務め、その後NNECの教育部長、そして専務理事に就任したノーマ・ケジックは、自殺は日常茶飯事のようにごく普通のことになっていると言う。

「いつ起こってもおかしくない」と彼女は言う。「あらゆるコミュニティが経験している。毎週、誰かが自殺したという話を聞く。また起こったか、という感じ。」

学校のスタッフは全員、会議に出席し、自殺対策の研修を受けているが、彼女は彼らのほとんどが心的外傷後ストレス障害（PTSD）になっているのではないかと感じている。

彼女によると、ペリカン・フォールズ高校での七人の死について、教師か誰かに話してもらうのは容易ではないらしい。ペリカン・フォールズ高校は小さな居留地のようなものだ、と彼女は言う。資源の乏しい学校に一八〇人近くの子どもたちが在籍し、その多くは、性的虐待や薬物中毒と格闘しながら、すでに壊れた状態で入学してくる。

「子どもたちはこの学校にきて突然トラウマを体験するわけではない。彼らはトラウマを抱えてやってくるの。それが現れるのは、ここで初めてそれを話す場ができたからよ。」と彼女は言う。

ノーマはある週末、スー・ルックアウトの葬儀場での出来事を話してくれた。馴染みの葬儀屋がこう言った。

「彼は私に言ったの、『ノーマ、毎週この葬儀場で君を目にする。半分は君の親類で、残りの半分は君の子どもたちだ』って。」ノーマはため息をつきながら言う。「本当にその通り。」研修を受けている時、平均して人は生涯に七人を失うと教えられた、と。

ある晩、電話が鳴った。彼女の真ん中の息子ジョナサンが、サンダーベイの下宿から電話をかけてきた。彼はDFC高校に通っていた。ひどく動揺していて死にたいという思いに囚われたりすると言う。

ノーマは車で五時間のラック・スールの自宅にいた。不安を感じたので、彼女はＤＦＣ高校で息子を担当するカウンセラーに電話を入れ、息子の様子が心配なので、様子を見に下宿に行って欲しいと伝えた。ところが、カウンセラーはノーマにこう言い渡した。「私にも生活があるんです、わかるでしょう？」カウンセラーの言葉を思い出す。彼女は唖然としてその夜は一睡もできなかった。翌朝、彼女はサンダーベイに向かって車を走らせ、息子をＤＦＣ高校から連れ出した。彼女は息子をラック・スールに連れて帰り、それからは自宅からペリカン・フォールズ高校へ通わせることにした。

ノーマと息子はその危機を乗り越えて、今は元気に過ごしている。しかし、彼女に傷を残したのは、二〇〇五年三月二七日、甥のエリックの自殺だった。エリックは二一歳で、ＤＦＣ高校の生徒だった。運動が得意だった彼は、DFC Most Valuable Player（ＤＦＣで最高の選手）と書かれたバレーボールチームのジャケットを着て首をつっていた。

「彼はそのジャケットをとても誇りにしていた。それは（その日）彼が私の家を出たときには身につけていなかったから、家に戻って着替えたのでしょう。エリックの母が彼を見つけたときに着ていたから。」と彼女は言う。

それはイースターの連休の出来事だった。エリックの母親で、ノーマの義理の妹のドリーンは、休日の夕食のために台所でジャガイモの皮をむいていた。エリックは母親の関心を引こうと邪魔をして来た。話がしたかったのだろう。彼は、ちょうど妹と口喧嘩をしたばかりだった。ドリーンはジャガイモの皮をむきながら、息子に小屋の外に出て落ち着いてタバコでも吸ってきなさい、と言った。彼女は五分後には外に出て話を聞こうと考えていた。五分後、ドリーンが納屋を覗くと、そこにはぶら下がっている息子の姿があった。

ノーマは甥のエリックにも母乳を与えた。彼女の上の息子クリントンとエリックは二ヶ月しか離れていなかったからだ。ドリーンが食料品を買いにスー・ルックアウト出かける際には、ノーマがエリックの面倒を見ていた。

「ドリーンは私にも同じようにしてくれたから。」と、ノーマは言う。

高校時代、クリントンとエリックはいつも一緒だった。彼らは兄弟のようで、エリックはいつも伯母の家にいた。エリックの自殺はノーマとクリントンの心を打ちのめした。

「エリックが悩みを抱えているなんて夢にも思わなかった。彼はとても幸せそうで誰からも慕われていた。DFC高校では、バレーボール部に所属しているのが誇りだった。彼の名前は二年連続で優勝旗に載っていた。歌うのもギターを弾くのも作曲するのも大好きだった」とノーマは言う。「義妹はジャガイモの皮を剥き続けた自分をひどく責めてしまって。長い間、彼女は自分を責め続けたわ。私は自分が家族の教育係であると考えている。校長でもあったし。自殺防止のための訓練もたくさん受けた。なのに、なぜエリックが発したサインを見逃してしまったの？　私は自分を責めた。すべきことが、あったはずだと……」

二〇〇四年、オンタリオ州の検視局は、先住民族コミュニティにおける自殺の流行を追跡し始めた。その統計によると、オンタリオ州の先住民による自殺の二三・五％が、ピカンジカム・ファースト・ネイション（ピク）で起きている。彼らは熱心なキリスト教徒で、NAN共同体に属するオジブウェ族である。そこでの自殺率の数字は世界でも最も高い部類に入る。医療関係者にも理解できないほど、若者たちが短期間のうちに自殺を図っていたのだ。同じ地域に住む三人から五人の子どもたちのグループが、数週間から数カ月の間に次々と自分たちの命を絶ったため、死亡率が急上昇していた。

人口二一〇〇人のピクでは、過去二〇年間の間に少なくとも一〇〇人が自殺によって亡くなっている。[*8] ピクの自宅の庭には白い十字架があふれている。死んだ子を前庭に埋葬するのがピクの古い伝統である。この慣習は、エルダーらが、自ら命を絶った子どもたちは神に反する行為であるため墓地に埋葬できないと言ったことから始まった。前庭が遺体でいっぱいになった家庭では、裏庭にも遺体を埋葬しなければならないこともあった。

二〇〇〇年初頭、ピクの人々はひどくうろたえていた。子どもたちがガスや接着剤、その他多くの吸入剤を嗅いでいて、取り返しのつかない脳損傷を引き起こしていた。きれいな水もなく、仕事もなかった。極度の絶望と貧困が自殺の伝染を引き起こし、この小さな孤立した地域社会を壊滅状態に追い込んでいた。

当時、オタワ（カナダ政府）は危機的状況にある他国への援助を積極的に行っていた。二〇〇四年の年末、分離した地殻がインドネシアのスマトラ沖のインド洋の奥深くに移動した。その衝撃は激しいものだった。海底巨大地震の力によって、インド地殻プレートがビルマプレートに沈み込んだり、押されたり引っ張られたりした。その結果、インド洋からの塩水のカスケードが巨大津波を引き起こし、一四カ国の沿岸を容赦なく襲い二三万人以上の命を奪った。[*9]

年が変わっても水の勢いは衰えず、二〇〇五年は一年を通じて水害の多い年になった。一月二日、当時の首相ポール・マーティン・ジュニア（弁護士で海運王であり、カナダ汽船会社のオーナーでもある）は、カナダの災害援助レスポンス・チーム（Disaster Assistance Response Team, DART）をスリランカに派遣し、被災した避難民らに飲料水を配給した。また、食料に加え、緊急医療ケアのために医師も派遣した。DARTは、世界中の災害地域に迅速かつ機動的な対応を提供する組織として世界的によく知られている。支援要請があれば即座に最大二〇〇人のカナダ軍が展開できる準備も整えられた。同チームは一日に最大五万リットルのきれいな水を生産し、インフラを修復することができる能力を備えていた。[*10]

ピカンジカムとスリランカの人々に共通することは、どちらも清潔な飲料水を利用できなかったということだ。しかし、スリランカはカナダ政府の援助を受けていた。一方で、ピクには支援がなかった。スリランカの旧砂糖工場に常駐しながら、DARTは七六二〇人の患者を治療し、三五〇万リットルの飲料水を供給した。[*11]

ピカンジカム・ファースト・ネイションは、オンタリオ州北西部、マニトバ州境近くウィニペグの北東約三〇〇キロメートルに約四四七〇エーカーの居留地を有する。ピカンジカムという名前は、オジブウェ語のbiikanjakamiに由来し、ベレンス川がピカンジカム湖に流れ込み反対側に流れ出る際の動きを表す。ベレンス川はピカンジカムの初代チーフにちなんで名付けられた。[*12]

ピカンジカム・ファースト・ネイションは世界有数の原始的な北方林に囲まれている。黒いトウヒの木がそびえ、ジャックパインと葉擦れの音を鳴らすポプラの群生が居留地を取り囲む。[*13]

ピカンジカムのそびえ立つモミとスギの樹木は、「地球の肺」として知られる森林の一部であり、南部の都市部が輩出するすべての二酸化炭素を吸収するほどの大きさだ。オンタリオ州にあるこれら五千万ヘクタールの北方林の活動がなければ、地球の気温は劇的に上昇するだろうと推定されている。

ピカンジカムは北部にあるオジブウェ族の最大の居留地の一つで、誰もが伝統的な生活様式に従い、南部の都市的世界に必死に抗おうとしている。ほぼ一〇〇%の人々が現在も民族の言語を話している。小学校一年生になると、子どもたちはオジブウェ語を話しながらやってくる。英語は第二言語だ。

しかし、ピクは基本的な生活必需品を欠いている。

二〇〇五年、約四五〇世帯のうち三四〇戸には水道や適切な下水設備がなかった。水道水は汚染されており、多くの世帯の台所には流し台が無かった。人々は共同の配水管から取水し、バケツで自宅に運んでいた。彼らはボトル入りの飲料水を飲み、シャワーや風呂は汚染された水を利用し、トイレは地面に深い穴のある小さな木造の小屋を利用していた。穴が一杯になったら、小屋を持ち上げて別の場所に移すのだ。[*14]

学校とコミュニティの事務所だけが配管設備を持ち、浄化槽を持つ家は四〇戸だけだった。二〇〇五年には、電気は通っておらず、ディーゼル発電機によって電力を賄っていた。ディーゼル発電機は、供給過剰のためにしばしば停止し、特に気温が摂氏マイナス四〇度まで下がった冬に最も多く停止した。発電が止まると、水を浄化することもポンプも動かすこともできない。

住宅の多くが古くて壊れているか、貨物コンテナを使ったプレハブの建物で、この地域の厳しい気候に耐えうる暖房施設など望みようも無い。小さな住宅の中に家族がぎゅうぎゅう詰めで暮らし、親戚や祖父母と寝室を共有することも少なくない。

ピカンジカムでは、寄宿学校での体験によるトラウマが世代を超えて引き継がれていた。百年間にわたる社会的排除、レイシズム、植民地主義は、薬物中毒、身体的虐待、性的虐待へと繋がり、大人になっても子どもをどのように育てて良いかわからない。子どもが性的虐待について語ることはほとんどないが、先住民族居住型治療センターにやってくる子どもと若者の八〇％以上は、家庭内で何らかの性的虐待を受けている。[*15]

ピクの子どもたちが家庭で直面している恐怖のリストは尽きない。二〇〇〇年代には、彼らが地獄から逃れる場所がどこにもなかった。設備の整ったコミュニティセンターもなく、体育館、図書館や映画館なども無い。マクドナルドや地元のショッピングモールは現在でも無い。

虐待と絶望から逃れようと、子どもたちはガソリンを嗅いでハイになったり、薬物使って家庭でのストレスや暴力から逃避し始めた。驚くべきことに、ピクの小学校三年生と四年生の女子児童の二七％が、ガソリンのにおいをかいだことがあると答えている。[*16] 多くの親は、麻薬常用者かアルコール中毒者のどちらかだ。

そして、これらの溶剤は若者の脳に長期的な損傷を残す。ピカンジカムにあるエンチュク・バーチスチック小学校の元校長は、カナダ医療学会誌に対し、小学校五年生の数名の児童が「脳に大きなダメージを受け知的障害を負ってしまった。溶剤の吸引を止めても障害は消えない。」と語っている。[*17]

溶剤、エアロゾルスプレー、ガスなどに含まれる化学物質は、さまざまな影響を及ぼす。鼻から吸引するとアルコール中毒に似た急激な高揚感が得られる。極度の興奮に続いて眠気、脱抑制、ふらつき、動揺が生じる。嗅ぎ過ぎれば麻酔効果をもたらす。何も感じなくなり、やがて意識を失って気絶する。[*18] 後遺症も同様にひどいものだ。攻撃的になったり、無関心になったり、学校や社会生活での機能が損なわれる。嘔吐はよくみられる後遺症で、ろれつが回らない、めまい、筋力低下などの症状もみられる。鼻からの吸引は脳の損傷以外にも臓器を破壊するなどの後遺症を残す。

ピクではすべての高校年齢の若者がDFC高校に通っている。二〇〇五年九月初旬、一八歳のコラン・ストラングも、DFC高校に戻るため、サンダーベイまで五〇〇キロメートルを飛んだ。彼は二〇〇三年からそこの生徒だったが、良い思い出はなかった。彼は九年生と一〇年生の課程を修了するのに手こずっていた。彼は数年遅れて高等学校課程を開始したので、一〇代の彼らにとって他の生徒との年齢差は非常に大きなものと感じられた。しかし、彼は、若々しい笑顔と親しみやすい態度のため、年下の生徒らとうまくやっていた。

彼が受けた小学校教育は十分とは言い難い。通っていた学校は過密状態で、教師の出入りも激しく、ストレスや貧困、ガソリンの匂いを嗅ぐ手に負えない子どもたちを相手に教師たちは燃え尽きていた。絶望的な状況にどう対処すればいいのか分からないため、教師の離職率は極めて高かった。そして、その影響を被るのは子どもたちで、トラウマと学校教育の中断というサイクルを繰り返していた。その結果、平均して、ピクの生徒は他の生徒より約三年遅れてDFC高校にやってくるのだった。

ピカンジカム出身の生徒たちはいつも固まっていった。彼らはオジブウェ語を話し、英語を覚えるのに苦労する者が多かったこともあり、他の生徒たちとは距離を置いていた。買い物やコンビニに行ったときに、ピク出身の生徒たちは学生仲間のジェームズ・ベンソンや彼の友達に通訳をしてもらうことがよくあった。

ジェームズは社交的で思慮深い子どもで、ウェガモウ・ファースト・ネイションの出身だった。スー・ルックアウトの北部、内陸部にある僻地の孤立したコミュニティだ。彼は生徒会のメンバーで、キリスト教の信者でもあった。彼は酒も飲み会にも加わらず、学校活動に積極的にするような生徒だった。

ジェームズは、コランがあまりしゃべらないのは、英語があまり得意でないからだと思っていた。でもコランが話すときは、重要なことを話していると感じた。コランの身長は約一七〇センチメートル。彼はバギーパンツを腰より下に下げてはくのが好きで、濃い茶色の髪に金髪のハイライトを入れていた。社交的なコランは、女の子とおしゃべりしたりふざけたりするのが好きで、いつも笑顔の彼は仲間の間でも際立っていた。

二人の少年は仲良くなった。共に敬けんな家庭で育ったジェームズとコランは、共通の宗教で結ばれていた。キリスト教青年団の一員であったジェームズは、日曜日になるとよくコランを全福音教会に連れて行った。コランはオジブウェ語で魂のこもった福音の歌を歌うのが大好きで、みなが集まってコランの歌を聴いていた。

「主よ、我が主よ」ジェームズが回想する。「コランが歌うその賛美歌は本当に素晴らしかった。」

ジェームズはコランがこれまでこの街に来たことがなく、多くの学生同様、カルチャーショック、特にレイシズムに慣れるのがどれほど大変かを知っていた。DFC高校のすべての学生は、毎日様々なレイシズムを経験していた。彼らは往々にして、先住民以外の人々から疑いの目で見られ、のけもの扱いされていた。

「白人の子たちに卵を投げつけられる。」ジェームズは言う。「すれ違いざまに車の中から「自分の土地に戻れ！」と罵声なんかも浴びせられるんだ。といっても、ここは自分たち先住民の土地なのに。」

サンダーベイ地域の根底に脈打つレイシズム。気がつかないほど巧妙になされることもあるが、面と向かって差別的暴言を投げつけられることもある。サンダーベイに住む先住民の高校生に、レイシズムを経験したことがあるかどうか聞いてみて欲しい。彼らは間違いなく、人種差別的な中傷、ゴミや腐った卵などが通り過がりの車から投げつけられた経験を話すに違いない。他にも、正体不明の集団にビール瓶で後頭部を殴られ、道路脇で血を流していた者もいる。彼らがよく耳にする人種差別的な言葉に「ボガン」がある。これはサンダーベイに住む白人が先住民族に対して使う蔑称だ。

先住民は、ただ黙々と虐待に耐える術を身につけてきた。警察に苦情を言っても、まともに受け止められないか、無視されたりすることが多い。本書の執筆時点では、先住民の殺害や失踪事件に対するサンダーベイ警察署全体の対応が、司法長官事務所の傘下にある州立市民監視団体の独立警察審査ディレクター（the Office of the Independent Police Review Director，ＯＩＰＲＤ）によって調査中である。また、オンタリオ文民警察委員会（the Ontario Civilian Police Commission）によって、サンダーベイ警察サービス委員会が警察監督を効果的に実施してきたかも調査中である。

二〇〇五年までには、ＤＦＣ高校では生徒たちが直面する問題を十分に認識していた。二〇〇〇年に開校して以来、州の教育基準をはるかに下回る学力の生徒を受け入れてきた。ＤＦＣ高校ではこうした状況に対応するために、追加の教育サポート、小規模クラス、各生徒のニーズに合わせたコースなど可能な限り提供してきた。教師たちは親代わりとしての役割も自覚していたので、いつも子どもたちに手を差し伸べ、彼らを理解しようと努力していた。

しかし、DFC高校の生徒が教室の中で必要としていたものに比べれば、教室の外で彼らが必要としているものははるかに大きい。学生の多くは、トラウマを抱えてこの学校にやってきてさらなる孤立感を味わう。彼らは街に出ることで、誰にも見られることなく怒りをやり過ごしたり、悲しみを癒すことができた。DFC高校では、重度のホームシックや危険な行動のために年間二〇人から三〇人の生徒が退学する。[*19]状況に耐えられなくなってしまう子どもたちがいるのだ。彼らは家に帰ることを懇願するか、あえて送り返されるように校則違反を侵したりする。

生徒を送り返すのは簡単なことではなかった。DFC高校の教師で後に校長にもなったジョナサン・カケガミックは、問題を抱えた子どもたちを送り返す先に何が待っているのかを案じた。出身のコミュニティ全体が乗り越えねばならぬもの、薬物依存症、自傷行為、精神的なトラウマ、子どもたちが生き延びるために必要な支援を受けられるのか心配した。

ジェスロ・アンダーソンの死から五年がたち、学校は、門限破りや街頭あるいは駐車場での飲酒、川沿いでのパーティといった危険な行動に精通するようになっていた。指導カウンセラーは、生徒の規則違反を見つけた場合、事件報告書に記入するよう命じられた。生徒のファイルに記録される回数が多ければ多いほど、その生徒は退学処分を受け、家に帰される可能性が高くなる。

学校はNNECと共同で、二四時間体制の夜間見回り役を設置した。夜になると、見回り役はバンに乗って街をゆっくりと走り、遊び歩いている子どもたちを探した。ジョナサン・カケガミックは、いつもポケットベルをベッドの脇に置いて寝ていた。身体も大きくタフそうに見える生徒もいたが、彼は自分が相手にしているのは一〇代の子どもたちだと十分理解していた。自分が親代わりとならねばと自覚していた。子どもたちは弱い立場にあり、親やきょうだい、親戚から遠く離れ、生まれて初めて都会で一人暮らしをしていた。ジョナサンにも子どもがいたが、彼は下宿学生も受け入れていた。その一人が、次章で詳しく語ることになる、ポール・パナチーズだ。

子どもたちの多くは下宿先で暮らしていた。下宿先には受け入れの費用が支払われる。DFC高校の子どもたちの中には、たとえばジェスロが叔母のドーラ、叔父のトム、従兄弟三人と暮らしていたように、非常に幸運なケースもある。しかし、ほとんどの子どもはサンダーベイに親族はおらず、見知らぬ人たちと一緒に生活し、その家族のルールに慣れなければならなかった。学生の多くは、初めて会った他の子どもたちと部屋を共有していた。

コラン・ストラングは下宿生活の寂しさを人一倍感じていた。やがて彼は学校でも悪戦苦闘するようになり、全く異なる二つのグループと付き合い始めた。遊び仲間のピク出身の若者たち、そしてジェームズやその仲間たち。結局、一つのグループがもう一方を追い出すことになった。ジェームズはコランが困っているのが分かった。彼はパーティ、飲酒、薬物をいつも必要とするようになっていた。コランが先生やカウンセラーに、心の痛みを直接訴えることはなかったかもしれなかったが、警察や学校の事件報告書を見ればそのことは十分にわかる。

最初の事件報告は二〇〇三年、コランが一六歳の時だった。学校が始まってわずか二週間後に、彼は公共の場での酩酊と未成年者飲酒の罪で警察に連行された。警察は彼を留置場に一晩入れ、翌日、七〇ドルの罰金で釈放した。NNECのカウンセラーが事件報告書を提出し、両親に連絡が入った。

また、コランは「行動契約」にも署名させられ、この中で、最初に警告を受けたこと、もし下宿先のルールに従わなければ停学処分を受けることになることは理解していた、と述べている。彼は一週間の外出禁止となり、その後も毎晩午後六時までに帰宅しなければならなかった。さらに、毎週スクールカウンセラーへの報告が義務付けられ、アルコールや薬物の使用禁止、その学期はすべての授業に出席しなければならなかった。彼はまた、アルコール過剰摂取の影響についての反省文（二五〇ワード）も書かされた。

コランはこの行動契約書に九月二二日にサインしている。彼の筆跡は特徴的だった。文字は丸く、やや華やかで力強い。

それからちょうど一カ月後、コランは再び問題行動を起こしていた。彼は学校で酔っ払っており、下宿親であるパッツィ・コーテが迎えに来て、酔いを覚ますよう家に連れて帰らなければならなかった。しかし、家に帰ってすぐに彼はインターシティ・モールへと向かった。数時間もしないうちに、コランは下宿先に電話をかけ謝罪し、車で迎えに来てほしいと頼んだ。

コランは再び行動契約に署名しなければならなかった。今回は二週間の外出禁止、その後も午後六時の門限が決められた。五〇〇ワードの反省文に加え、エルダーとの対話プログラムへの参加が言い渡された。エルダーはDFC高校の重要な役割を担っており、学校はこうしたエルダーの存在が、適応に苦労している子どもたちに強固な基盤を提供できると考えていた。

コランと父親のロバート・ストラングが共に、行動契約書に署名した。

その後二年間にわたり、彼のファイルには、六〇ページ近くの事件報告書、本人及びカウンセラー、父親によって署名された行動契約書が追加されていった。

どの問題行動においても、門限違反と飲酒が含まれていた。生徒たちは後に、コランにはショッピングモール近くの川岸に、お気に入りの飲酒スポットがあったと話した。そこは、若者らがいつもたむろしている場所だった。水際で彼らがたむろしているのが頻繁に目撃された。コランは、門限を過ぎて外出している子どもを見回っている学校関係者によって、よく捕まっていた。見回り役は、マクドナルド、酒屋の駐車場、ブロディ通りのバスターミナルなど、若者がたむろする場所をいつもチェックしていた。

コランが取り締まりに引っかかると、同じルーティンが繰り返された。行動契約にサインし、毎日授業に出て、門限を守り、飲酒を避けることに同意する。

反省文の題が悲痛だ。間も無く失われるであろう何かを暗示するかのように。

「なぜ私の人生と未来が重要なのか！」

「私の人生」

「教育の重要性」

「私の未来」

二〇〇四年一〇月、コランが遺体で発見される丁度一年前、NNECの教育カウンセラーであるタマラ・デイは、コランが心の問題を誰かに理解して欲しいと考えているようだ、と報告書に記載している。カウンセラーはコランに自殺診断を受けさせようと考えた。

一〇月一四日金曜日、デイは次のように書いている。「本日、コランと話しをした。気分が落ち込んでいる、ちょっと鬱気味だ、と言う。が、どんな感じで鬱なのかを詳しくは語らない。今日はとても変わって見えた。不安定な様子。私の携帯電話番号を伝え、いつでも連絡するように念を押した。」このメモには、教師の一人がコランについて話したいと診察室に来ていたことも記されている。この教師はデイにコランに関する心配事をいくつか伝えてきた。

三日後の一〇月一七日月曜日、デイは再びコランと話した。「彼は大丈夫そう」と彼女は記している。「寂しいので家に帰してもらえないかと言われた。まず両親に電話して相談し、両親から私に連絡をよこすように伝えた。今日、コランの父親と話した。コランが躁鬱の状態にあることを伝え、彼がリディア・ビッグ・ジョージに会うことになっていると伝えた。コランが私の携帯電話番号を控えて、いつでも連絡することを確認した。」

デイはその後、NNEC本部の担当職員リディア・ビッグ・ジョージと話をし、コランに自殺診断テストを受けさせて、翌日に彼と面会するつもりだと言った。

デイは、その月曜日にコランと二度目の話をした。コランは、引っ越したいと言った。彼は下宿先のルームメイトには不満だったが、下宿先は好きだと言った。デイは次のように記している。「彼は下でルームメイトが寝ているのが気に入らず、上に移動してほしいと言う。私は彼の下宿親に彼の思いを伝えるように言った。」

コランの教育ファイルには、自殺診断に関する記述はない。

実は、彼のファイルに次に記載されていたのは、一一月一〇日付けの報告書だ。奇妙なことに、その報告書に彼が父親にお金をねだっていたと記載されている。コランが自分の口座に百ドルの小切手を要求していた。

二月末までに、コランは再び助けを求めた。彼はタマラ・デイに、個人的な問題について話したいが、学校の敷地内では困るという。デイは、コランがアニシナベ・ムスキキ先住民保健センターのスタッフに面会できるよう紹介状を書いた。二〇〇五年二月二五日の紹介状の末尾にある追加情報やコメント欄にデイは次のように記している。「親友が約一年半前に自殺。」この親友の自殺が言及されているのはコランの死についての審理中に提出されたファイルの中で、これが最初で唯一の箇所である。

その後数カ月間にわたり、コランは負のスパイラルを転げ落ちた。三月最終日、午前二時二二分、彼は二つの罪でサンダーベイ警察によって起訴された。一つ目は、一九歳未満の飲酒で、二六〇ドルの罰金が科せられた。二つ目は公共の場における泥酔。逮捕されたとき、彼はフォート・ウィリアムの住宅街の歩道に横たわっていた。両罪はオンタリオ州酒類免許法に基づくものである。

二〇〇五年四月七日、コランは罰金の後日支払い許可を求める裁判所の申し立てを提出している。「収入のない無職の学生」との理由だった。

書類への記入はコランのものだ。興味深いのは彼の署名だった。二年前の、幸せそうで一風変わっているが、がっしりした筆跡が消えていた。彼の筆跡は右に大きく傾き、ほとんど判読できなかった。

ほぼ同時期に、タマラ・デイはNNECでコランの両親と電話会議を開いた。その電話会議の結果がどうだったかは不明だ。会議に関するメモの公開記録はない。彼が個人的な問題についてカウンセリングを受けたかどうかについても言及されていない。しかし、はっきりしているのは、事件報告が増え続けていることだった。

四月末、酒に酔ったコランが、深夜一時五〇分に一人でアーサー通りを歩いているところを発見されている。学校は下宿先に電話をかけたが、誰も出なかった。そして五月初旬、コランはブロディ・バスターミナルで再び補導されている。そこで女の子と一緒に酒を飲んでいるのを発見されたのだ。コランのファイルには、深夜一二時四五分に帰宅したときは酔っていなかった、と下宿親の証言が残っている。

五月には、自分と友人のクリッシーが誰かに尾行されていると学校に電話した。彼は、プリンス・アーサー・ホテルに向かうよう指示され、DFC高校のスタッフが迎えに行くと言われた。

「三人。人物像は説明できず。自分と彼女を尾行する奴らが怖いと言う。奴らは実際に彼に触れることはできない、と言う。彼が怖がるので、O.C.(オンコールのソーシャルワーカー)を呼び、O.C.は予防措置として警察に連絡。」とファイルに残されたタマラ・デイのメモ。「コランに電話をするのは良いことだと伝えた。しかし、彼が夜一〇時の門限を守っていたとしたら、この事態は起こらなかっただろう。」

DFC高校のチームが五月一三日に提出した別の事件報告によると、彼らは湖岸でコランを補導したが、酒を飲んでいたかどうかはわからなかったという。

七月末、コランは再び警察に連行された。今回は深夜近く、公共の場で泥酔していたとの容疑で、一晩拘留された。

コランは明らかに奈落の底に落ち続けていた。サンダーベイにいる彼を支援するシステムは無力だった。どうしても彼を支えることができなかった。このような、最も精神が不安定な状態で、コランとピカンジカムの学生グループは出身コミュニティに戻るよう呼び出された。

知り合いの二人が自殺によって亡くなっていた。今度はコランのいとこと友人だった。

九月一九日月曜日、葬式を終えて、他の仲間と共にサンダーベイに戻ったコランが向かったのは南だった。火曜日の夜一〇時にリンブリック地区で他の学生と飲んでいたコランは、NNECのスタッフに補導されている。リンブリックは狭い住宅と公営集合住宅が集積する地域だ。暴力沙汰の事件が多く発生している地域で、警察の姿を見ることも多い。

水曜日の朝、NNECの学生支援職員であるドナ・フレイザーは、コランの前の晩の飲酒について学校で話した。彼女はコランに一週間の外出禁止を告げ、注意するよう伝えた。彼女は元気かどうかも尋ねね、その時のメモによると、コランは元気だと返事をしている。そして、ピカンジカムで起きたことについてウィチウェウィン・ウェルネス・サービスのカウンセラーに話しをしてはどうかと伝えたと言う。その後、コランは教室に戻り、ドナはウィチウェウィン・センターに電話をかけ、誰かコランに対応してくれる人がいないか問い合わせたが、みな忙しく対応できないと言うことだった。彼女のメモによると、一日中ウィチウェウィンに電話をかけ続けたが、成果がなかったと言う。彼女はまた、ピカンジカムにいるコランの両親、ロバートとイネスに連絡を取ろうとしたが、彼らは外出中だと伝えられたらしい。コランはその日遅く、再びドナとの面会に戻ってきた。そこで、コランはドナに友達のマックス・キングを見かけたかと訪ねたと言う。マックスがコランに小包を持ってきているはずだと。彼女がマックスの居場所はわからないと伝えると、コランは彼を探しにその場を離れた。

仲の良かったジェームズ・ベンソンが最後にコランと会ったのは九月二二日木曜日、インターシティ・モールでのことだ。コランに金をせびられた。酒を買うための金だろうとジェームズは理解した。コランは四、五人の少女らと一緒で、全員がピクの出身だった。

ジェームズは金を渡すことを拒んだ。コランが大変な思いをしているのは分かっていたが、彼が飲酒することに加担したくなかった。コランが立ち去ると、ジェームズは不吉な予感がした。この友人に二度と会うことはないのでないか、という思いがよぎったという。

金曜日の朝、ドナ・フレイザーが職場に来ると、コランの事件報告を聞かされた。下宿親のパッツィ・コーテが、コランが再び門限時間までに戻っていないと、前夜の夜一〇時半に電話で伝えてきていたのだった。そして、コランはがその後、下宿先に戻ることはなかった。

午前一一時、パッツィーはドナの携帯電話に電話し、まだコランがどこにいるのかわからないと伝えた。ドナが学校に問い合わせると、彼は授業に出席していないということだった。ドナは昼食時に学校まで車で行き、会議室にピカンジカムとキャット・レイク出身の生徒たち全員を集め、コランが何をしていたのか、どこに行ったのか知っている者はいないかと尋ねた。全員が口を噤んでいた。彼女はDFC高校のアイリーン・リンクレイター校長に、コランが前日夜に帰宅していないことを伝えた。彼らは校内放送で彼の名前を呼んだ。反応はなし。ドナは学校を出て車に乗り込み、コランを探して街中を走り回った。夜九時までに見つけられなければ、警察に失踪届を出そうと決めていた。

ジェスロ・アンダーソンと同じように、飲酒の場所としてよく利用していた地下道の近く、マッキンタイア川の河口付近に遺体が上がる前、実際にはコランの身に何が起こったのか誰もわからない。コランの友人だったアダム・ピーターズの下宿親であるクラリッサ・フォックスは、七人の生徒らの死亡事件についての再審問の場で、コランが行方不明になったその木曜の夜、アダムが夜遅くに帰宅したと証言した。

「アダムはひどく酔っていて、服も汚れていた」とフォックスは言う。「何かあったに違いない。」

アダムはコランともう一人の学生スターラ・ストラングと一緒だったようだ。アダムがフォックスに話した内容はこうだ。彼とコランが口論になり、川近くの木のそばで泥酔して寝込んでしまったコランを置いて、彼とスターラはその場を後にした。その後、アダムは下宿先に帰宅。

金曜日の朝、学校に行く前に、アダムは下宿を出て、彼とスターラが最後にコランに会った川へと急いだ。アダムは、コランのセーターと帽子、そしてスターラの財布を見つけたが、コランはそこにはいなかった。金曜日の夕方、NNECスタッフのメンバーのトレイシー・ライアンは、行方不明者報告書を提出した。ライアンは食事療法士で、コランのカウンセラーであるタマラ・デイの妹でもあった。

行方不明者報告書に三つの間違いがあった。[20]

最初は日付。報道によると、コランが最後に目撃されたのが九月二三日金曜日の午後五時半というが、下宿親のパッツィ・コートが最後にコランを見たのは、九月二二日木曜日の夕食時だ。失踪事件では、時間が最も重要な要素となる。報告書の日付が間違っていると、貴重な時間が失われてしまう。

報告書はまた、コランの失踪理由の可能性として「逃亡」と記している。また、住居は児童養護施設とされていた。どちらも不正確な事実である。

九月二四日の夜、コランが行方不明になって二日が過ぎた午後八時四五分、サンダーベイ警察が事件の捜査を開始した。友人らはすでにコランを探しに出ていた。ノーマ・ケジックは、コランが行方不明との連絡を聞くないなや、トラックに飛び乗ってスー・ルックアウトからやってきた。ジェームズやDFC高校の他の仲間たちもコランを探しに行った。アダム・ピーターズは、NNECに所属する医療支援者に電話して、コランを見た人はいないかと尋ねた。スターラ・ストラングは夜一〇時一五分に、ドナ・フレイザーの携帯に電話をかけ、二二日の夜、シルバーシティの映画館近くの地下道で、コランとアダムと飲んでいたと伝えた。彼女は、コランが「ひどく酔っている状態」で、彼らは「彼のアルコールを断つしかないと」伝え、また、当時のコランは辛うじて立っているような状態だったことも伝えた。彼らは口論になり、コランはその場を離れることを拒否したため、結局、彼女とアダムは彼をそこに残したまま去った、ということだった。[*21]

コラン・ストラングの遺体がマッキンタイア川で発見されたのが二〇〇五年九月二六日。オンタリオ検視局は死因を溺死と断定し、事故による死亡と公式に認定した。当局は、彼が九月の寒い夜に一人で入水したと考えている。水を怖がっていた、ジェスロ・アンダーソンがそうしたように。

ジェスロもコランも、自らの意思で川面に浮かんだという証拠は一つもない。[*22]

コランやジェスロは誤って水に落ち、溺れたのだろうか？　オンタリオ州の溺死統計によると、ジェスロやコランのような年齢層の溺死事故は最も少ない。二〇〇五年には、この年齢層の偶発的溺死による死亡率は一〇万人中一・六四人、つまり一・三％である。オンタリオ州溺死者報告書によると、犠牲者の大多数は六五歳以上の男性。一五歳から一九歳の子どもの水関連死亡率は、二〇歳から二四歳、二五歳から二九歳の若者よりも低く、四歳未満の子どもよりもさらに低い。コランとジェスロがそれぞれ一八歳と一五歳だったという事実は、二人がともに事故で溺死したという説に疑問を投げかける。[*23]

コランが亡くなった翌年、ピカンジカムは前代未聞の自殺の流行を経験した。二〇〇六年から二〇〇八年までの間に、一〇歳から一九歳までの一六人の子どもたちが自らの命を絶った。二〇〇七年六月八日、ピカンジカムにある唯一の学校は、最先端のコンピューターが設置され、明るく元気に過ごせると評された子どもたちにとっての避難所だったが、火事で全焼。その学校は幼稚園から一二年生までの子どもたちを教育し、地域社会の拠点として食事会や地域の様々な行事を主催していた。学校を失ったことで、地域社会はさらなる絶望に陥った。[*24] 死亡した子どもたちのほとんどは一五歳未満であり、そのほとんどがガソリンを吸引していた。半数以上の子どもは、親やきょうだいの自殺を経験していた。[*25] それぞれの死の前月に医者や専門家らの支援を受けていた子どもは皆無だ。子どもたちは全員が首をつって亡くなっていた。[*26]

第五章　何もわからないことの空虚感

ミッシュケゴガマン・ファースト・ネイション（ミッシュ）のマリアンヌ・パナチーズの家へと続く長く灰色の砂利道。近隣はどこも、くすんだクリーム色の平屋建て、ぬかるんだ広い前庭にフォード社のF-150トラックがとまっている。

ミッシュは、行政管理上63A及び63Bと記載される二つの居留地をさす。ハドソン・ベイ・カンパニーの社員だったジョン・ベストによって一七八五年に設立されたミッシュは、もともとオルバニー川のふもとにあった地元の交易所にちなんでオスナブルと呼ばれた入植地だった。ベストは、先住民族らが暮らす領域に入り込み、占拠するための適当な場所を見つけるため派遣されていた。アルバニー川の上流にある低い砂地に目星をつけた彼は、「インディアンがこっちに来るかどうか様子を見て、ここが良い場所か判断する」ことにしたという。[*1]

新しい入植地には多くの先住民族の家族が集まってきた。しかし、彼らはすぐに白人らと取引した商品は二流品だと不満を訴えた。毛布は穴が開き、銃は正常に作動しないと。パナチーズ、ルーン、スカンク、マサケヤッシュ家の人々は、今現在もこの地に暮らしている。彼らの先祖が一九〇五年に第九号条約に調印したときと同じ、年間四ドルの支払いを受けながら。[*2]

一九九三年、オジブウェ・ファースト・ネイションの人々は部族の名前をミッシュケゴガマン（Mishkeegogamang）に戻した。ここに住む人々は、ミッシュをオズと呼ぶことが多い。オズとは、五九九号線の終点近く、イグナスのすぐ北にある場所の詩的な名前である。カナダ横断高速道路沿いで、トラックが一時停留するだけの場所。五九九号線は、二車線道路だが路肩はなく、携帯電話は不通でガソリンスタンドもない。州当局が管理する最北の高速道路である。全長三〇〇キロメートル、東部から中央タイムゾーンにまたがる五九九号線は、サンダーベイやケノーラ地域を出たり入ったりする。時折頭上をハクトウワシが飛ぶが、他には何もない。

オズの土地はあまり陽気な場所ではなく、通りの舗装も十分ではない。千人近くが暮らしているが、その多くは仕事に就かない若者たちである。ミッシュの住民は、就職や高校進学、医療機関の受診や日常の買い物にも、居留地を出なければならない。貧困率は高く、失業率は約九七％にのぼる。[*3] 車を持っていない人は、歩いて移動せざるを得ない。ミッシュはいくつかの集落からなる。二つの居住区にまたがっており、五九九号線がそれらを繋いでいる。ポプラヒル、ボトルハイツ、サンディロードが主な集落だ。それ以外にもテンハウスと呼ばれる小さな集落が約二四キロメートル南にある。現在は一〇軒以上の家屋があるのだが。集落間を行き来するには、高速道路を歩くほかない。一人で何マイルも歩く人もいれば、ギャング化した子どもたちの一団が歩いているのを見ることも珍しくない。

水源はミッシュの至る所にあるのだが、現実には無いに等しい。居留地は複数の大きな淡水湖や小川に囲まれているが、ほとんどの日は、一滴も飲める状態にない。水は鉄とマグネシウムの匂いが強く、飲むとアレルギー反応が出て、洗濯物は黄色に染まる。冬になると水道管が凍って破裂するため、台所の流しやバスタブのない住居も多い。屋内に水道管が通っていない家が多いのだ。人々は、プラスチック製のバケツをトイレがわりに使っている。

マリアンヌの自宅前庭には、どこにも繋がっていないコンクリート製の階段がある。割れた皿、古いコンピューターの基盤、砂利道に捨てられた瓦礫の山から釘が顔を出している。古いトラックが止まっている。正面ドアの右側には、小さな木製デッキに木製椅子が二脚置いてある。家の中に入ると、マリアンヌが台所のテーブルに座っていた。彼女は木製の椅子に座り、窓を眺めながらコーヒーを飲むのが好きだ。窓には一年中メリークリスマスと書かれた黒い文字とジャック・オー・ランタンの黒いステッカーが貼られている。道を走るピックアップトラックに、迷い込んだハスキーの子犬が飛びつこうとするのが見える。

この住居に、マリアンヌが住み始めたのは比較的最近だ。彼女は虐待を受けてきた前夫ジョーと離婚し、末っ子のポールが亡くなった後ミッシュに戻った。ポールが亡くなる前の年の二〇〇五年、前夫は当時住んでいた住宅からマットレスを引っ張り出して前庭に置き、家に火をつけた。その頃からジョーは壊れ始めていた。彼は集落から追われ入院することになった。そこでジョーはパーキンソン病と診断され、サンダーベイの長期療養施設に入れられた。その後、彼がミッシュに戻ることはなかった。

貧困と過密により、安全基準を満たさない住宅が立ち並ぶミッシュでは、火災は常に脅威だ。人々は、ひどく長い冬の間、家で暖をとるために空のドラム缶で作られた薪ストーブで暖をとる。ミッシュでは、過去三〇年間で三〇人が住宅火災で死亡している。[*4] この小さなコミュニティではトラウマを引き起こす数だ。二〇一四年二月一三日、悲劇がマリアンヌを襲う。息子の嫁のマキシンが妹のジョイス・ワスキーシックを失った。彼女の三人の子ども、セレニティーとキラリン、ネイサンと共に自宅の火事で亡くなったのだった。古い薪ストーブとさびついた煙突で暖められていたジョイスの家は、冬には「アイスボックス」のように感じられたとマリアンヌは言う。ミッシュ唯一の消防士は三〇分以内に駆けつけたが、消防車は役に立たなかった。前日の夜も別の住宅火災に出動して使用され、その夜は暖房のない車庫で待機していたため、翌日、放水車の水はカチコチに凍りついていた。ミッシュの冬の気温は氷点下二五度前後にも下がる。[*6]

ポールの面影は、マリアンヌの家の至る所に未だに残る。幼い頃から一〇代までのポールの写真が壁にかけられている。黒枠の額縁、ガラスには「愛を込めて…」と書き込まれている写真の中に、右手に鉛筆を持ちスケッチするポールがいる。黒縁のメガネをかけて、カメラをじっと見つめているポール。他にも、白い歩行器の中でくすくす笑っている赤ん坊のポール、茶色と白の格子の椅子に座っているぽっこりお腹の幼いポール。マリアンヌは、最後の年となった二〇〇六—二〇〇七年度のDFC高校の学生証を額に入れている。黒の長袖Tシャツを着こなし、頭髪はごく短く、繊細な頬骨と長く細い鼻が強調されている写真。

ポールが描いた絵も壁にかけられている。マリアンヌのお気に入りの作品は、ミケランジェロの『アダムの創造』の有名なシーンに似た鉛筆画で、神の手がアダムの手に届く様子が描かれている。その絵の傍らに、キリスト教徒の祈祷文「主の祈り」がかけられている。また、この家に引っ越した時に受け取ったであろう祈りの言葉が飾られている。

悲しみというものを知る者がいるとしたら、それはマリアンヌだろう。彼女の六〇年の人生は、過酷な生活、語られることのない悲しみ、そしてトラウマに満ちている。弱り目に祟り目のような人生。それでも、彼女は孤独の殻に包まれた静かな優雅さを保っている。彼女は歌のようなメロディーのささやき声で笑い、漆黒の瞳は悲しみの溜まりに反射する光のきらめきを浮かべている。

八歳のとき、マリアンヌは末弟のジョージー、そして妹のルースと、二千キロ以上離れたオンタリオ州ブラントフォードにある寄宿学校に送られた。アニシナベ族の子どもたちの多くは、州境界も超えて南の寄宿学校に送られていた。そこは、全く異なる文化を持つアクサースニーというモホーク族が占めており、政府がいかに先住民文化の多様性に無関心であったかを示している。マリアンヌは、北部地域から南オンタリオへの約一週間に及ぶ列車の旅で、ジョージーとルースがずっと泣いていたことを鮮明に覚えている。さらに辛かったのは、一一人きょうだいの中で寄宿学校に送られたのは彼ら三人だけだったこと、そしてオジブウェ語しか話せなかったことだった。彼女は、列車がトロントのユニオン駅に到着したときのことをよく覚えている。高い建物と堂々としたロイヤル・ヨーク・ホテル。彼女は恐怖でおびえていた。列車を降りると、弟妹はホームを走り回っていた。迎えを待つ時間は永遠に続くように感じられた。ようやく、ダークカラーのスーツを着た背の高い男が歩み寄って着た。ミスター・ヘレンと自己紹介する男は、君たちを学校へ案内しようと言った。

マリアンヌはその後四年間、モホーク寄宿学校（the Mohawk Institute Indian Residential School）で過ごした。英国教会が運営するこの寄宿学校は、一八五〇年に開校し一世紀以上の時を経て一九六九年に閉校した。モホーク学校での長い月日は、信じられないほど孤独だった。。子どもたちは学期終了までは家族と連絡を取ることもできなかった。家族からの手紙や小包はなく、四年間でただ一度だけ母親から電話があった。孤独なマリアンヌと弟妹は家族に見捨てられたと感じていた。

六月が近づいたある日、夏休みの間は弟妹たちとミッシュの家に帰れることを知った。彼女は一年中夏の帰省だけを望みに生き抜いた。ある夏の帰省―モホークでの最初の二年間を終えた頃だった―その時のことは忘れることができない。警察が姉のサラを探しに自宅を訪れた。マリアンヌは一〇歳だった。警察が姉を連れて行くのを目撃して泣いたことを覚えている。不法侵入をした子どもギャングの一味だとして、南部にある「不登校」学校に連れて行かれることになると聞いた。「不登校」学校とは何を意味するのか、家族の誰もわからなかった。学校の名前やその詳細も知らされなかった。サラが自宅から連れ去られた後、彼女が家に戻ることは一度もなく、一一人のきょうだいの誰も彼女の行方を知らない。サラのその後の詳細はよくわからない。学校を卒業すると、彼女は場所を転々として、家族やコミュニティとは一切縁が切れ、影が薄くなってしまった。北部オンタリオとバンクーバー東部地区の間を、車や列車、時にはカナダ横断道路を歩いて行ったり来たりしていたようではあった。

サラが自宅から消えてしまったことで、マリアンヌは深い傷を負った。彼女は姉の魂を決して離すことはなかった。サラと仲が良かったマリアンヌは、大人になってからもサラの身に何が起こったのかと考えて過ごしてきた。サラがサンダーベイで友人に最後に目撃された一九九五年以来、彼女は捜索を続けてきた。サラは当時四三歳で、現在は一一八一名の「失踪・殺害された先住民女性と少女」事件の被害者の一人となっている。

マリアンヌは姉の夢に悩まされている。夢の中に出て来るのは、玄関ポーチのある白い二階建ての家。確かではないが、その家はバンクーバーの郊外にあるようだ。夢の中で、マリアンヌはその家に向かって歩いており、玄関からサラが出迎えようとする。しかし、サラは途中までしか出てこられない、何かが彼女の行く手を阻んでいる。マリアンヌは姉に向かって、奴らを追い払って私と一緒に来るのよと叫ぶが、サラは家から出られないと言い、向きを変えて家の中に引き返してしまう。

マリアンヌは、サラが悪名高い連続殺人犯、ロバート・ピクトンの犠牲者ではないかと、ひそかに恐れている。彼は、バンクーバーの中心街、東部地区に暮らしていた六人の女性、セリーナ・アボッウェイ、モナ・ウィルソン、アンドレア・ジョズベリー、ジョルジーナ・パピン、マーニー・フレイ、ブレンダ・ウルフが殺害された事件で、第二級殺人の有罪判決を受け、ブリティッシュ・コロンビア州の最高治安刑務所で終身刑に服している。[*7] 長期にわたる裁判のストレスと恐怖から被害者家族を守るため、さらなる二〇件の殺人容疑が結審されず残っている。三三人もの女性と考えられる遺体の一部、DNA、髪の毛の固まり、衣服、血痕が発見されている。ピクトン受刑囚は四九人の女性を殺害したと自白した。[*8]

二〇一五年、マリアンヌは姉のヴィッキーとともに、ピクトンの農場が取り壊された後、そこを訪れた。彼女は、ここがサラの最後となった場所なのか、実際にその場に立って確かめたいと考えた。跡地に立ちすくんだ彼女達の頭上を、黒いカラスが旋回する。サラの魂があるのかどうかわからない。あまりにも多くの死と悲しみが充満していて、一体それが誰のものであるか見分けがつかなかった。その後、バンクーバーのダウンタウン、東部地区にも足を運んだ。麻薬や売春がはびこる悪名高い街だ。一体何を探しているのか分からなかったが、彼女が切望していた終わりを感じることはできなかった。

「一体、姉はどこにいるのか。まだ生きているのか、それとも亡くなったのか。とにかく、姉の行方を知りたいの」と、マリアンヌは言う。

オンタリオ州警察が手がかりをつかめなかったので、ニシナベ・アスキー警察サービス（the Nishnawbe-Aski Police Service, NAPS）はサラの捜索を始めた。一九九六年、オレゴン州でサラの身体特徴に近い、髪の生え際のすぐ下の額の傷跡までそっくりな遺体が発見され、警察のコンピューターには、身元不明の女性の状況や遺伝情報が保存されていた。その八年後、NAPSのジャッキー・ジョージ巡査部長が身元不明の女性に関する情報を発掘し、二〇一四年、彼女は調査のため西に向かった。警察はマリアンヌと九一歳になる母親からDNAサンプルを採取したが、その遺体のものとは一致しなかった。

ミッシュを襲う悲劇には際限がない。殺害されたり行方不明になったりした人たちの苦しみは、マリアンヌだけのものではない。このコミュニティの多くの家族が同じ悲しみを抱えている。ミッシュでは一一件の殺害あるいは行方不明となっているケースがある。行方不明者は、レナ・フォックス、サラ・スカンク、ヴィオラ・パナチーズ、ポール・パナチーズ、レナ・ローソン、エヴリン&ソフィー・ワスケジッチ、ジェミマ・マルホランド、トマス・ライオンズ、マライア・ウェズリー。チャーメル・マサケヤシュの遺体の一部は、二〇一六年の春、ミッシュ内にあった犬小屋、そして森へと続く道に散らばっているのが見つかっている。

残された家族は、マリアンヌと同じように、無力で声を出せない。詳しい状況説明が無いものの、捜査官による失踪や死亡に関する捜査は終了したと感じている家族は多い。しかし、マリアンヌだけは、姉や愛する息子に何が起こったのかわからないという空虚感に苛まれたままだ。

二〇〇六年度の始まりに、マリアンヌはもう二人の子どもを親戚に預けて、サンダーベイに家を借りた。デニス・フランクリン・クロマーティ高校（DFC）に通うポールの世話をするためだ。彼はオンタリオ州のイヤー・フォールズにあるノーザン・イーグル高校で二年間過ごしたが、学校は一〇年生課程までしかなかったため、DFC高校に転校しなければならなかった。ノーザン・イーグルには寮があり、毎年約五〇人の先住民族の生徒を受け入れていたが、閉鎖されようとしていた。運営する財団が機能せず、二〇〇七年度末までには完全に閉鎖されることになっていた。

老朽化したノーザン・イーグル高校は、カナダ全土にある他の先住民族のための学校とさほど変わりはない。カナダ先住民のすべてのコミュニティが学校を有するわけではない。先住民の子ども達への政策支援を担う非営利団体、先住民族の子ども・家族支援協会（the First Nations Child and Family Caring Society）の事務局長シンディ・ブラックストックは、五〇の新しい学校が必要だと訴えている。また、現在存続している学校の多くは老朽化しており、壁面のカビ、ネズミや蛇が巣くうなど、至急修繕が必要であるという。マニトバ州のある学校では、水道から子どもの蛇が出てきたという。[*9] 建物自体の物理的問題に加えて、ほとんどの学校には近代的な図書館、科学実験室やコンピューター室、音楽室や体育館がない。先住民族の子どもたちに対するカナダ政府からの資金援助は一貫して不足しており、その額は非先住民の子どもよりも年間予算で一人当たり約二千ドルから三千ドル少ない。統計によれば、先住民の生徒の四人に三人が高校を中退している。[*10] しかし、教員の育成や、校長の配置、図書館、コンピューター・ソフトウェア、文化的に適切なカリキュラムの開発など、基本的なことに対するINAC（先住民・北部担当省）からの資金提供も無いと、ブラックストックは『シャネンの夢』を叶えるキャンペーンのために書いた報告書『Our Dreams Matter Too: First Nations Children's Rights, Lives and Education』の中で述べている。『シャネンの夢』とはカナダ史上最大、若者が主導する子どもの権利キャンペーンの一つで、すべての先住民族の子どもたちに安全で快適な学校を提供することを目的としており、カナダに対する第三回および第四回定期審査の際に、国連子どもの権利委員会に提出された。

眼に余る状況を受け、二〇〇九年には連邦議会予算担当官がカナダ全土のすべての先住民族のための学校を対象に、ＩＮＡＣからの資金調達の状況と政策を調査したところ、居留地にある学校の四九％が劣悪な状態にあり、八〇三校を二〇三〇年までに建て替える必要があることが判明した。

これが、ポール・パナチーズが一七歳のときにＤＦＣ高校に入学し、一〇年生課程を始めたときの教育環境だった。標準に満たない初等教育環境に置かれてきたこともあり、一〇年生のスタートから数年の遅れが見られた。また、学力面での問題に直面していただけでなく、全く不慣れな都会生活に押し出され、家族の援助もない孤立した生活を余儀なくされていた。その後の三年間で、彼は一〇もの異なる下宿を転々とし、十人十色の下宿親と規則の中で暮らしていた。ある家は、ポート・アーサーの中華料理店、ジェイド・エクスプレスの上にあった。六人の少年たちがその小さなアパートに詰め込まれた。オーナーは冷蔵庫と食器棚に南京錠をかけ、食事が出されたときに少年たちが家にいなければ、彼らは食事をとることができなかった。食欲旺盛な育ち盛りの一〇代の少年たちにとって、食事が与えられないというのは残酷な仕打ちといえる。

マリアンヌは、電話越しのポールの声から寂しいのだろうと察していた。ポールは生まれたときから優しい子で、母親をとても慕っていた。彼はマリアンヌに、バノックや新鮮な魚、ヘラジカの肉が恋しいと言った。彼はまた、街で日々経験する人種差別的な出来事について話すこともあった。移動中の車から卵を投げつけられたり、ハリウッドの西部劇よろしく雄叫び声をあげられたり、「汚いインディアン」と言った人種差別的な侮辱を浴びせられたと。ポールは見知らぬ人がなぜそんなことをしてくるのか、理解できていないようだった。

レイシズムを子どもにどう説明すべきか、マリアンヌは悩んだ。

「無視しておきなさい」とマリアンヌは電話口でささやいた。「これは彼らの問題で、あなたの問題ではないの。ただ仕返しするのはダメ。絶対に。放っておきなさい。」そして、母親が息子にしてやれる唯一の抗弁の仕方を授けた。殴られたら、もう一方の頬を差し出しなさい。「自分がレイシストにならないように。そのような人種差別的な態度はどこにでもあるからね。でも彼らのようにだけはならないんじゃないよ。」

彼女は週末にサンダーベイに遊びに行くと彼に言った。ホテルの部屋をとって、映画に行ったり買い物したりしようと誘った。彼女自身、末っ子がいなくて寂しかったのだ。

二〇〇六年九月、新しい学校への入学と同時に、母マリアンヌがサンダーベイに引っ越してきたことをポールは心から喜んだ。彼は母親に、学校でうまくやっていきたいし、将来的には警察官になりたいと言った。高校を卒業したあとは、俺の面倒を見ることも必要なくなるからね、と。亡くなる数カ月前、ポールは母親に以前に増して心を開いて話をするようになっていた。彼は、時にはクスリを試したと告白した。鎮痛剤やエクスタシーといった薬物にも手を出したと告白することもあった。よくないとはわかっているが、他の子たちとうまくやっていくために仕方ないのだと言った。

「やりたくない時もあるけど、しょうがないでしょ?」ポールは彼女に言った。「ポライト（折り目正しい）・ポール・パナチーズ、Pが3つさ!」とおどけて見せた。

ポールは、両親が離婚した後、どんな辛い思いをしたかも正直に話してくれた。マリアンヌとジョーは長きにわたり暴力の絶えない結婚生活を送っており、一九九〇年代の初めの頃、マリアンヌは末っ子のポールと、その上の兄ガブリエルを連れてスー・ルックアウトに逃げた。他の三人の子供、マイク、ジョディ、イライジャはすでに一〇代で、父と一緒にミッシュに留まった。ジョーとマリアンヌは連絡を取り続けてはいた。彼女はカウンセリングに通ったが、夫は何も悪いことはないと言ってカウンセリング受診を拒否した。ある週末、ジョーが息子たちを迎えに来た。彼は二人の息子をミッシュの家に連れて帰り、それっきりマリアンヌの元に返すことを拒否した。絶望したマリアンヌは酒に依存するようになる。地域の皆がジョーを応援しているように感じ、疎外感を強く抱いた。彼女がミッシュに戻ったのは一九九五年、ポールが一〇歳、ガブリエルが一二歳のときだった。マリアンヌは酒に頼ることもなくなり自分自身を取り戻していたが、ジョーはそうではなかった。酒に溺れた父親は、息子達の世話を放棄していた。子どもたちは薄汚れ、まともな洋服も無く、空腹をしのいでいた。彼女は弁護士を雇い、養育権で訴訟を起こすことに決めた。ジョーは抵抗しようとさえしなかった。

「息子達を取り戻してやったよ。彼らはもう私の側を離れなかったね。」と彼女は言う。ある日、ポールはマリアンヌに、サンダーベイの長期療養病院にいる父親に会いたいから連れていってくれと頼んだ。ジョーはまだ六四歳だったが、パーキンソン病を発症して動けなくなっており、入院が必要な状況だった。

「ポールが、何を父親と話したかったのかは分からない。とにかく、「父さんと話をしなきゃいけないんだ」というばかりなの」と彼女は言う。

彼女は彼を連れて行くと約束したが、その約束が果たされることはなかった。その代わり、ポールは父親に電話をかけ、二人は電話で話をした。彼らが何について話したかマリアンヌは知らない。だが、一週間後ポールが息をひきとる前に、父子で最後の会話ができたことが何よりの慰めになった。

二〇〇六年一一月一〇日、金曜日はいつもそうだったように、シャウォン・ウェイビーはポールの家に大勢の仲間を連れてポーカーをしにきた。シャウォンはコンフェデレーション・カレッジ（訳注：州立カレッジの一つで北部地域に八つのキャンパスがある）に入学し、サンダーベイに戻ってきたばかりだった。彼はマリアンヌとポールの家の真向かいの家に部屋を借りた。シャウォンがサンダーベイに住み始めたのは二〇〇一年からで、彼は友人のジェスロ・アンダーソン（DFC高校で最初に死亡した生徒）を亡くしてから一年もたたないうちに街を去った。ある事件をきっかけに、スー・ルックアウトにあるペリカン・フォールズ高校へと転校していたのだ。その日、シャウォンの母親が病院から連絡を受けた。十数人の「白人男性」グループから暴行を受け、肋骨を骨折し激しい打撲傷で入院したという連絡だった。殴る蹴るの暴行が続き、男の一人は太い木の棒でシャウォンの背中を殴った。シャウォンは何とか友人の家にたどり着き、友人が警察に通報してくれた。ところが、警察は彼を病院に連れて行くのではなく、留置所に入れて尋問のために拘束したのだ。暴行についてシャウォンが覚えていることをすべて話すと、警察は彼を釈放した。シャウォンは一人で病院に行き、看護師たちが彼の母親に連絡を入れた。母親はすぐにミッシュから車で駆けつけ、息子のベッドに寄り添った。数日後、退院できることになると、彼女は荷物をまとめ、息子をミッシュの自宅へ連れて帰った。

ポールとシャウォンはミッシュに暮らしていた頃からの親友だった。彼らは野生のヤマウズラを探して、パチンコを持って茂みを走り回っていた。ポールは頼り甲斐のある、優しく気さくな少年だった。彼は人の悪口を決して言わなかった。

シャウォンは、その晩のポーカーゲームではポールは楽しそうにしていたと回想する。何より彼は勝ち続けていたし。ゲームから脱落したシャウォンは、一旦その場を離れ、ポールとは後で合流しようと考えていた。ポールと何人かの仲間は、ジェームズ通りの集まりに行くようなことを話していた。シャウォンに歩み寄って手を合わせた後、ポールは出て行った。その時、ポールが穏やかな満面の笑みを浮かべていたのを覚えている。ポーカーの勝敗に何の負の感情も湧かなかった。二人は中の良い兄弟のようだった。

その夜遅く、ポールは友人を訪ねると言って出かけたらしい。しかし、彼が何をしたのか、誰と出会ったのかはほとんどわかっていない。

寝入り端に玄関でポールの声がしたので、マリアンヌはベッドから起き上がり、階下におり大丈夫かどうかを確かめた。

「ただいま、お母さん。今帰ったよ。」と彼は言った。彼女はまた二階に戻ってベッドに入った。

ポールがテレビをつけて台所でゴソゴソしている音がした。おそらくお腹が空いたのだろう、インスタントラーメンの袋をあけ、湯を沸かしたようだ。それから彼は階段を駆け上がり、トイレに入って、また降りて行った。

スープをかき混ぜながら台所を動き回り、誰かと電話で話している声がした。

その時、突然、彼女は大きな音を聞いた。

マリアンヌが慌てて階下に降りていくと、ポールは台所の床に突っ伏していた。彼はうつぶせに寝ていて、両腕は脇にあり、手のひらは上を向いていた。彼の頭は流し台とストーブの間にあった。彼女は彼のそばにひざまずいて体を起こそうとした。彼女は身をかがめて声をあげた。「ポール、起きなさい。寝るならベッドかソファで寝なさい。」[*12] 床に落ちていた彼の眼鏡を拾い上げ、彼の曲がった腕をまっすぐにしようとした。

わずかなアルコールの匂いがしたことは記憶している。

「でも、ポールは酔ってはいなかった。」と彼女は言った。

脈をとろうとしたが、感じられない。そんなはずないでしょ？　心の中で何度も繰り返した。

マリアンヌは階段を駆け上がり、一六歳のリッチャー・キーシッカヤシュを起こした。リッチャーはマリアンヌのいとこの息子で、ここで下宿しながら別の高校に通っていた。

マリアンヌがポールの様子を伝えると、リッチャーはすぐに階下に走っていった。

「救急車を呼んで！」リッチャーが叫ぶ。

マリアンヌは救急車を呼び、オペレーターに「息子の様子がおかしいんです。」と伝えた。彼を起こそうとするけどできないと説明した。それから彼女は枕を取りに階段を駆け上がった。

「眠っているだけかと思ったの」と彼女は言った。

彼女は階段を降りてきて、枕をそっと彼の頭の下に置き、それから、床の上に横たわる美しい少年の横に座り、彼が目を覚ますのを待った。

深夜二時頃、繁華街で遊んでいたシャウォンの携帯電話が鳴った。ガールフレンドのヨランダ・スカンクからだった。ポールの家で何か大変なことが起こっていて、ポールが死んでしまったかもしれないと彼女は伝えた。

にわかには信じられなかった。怒りさえ覚えて、何でそんなことを言うんだと尋ねた。電話を切り、しばらく考えてから、パーティの場にいた女の子の一人にポールの家まで車で送ってくれるように頼んだ。緊急事態なんだ。

シャウォンたちがマリアンヌの家に着くと、複数の緊急車両が停まっているのが見えた。現場はざわついており、赤と青のライトの警察車両、消防車があるのを確認した。その瞬間、彼女の言っていることは正しかったとわかった。ポールが死んだ。[*13]

二〇〇六年一一月一一日、ポール・パナチーズの検視が行われた。

報告書の最初のページで、検視前の状況が次のように要約されていた。「症例は二一歳の男性。酒気を帯びて帰宅したのを母親が見た。家にいたのは一五から二〇分間ほど、その後突然倒れた。救急車が呼ばれ、心肺蘇生法が取られたが蘇生せず。外傷の既往なし。殺人の具体的な示唆はない。同署では、この日の夜の出来事や、一緒に酒を飲んだ可能性のある人物のリストなどを調べている。」

検視結果の報告はこうだった。身長は一八〇センチ、体重は七八キロ。「栄養も十分で、成長に問題なし。」黒髪に黒い瞳、死亡時にはブルージーンズとピンクの文字で書かれた黒いTシャツを着用。下着は青色、黒い革のベルトを着用。

病理学者のアーメド・アーウィニ医師は、薬物およびアルコールの検査を行ったが毒性を示すものは見つからなかったと報告した。遺体検査を実施し、以下に示す臓器を開き調べた結果、死因は解剖学的および毒物学的な要因ではなかったことを証明する。

事件終了。ファイルは閉じられ、それ以上の調査は無し。

息子がなぜ死亡したのか、マリアンヌには一本の電話さえなかった。

ポールが亡くなったと言うニュースは瞬時にDFC高校を駆け巡った。教員全員に電子メールが送信され、地域リーダーや学校関係者が呼び出された。当時DFC高校の教師で以前ポールの下宿親だったジョナサン・カケガミックは、まるで腹を殴られたような思いがした。何を言ったらいいのかわからず、信じられないまま週末を過ごした。「ポールは本当にいい子だった。一体、何があったのだ。」その思いだけが頭をぐるぐる回る。

このニュースを受け、アルヴィンとテサ・フィドラーは再び失意のどん底に突き落とされた。六年間に三人の学生が死亡した。アルヴィンとテサは、その場でマリアンヌの家に行って弔意を表し、できる限りの支援をすることにした。アルヴィンはまだNANの保健担当官の役職にあった。彼は、マリアンヌが車で六時間ほどかかる遠隔地ミッシュの出身で、シングルマザーであることを知っていた。彼らは準備を整え、娘たちの世話を知り合いに頼んで、マリアンヌの元へと向かった。

玄関に着くと、多くの人が家に出たり入ったりしていた。アルヴィンとテサは居間の小さなソファに座った。ロッキングチェアを揺らすマリアンヌは、末っ子がいなくなったという事実、しかしその理由は一切わからないことに、なんとか折り合いをつけようとしているようだった。

ポールの死後九年が過ぎた二〇一五年の終わり、マリアンヌは息子の死亡状況についての当局の見解を初めて知ることになった。それまで何も知らされなかったのだ。彼女は、「解剖学的または毒性学的な死因はない。」と医師が発表するのを聞いていた。ポールの死は完全なミステリーだった。飲酒でも、薬物使用でもない。自殺でもない。ポールは、ただ倒れて死んだと言うのだ。

「つまり、これは基本的に、若い男性死亡理由不明事案だ」とオンタリオ州の法医学病理学者のトビー・ローズ医師は書いている。ローズ医師は七人の生徒の死因審問で再調査を担当していた。九年後に行われた審問は、オンタリオ州で最大規模の死因審問となった。二〇一五年五月、ローズ医師は調査報告を裁判所の審問に提出した。[*14]

ローズ医師はポールの死亡現場に立ち会っていない。彼女は、遺体の検視も、ポールの家族へのインタビューもしていない。彼女は検視官の令状、病理学者の報告書、警察の捜査資料と写真を調べた上で次のように報告している。「すべての死亡ケースの死因について意見を述べた。私は死の状態についての知識と経験を持っており、それを元に検討した。」[*15]

現在、法医学病理学者の中では、健康な心臓を持つ若者が突然死する可能性があることが知られている、とローズ医師は述べる。続けて、非常にまれな例ではあるが、解剖学的な痕跡のない心不全で死亡することがあると言う。こうした死亡例の場合、突然の不整脈を起こしやすい遺伝性の病気にかかっていることが多く、これらの病気の一部は親子間など近親者間で遺伝しうる。ローズ医師は「肉眼でも顕微鏡でも心臓に変化を起こさない遺伝性心疾患の可能性がある。」と証言した。[*16]

こうした突然死の症例に関して、二〇一四年に出された、オンタリオ州法医学病理サービス実施マニュアルでは、DNA単離および遺伝子分析のために細胞組織の採取が推奨されている。ポールのDNAを採取することはもうできないので、彼の第一度近親者（両親と兄弟姉妹）の遺伝子検査を実施することで、遺伝性心疾患の可能性を明らかにするべきだと提言した。

調査報告を受けて、マリアンヌと彼女の家族全員が検査を受けたが、遺伝的な心臓の異常を持つ者は誰もいなかった。

二〇〇六年一二月にポールの遺体を検査した病理学者によると、微量のアルコールに加え、マリファナや大麻に含まれる大麻化合物もわずかに検出されていた。しかし、その痕跡はわずかで、死因とは関連つけられなかった。他の薬物も発見されていない。

ポールの胃の内容物も毒物学者によって調べられたが、それに関する考察は無いと報告書は述べている。ブロック、太字、イタリック体で「選択されたアイテムは五年間冷凍保存され、その後破棄される。それ以外のものは、この報告書の日付から六ヶ月後に廃棄することが可能。」とだけ記載されていた。

ポールの死を「未確定」として分類するか、あるいは「解剖学的または毒物学的な死因ではない」と判断するのか陪審員に問われて、ローズ医師は次のように証言した。

死亡状況を考えると、本人あるいは他者による行為によって、彼を死に至らしめたと言う証拠はありません。つまり、事故、自殺、殺人は除外されます。現場の状況から見て自然死と考えるしかないでしょう。人を突然死なせる病気があることは分かっていて、所見はないけれども、特定の病気ではないということはわかっています。それゆえ、二つのどちらが正しいのか特定できないのです。そして、私たちが名前を知らなくても、彼が自然死だったと言うのは論理的であると思います、それは自然死と呼ぶしかない。あるいは、「未確定」を厳格に定義した上で「未確定」と呼ぶこともあり得るでしょう。これは皆さんにお任せします。[*17]

わかりきったことを知るために、マリアンヌは九年間もの年月を待ち続けた。息子の死亡理由を特定できる医療専門家はどこにもいないということ。そして、サンプルの保存は六ヶ月、あるいは五年とする法医学病理学のルールがあるため、再検査しようにも物証、ＤＮＡの証拠はすでに失われている。

ポールに何が起こったのか、マリアンヌは答えがわからぬまま置き去りにされている。姉のサラに何が起こったのかも、分からぬままだ。人生で最も大切な二人の人物を、理由も説明もなしに奪われるという、途方もなく空虚な状態をマリアンヌは生きている。こうした状況で生き続けるマリアンヌに、心の平安が訪れることがあるのだろうか。彼女はいつも答えを探している。しかし、あらゆる可能性が否定されると、また再び虚ろな状態に陥ってしまう。

第六章　生きる者を守るため死者の声を代弁する

大きく柔らかな雪が降り続くと、街のすべての音が消えてゆく。街灯が滲んで見える。車のヘッドライトも。

静まれ、と言う雪の声が聞こえるようだ。心を鎮めろ、スローダウンしろと。

柔らかく凍った球体が地面に静かに落ち、路面は滑りやすい。一〇代の若者たちが、お互いに歩調を合わせて歩こうとするが、笑いながら滑っている。バス停から公園に向かう途中だろう。重そうなバックパック。ガラス瓶が缶に激しくぶつかり音を立てる。

人は酒を飲む。酒はすべての人を平等にする。痩せていようが太っていようが、外見を気にする必要もない。酒を少し飲めば、すべてがうまくいくような気分になる。腹を割って話す自信が持てる。面倒なことは忘れてしまえ。

若者たちは団子になって歩く。自分たちがどこに向かっているのか、通りすがりの車に知られやしないかとヒヤヒヤしながら、後ろをちらりと見る。誰にも気付かれずに歩道を出ると、雪に覆われた国際フレンドシップ・ガーデンに入る。街の南端にある一五エーカーほどの記念公園だ。ビクトリア通りから公園に入るとすぐ、二頭のライオン像を正面に従えた赤い中国式パゴダがある。公園は、サンダーベイ市制定百年を記念し、地元のソロプチミスト・クラブが寄贈したもので、市内にある一八の文化を反映した記念碑と庭園があり、さまざまな小道や樹木が茂るトレイルが広がる。ここはまた、子どもらが隠れて酒を飲むにはもってこいの場所でもある。

先頭を歩く子が後ろにいる仲間に向かって、足で雪をかいて足跡を消せと大声で声をかけている。枝をほうきのようにして足跡を綺麗に消せるともっといいのだが。誰も補導されたくはない。特に、週末に街中を巡回して補導するスクールカウンセラーには。彼らは、いとも簡単に草陰の子どもたちを見つける。飲酒現場を押さえられて補導されるのは避けたい。特にクリスマス休暇の直後、サンダーベイに戻ったばかりの時はとりわけ。三回の警告を破れば、再び北に帰らされることを誰もが知っている。

背の高い女の子が一人、黒っぽいフワフワしたコートを着て雪の中をとぼとぼ歩いている。彼女の名はロビン・ハーパー。彼女はそのグループの新参者で、学校の新入生でもあった。

ロビンは振り返ってスカイ・カケガミックを見る。

「私が飲みすぎたら、よろしく。ちゃんと家に連れて帰ってね。」と彼女。

スカイが笑って返事をする。「オッケー」。

「約束する?」

スカイが頷く。

「本当だよ」とロビンが念を押す。[*1]

ロビンは、新しい高校に通うためのキーウェイウィン・ファースト・ネイションから飛行機でやってきたばかりだった。一一年生になる彼女は、クリスマス休暇後に学校へ戻る小型チャーター機でスカイと乗り合わせた。二時間のフライトは、北方林を越えてサンダーベイに到着した。ロビンは、小さなキーウェイウィン空港で、両親のアンドリューとティナに偶然会った。彼らはちょうど最近妻に先立たれたアンドリューの父親を訪ねた後、ウィニペグの北東約六〇〇キロにあるマニトバ州北部のワサガマック・ファースト・ネイションから飛行機で戻ってきたところだった。ティナ、アンドリューに加えて彼らの娘たち、ディヴォナ、ローナとロビンの家族全員がワサガマックにいたのだが、ロビンが学校に行く準備をしなければならなかったので、ティナは娘たちを先に帰したのだった。彼女はディヴォナとローナに、DFC高校に入学する末妹ロビンの荷造りを手伝うように言い、一方、夫婦はアンドリューの医療検診のためにウィニペグへ向かった。一九六九年、職場での事故でアンドリューに下半身麻痺の障害が残った。彼には、脚が使えなくなり仕事を失うことになった事故の記憶がない。一九六九年当時、彼はカナダ国有鉄道の操車場でトラックの積み込み作業員として働いていた。誰かが「危ない！」と叫ぶ声だけはかすかに記憶にある。作業事故による補償は皆無であったが、何とかその後も簿記係として妻と三人の娘を支えてきた。

滑走路からキーウェイウィン空港ターミナルの役割を果たす小さな建物に向かう途中、ティナがアンドリューの車椅子を押す。あたりは砂利で陥没した箇所に氷と雪が埋まっている。ロビンや他の高校生たちが、スーツケースを持って空港の外で待っているのを見て彼らはがくぜんとした。ティナは子どもたちが今日出発するとは聞いていなかった。彼女はロビンの出発まで数日間は一緒に過ごせると思っていたが、ロビンは少し早くやってくるようにと学校から連絡が来たと元気そうな声で母親に告げた。

ティナは、ロビンがもっと家の近くの学校、スー・ルックアウトにあるペリカン・フォールズ高校に行くことを望んでいた。ロビンはすでに二年間自宅を出て学校に通っていた。イヤー・フォールズにあるノーザン・イーグル高校で九年生と一〇年生の課程を終えていた。ポール・パナチーズが通っていた高校だ。しかし、二〇〇六年一二月、ハーパー夫妻はノーザン・イーグル高校から手紙を受け取った。ロビンがより上の学年の授業を受けるには、来学期からDFC高校に転校する必要があるとの内容だった。ティナはロビンにペリカン・フォールズ高校へ行くのはどうかと促したが、すでに定員いっぱいだった。ロビンがどうしてもDFC高校行きを望んだのは、彼女の親友でいとこのカルラも行くことになっていたからだ。

ティナは心配していた。ロビンの姉のローナもしばらくDFC高校で学んでいたが、糖尿病の管理が適切に行われず、帰宅させられていた。ティナは、DFC高校の子どもたちが適切なケアと監督を受けていないのではないかと疑っていた。また、わずか六年間の間に、ジェスロ、コラン、ポールの三人のDFC高校の生徒が亡くなっていることも知っていた。彼女はその不安を夫のアンドリューに話していた。

「私は夫に言ったよ。あの子をあそこに行かせるの、と。そしたら夫は、だって彼女が行きたがっているじゃないかと言ったの。」ティナは静かにその時の会話を思い出す。「それ以上は何も言わなかったわ。ロビンはパパっ子だったから。でも、私は、私はね、あの子をあそこには行かせたくなかったのよ。」

サンダーベイ国際空港に小型プロペラ機が着陸すると、北からやって来た若者たちは真っ先にティム・ホートンの店に直行する。どぎつい色のアイシングを纏ったドーナツや、何種類ものスムージー、アイスカプチーノにフレーバー付きコーヒーは子どもたちにとってはとびきりのご馳走だ。ティム・ホートンの様なファーストフード店は、彼らの出身地には一つもない。スカイはロビンの近くに立って荷物が出てくるのを待った。彼女はあまりロビンのことを知らなかった。共通の友人もいなかった。コミュニティには小学校は一つしかなく、二人は同じ学校に通っていたものの、ロビンは現在一八歳で、一六歳のスカイより少し年上だった。ロビンはいつもおとなしくて読書家で、自宅で両親と過ごすのを好むような子どもだった。ロビンは父親と非常に仲が良く、また車椅子で生活する父は外出が極めて制限されていた。自然環境の厳しいキーウェインでの暮らしは車椅子には全く不向きだ。ロビンは父が仕事をしている間、よくそのそばに座っていた。ロビンがまだ幼い頃、学校を卒業したら家に戻ってお父さんの面倒を見るのが夢だと両親によく言ったものだった。ロビンならきっとそうするだろうと、母であるティナは確信していた。

　生徒たちは荷物を受け取ると、迎えの車を待つために外に出た。

「どうして一年目にここに来なかったの？」とスカイがロビンに尋ねた。

　ロビンは、イヤー・フォールズの高校にいたけど上級クラスがなかったので、サンダーベイに来ることになったのだと説明した。

「ここに来るのは生まれて初めて。」とロビンが言う。*2

　子どもたちは送迎用のマイクロバスに乗り込み、登録手続き、下宿先を確認するためにDFC高校へと向かった。ロビンは自分の行き先を知っていた。いとこのブライアン・カケガミックの家に下宿することになっていたのだ。ティナは姉のマイダの息子であるブライアンと妻のシャイアン・リンクレイターに電話して、ロビンがサンダーベイに行ったらそちらで世話してもらえないかと頼んでいたのだった。娘が見知らぬ人の家に住むのではなく、親戚に面倒見てもらうことになれば安心だと考えての配慮だった。

その週末、スカイがロビンを誘って市内案内ツアーに参加し、市内のバスの乗り方などを教えた。サンダーベイの主要な施設も案内した。若者らが集まるブロディのバスターミナル、インターシティ・モール、ウォーターフロント、そして冬の寒く静かな数ヶ月は凍り付いてしまう伝説のスリーピング・ジャイアント。

スカイは夕食を取りに一旦帰宅するためにバスを降りる直前、後でモールで落ち合おうとロビンを誘った。ロビンも新しい友だちに会って遊びたいと思った。

夜遅く、彼女らが落ち合ったのはインターシティ・モールのフードコートだった。

一〇代の若者七人ほどが集まった。スカイは、カイル・ミーキスやロビンの分も合わせてお金をかき集めた。スカイが一五ドル、ロビンは二五ドル、カイルは二〇ドル持っていた。少女らはキーウェイウィン出身のピーターと呼ばれる人物から酒を手に入れた。未成年に頼まれてアルコールを購入する「ランナー」がいることを少女らは知っていた。こうしたランナーを見つけるのは簡単だ。大抵アルコール中毒者で自分の酒を購入するお金を持たないか、小銭稼ぎでやっている。彼らはLCBO(訳注:オンタリオ州直轄の酒類販売店)の外や、若者がよくたむろする公共の場所をうろうろしている。獲物を狙って飛び回るワタリカラスのごとく。

ピーターから入手するのは酒だけではない。彼はどんな薬物でも手に入れてくる。若者たちは皆ピーターのことを知っている。スカイの姉にも薬物や酒を提供していた。彼は誰の要求にも応じた。その夜、ショッピングモールで彼を見つけられたのはラッキーだった。彼は酒を購入し自分の取り分をそこから抜いた。そういうルールなのだ。手数料を払わないといけない。

ピーターは相当量の酒を購入して来た。一・七リットル入りスミノフのウォッカ一本、スミノフの氷冷缶ビッグサイズが三本、それからオールド・イングリッシュ・ビールの一リットル缶を六本。一〇代の知識では、それがどれほどのアルコール量になるか、理解できなかったのかもしれない。酔っ払うには十分な量だとはわかっていただろうが。

七人の少女らはショッピングモールを後にして、フレンドシップ・ガーデンへ向かった。深い雪の中を重い足取りで歩き、寒さをしのげる巨大なモミの木のある空き地を目指した。ロビンは初対面の誰ともうまくやっていた。スカイの友達は皆、彼女が好きなようだった。彼女はうまく溶け込んだ。

何時間か過ぎた、がそれほど長い時間ではなかった。ウォッカはほとんどなくなっていた。炭酸水がなかったので、少女らはウォッカクーラーで割って飲んでいた。それが空になると、ビールでもう一杯。

スカイはロビンがビールを一気飲みしようとしているのを見たが、泡ばかりが立っていた。仲間にロビンはビールの飲み方を知らないんだ、と言ってからかった。彼女はがぶ飲みしようとしていたが、飲んでいたのは泡だけだった。[*3]

スカイは笑って、ビールはそうやって飲むんじゃないよとロビンに言った。彼女はロビンから瓶を取り、泡を取り除いて返した。

誰かが時間を気にした。かなり夜遅くなっていた。酔いで朦朧としていたが、はっきりと思い出されたことがあった。門限が近づいている。スカイは夜一〇時半までに帰宅しなければならなかった。皆が残った酒を飲み干し始めた。一滴も無駄にしたくない。グループの他のメンバーたちは雪の中に証拠を埋め始めた。

ロビンはまっすぐ立とうとしたが、うまく立てない。

ロビンはパイプを取ろうとバッグを引っかき回した。銀のイヤリングが揺れ、指で探っているとブレスレットがカチンと音を立てた。左手首には「KIIW」と書かれた青いインクの入れ墨があり、右手首には名字の入れ墨が入っていた。

パイプを見つけると、ロビンは二グラムほど大麻を詰めた。少女たちはそれを回し吸った。[*4]

ロビンはもう一度まっすぐ立とうとしたが、うまく立てない。歩くこともままならず、呂律も回らない状態だった。

グループにいた他の二人の少女、ロクサーヌとアレラは目を丸くした。少しイライラしていたのか、「今夜ベビーシッターなんてごめんだよ」とでも言いたげな顔をして二人は一行から離れた。カイルと一緒に来ていたもう一人の少女も帰りたがり、その二人もいなくなった。

もう一人の友人であるヴァネッサはスカイとロビンと一緒にいた。三人はなんとかバス停まで歩こうとした。ヴァネッサが先頭を歩き、ロビンとスカイが歩けるように道を作った。

ヴァネッサは道に出るとそこで別れることにし、泥酔したロビンをスカイに託して公園を後にした。

スカイは新しい友達を抱えた。彼女との約束を思い出したのだった。彼女はロビンの重みでよろよろしながらも、雪の中を引っ張っていった。しかし、ロビンの身体は重く自分で立てる状態になかった。

背が高く一〇〇キロ近い体重のがっしりした体格の女の子だった。

スカイはロビンを背中におんぶしようとしたができなかった。そこで彼女の足を持ち上げ、引きずりながら道を歩き始めた。降ったばかりの雪の上で、ロビンの綿毛のようなコートは簡単に滑らせることができたが、それでもスカイは引っ張っては息をつき、なんとかロビンを道路まで引きずった。彼女は少しの間立ち止まって息を止め、それからロビンを起き上がらせようとした。

スカイがロビンを立ち上がらせたちょうどそのとき、ロビンが道路一面に吐いた。

スカイは辺りを見回した。ひとりぼっちで恐かった。そこには彼女とロビンしかいなかった。

スカイはなんとか持ち上げロビンを立たせると、彼女を支えながらよろよろとバス停留所に向かって歩いた。歩道でロビンを引っ張りながら、ヘッドライトや車が減速するのが見えた。彼女は手を振って助けを求めたが、止まる車はなかった。その代わり、減速して少女たちの横に車を止め、マクドナルドの食べ残しと包み紙を投げつけてきた者がいた。

車の中から「インディアンは帰れ！」と吐き捨てられた。[*5]

スカイは歩き続けた。何ヶ月もサンダーベイに住んでいた彼女は、この手の嫌がらせには慣れていた。数台の車が少女二人を追い越した。あるところでは、スカイは死人のように重くなったロビンと一緒に滑りやすい歩道で転んだ。

二人がよろよろと歩いていると、ヴァネッサが近づいてくるのが見えた。

「どこへ行ってたのよ」とスカイは怒って聞いた。

「会う約束をしてた人がいてね」とヴァネッサが答えた。[*6]

ヴァネッサがロビンのもう一方の腕をつかみ、三人でバス停まで歩いた。

バスが来ると、少女らはロビンを引きずって階段を上がり、彼女を席に座らせた。運転手は少女らに手を貸すこともなく、ブロディ通りのバスターミナルの方へと向かった。

アレラがそこで少女らを待っていた。バスターミナルは寒く、人工照明とプラスチック製の椅子が並んだ病院のようだった。ここには生徒たちがよく集まってくる。ここで、下宿に向かうバスに乗り換えるのだ。バスターミナルは、若者たちが待ち合わせをする場でもある。誰かを探してここにやってくる。

ターミナルの隅にある監視カメラが作動していた。

午後一〇時一三分。白い縞模様のジャケットを着たスカイの姿が写っている。ヴァネッサがその横にいる。カイル・ミーキスが戻ってきた。キャット・レイク出身のロクサーヌもやってきた、他の友達も来た。

何分かが過ぎた。

ロビンが床に倒れていた。

ターミナルで働く年配の女性がイライラした様子でやって来る。女性が「あの子、どうしたの？」と声をかけてきた。スカイにまくし立てて詰問する。「何があったの？　あの子、どうしたの？　どこからきたの？　あんたたち誰？　名前は？」[*7]

スカイはその女性に大丈夫です、と伝えロビンを介抱した。したくはなかったが、スカイはカウンセラーに電話をかけるつもりだった。事件報告書は警察に世話になるよりはマシだろうから。

スカイは警察から受けた扱いに恐怖で身体がすくんだ経験があった。彼女が初めてサンダーベイに引っ越してから一週間が過ぎたころ、従姉妹と外出した時のことだ。当時彼女は一五歳。彼女と従姉妹は、ウォーター通りの近くのマクドナルドから一ブロックほど離れたところで、とあるグループと落ち合った。

スカイは酔っ払っており、レストランにふらつきながら入った。注文するのにも苦労するほど酔っていたので、バスに乗ってインターシティ・モールへ向かうことにした。モールに行く途中、従姉妹がやっぱり家に帰ると言い出した。彼女は持っていた瓶の残りのものをスカイに渡しバスを降りた。スカイひとりをこの大都市に残して。

スカイは自分がどこにいるのかわからなくなっていた。彼女はショッピングモールの近くでバスを降りたが、気づくと狭い路地にいた。路地には酒を飲んでいる人が沢山いた。

頭がグラグラし始めて気絶するかと思った。それから青と赤のライト、サンダーベイ警察の車が見えた。車は急カーブして停まった。男と女の二人の警官が車から降りてきた。男性の警官は攻撃的な口調で、壁に向かって立て！ と酒を飲んでいた人たちに向かって怒鳴り声をあげた。[*8]

スカイは混乱していた。これは一体何？ ただブラブラしているだけじゃない。

男の警官は、相方に車に戻り署に電話するように言った。

女性警官がその場を離れると、男性警官は少女たちの服を叩いてボディチェックを始めた。

「何を調べてるの？」と、スカイは困惑して尋ねた。

「俺はここの警官だ」と彼はピシャリと言った。「質問は受けつけない。」[*9]

突然、男性警官がスカイに手錠をかけ、彼女の長い黒髪を引っ張った。警官は彼女をくるりと回し、パトカーの上に頭をぶつけた。警官がスカイの頭を持ち上げた時、彼女は自分の頭がぶつけられてできた車の凹みを見たのを覚えている。

警官は彼女ともう一人の女の子を警察の車の後部座席に投げ込んだ。スカイは泣いていた。頭がずきずきと疼いた。

警察署に着くと、スカイとその少女は監房に押し込まれた。スカイは涙をこらえることができなかった。監房に入るのは生まれて初めてだ。

警官たちは彼女をからかって笑っていた。彼らは先住民を誇張した絵を描き始め、彼女を野蛮人と呼んだ。

「悲しげな顔を作ってブーフーと言ってきた。自分の顔やバッジの番号は見せないようにして。もう一人の少女に対してもそうだった。まるで見世物でも見るように笑い飛ばしてた。」*10

警察に捕まることに比べれば、NNECの職員にお説教を受ける方がよっぽど楽だ。

サンダーベイ市交通管制官が少女らのところに歩いてやってきた。スカイはその職員を見る。が、彼が何を言っているのか分からない。職員が去った後、スカイは壁にもたれて立ちつくしている。

アリラがロビンの隣に立っている。同じ学校に通うもう一人の少女レイヴンも立っている。

そこでNNEC職員の一人、デイビッド・フォックスがやって来て、ロビンに話しかけている。彼は彼女を介助すると、待っているワゴン車まで歩いて連れて行く。アリラとレイヴンもそのあとをついて行く。

スカイは、シャイアン・リンクレイターがNNECの二台目のバンを運転していたのを覚えている。彼女はスカイを見つけて歩み寄ってくる。シャイアンはロビンの下宿親だ。彼女はNNECでも働いていて、要請があると夜間に車で巡回し、時には徹夜で学生を探す。

スカイは、ロビンと一緒に酒をたくさん飲んでいたとシャイアンに正直に話した。シャイアンはスカイを自宅まで車で送っていく、と言ったとスカイは記憶している。彼女はそれを受け入れ、ロクサーヌと一緒にバンに乗り込んだ。

二台のバンがバスターミナルを出た。車がシャイアンの家に着くと、デイビッドとシャイアンがそれぞれロビンの腕をつかみ、彼女をバンから引っ張り出して家の中に連れて行くのを見たとスカイは記憶している。

彼らはロビンと一緒にドアを開けて中に入り、再び外に出てきた。

デイビッドは彼の車に飛び乗り、シャイアンも自分の車に乗り込み、二台の車が出て行った。

数分後、スカイは彼女の下宿に戻っていた。

その夜のシャイアンの記憶はスカイのものとは異なる。彼女はバス停にも行ってないし、ロビンと一緒に家にいたこともないと言う。シャイアンが仕事から戻ったのは早朝四時になってからで、眠る前にロビンがいることを確かめたというのだ。

しかし、実際には夜の一〇時半、デイビッドとシャイアンがロビンを家の玄関から狭い廊下へと連れて入っている。茶色の床タイルの上に置かれた黒の泥受けトレーの上には、スリッパや靴が積まれていた。廊下は家の一番後ろにある居間に通じていた。彼らはロビンを廊下に横たえた。壁にもたれかかるように横向きに。シャイアンの夫のブライアンとその弟ジェイミーが自宅にいた。[*11] 彼らカケガミック兄弟はロビンの従兄弟にあたるが、ブライアンは彼女をよく知っているわけではなかった。ロビンがまだよちよち歩きの頃、ほんの二、三回会ったことがある程度だ。

深夜二時、ブライアンは新聞配達の仕事に出るため起床。ベッドから出て廊下を歩いていくと、従姉妹のロビンが廊下の床に横たわっていた。

彼は足で彼女の足を突いた。彼女の足が動くのを見て、彼女を床に置いたまま仕事に出た。

ブライアンは朝六時半に自宅に戻り、二階の寝室へ上がった。ベッドで横になっていると、ドアをノックする音が聞こえた。弟のジェイミーだった。

彼がブライアンに言う。ロビンが死んでいると。

二〇〇七年一月一二日、午前八時五九分、救急車がブライアンとシャイアンの家に出動。氷と吹雪という厳しい道路状況だった。

緊急の電話だった。心肺停止の可能性。ライトとサイレンが鳴り響く中、救急救命士らが家に到着し、すでに駆けつけていた消防士に加わった。大型の消防車が緊急通話にまず対応したようだった。消防士が複数廊下に詰めていた。自発呼吸なし、頸動脈脈拍動なし。ロビンの肌は青みがかった色をしていた。まるで産道から出るのに苦労した新生児の肌のように。救急隊の記録によると、サンダーベイ消防局員がロビンの気道を確保しようとした際、腕や脚が死後硬直していることに気づいたという。[*12] また、髪の毛に嘔吐物が付着していると消防隊員は後から来た救急隊員に申し送りしている。

救急隊員らは、ロビンが薬を服用しているかなど同居人に尋ねた。彼らは、服用はないと伝えた。

消防隊員と救急隊員が現場に到着してから三〇分も経たないうちに警察がやってきて、同居人にロビンのことについて質問した。

警官の一人が、地方検視官のポール・デュピュイ医師を呼んだ。デュピュイ医師は、地方の救急病棟に勤務していた。この地方で働く検視官は往々にして医者と検視官の二役を兼ねる。デュピュイ医師は病院を離れることができず、現場に向かうことができなかった。そのため、警察が検視に必要な情報をすべて集めなければならなかった。

ロビンは彼らが到着する数時間前に死亡していた。

ロビンは、毎晩、下宿から母親に電話をかけていた。「もう家に帰りたい。」と彼女は受話器でつぶやいていた。ロビンは、フレンドシップ・ガーデンに行く前の金曜日の夜、母に電話をしなかった。ティナは本能的に何か変だと気付きながら床についた。ティナは、DFC高校で起きていること、子どもたちはほとんど監督されず、街でたむろして毎晩お酒を飲んでいるとの話を耳にしていた。彼女はロビンをそのような行動に晒したくなかった。ロビンは飲酒をしたこともなく、ティナは彼女にまだ始めてほしくなかった。ロビンはいい子だった。彼女が学校に行く前の夏、キーウェイウィン・バンド・カウンシルで夏の間インターンとして働いてもいた。コミュニティのサイトに彼女の写真がある。ポップコーンとスラッシーの販売を手伝っていた時の写真だ。彼女は両手を腰に当て、頭を少し左に傾けながら口を閉じて微笑んでいる。長い黒髪を後ろで束ねて黒と白のペーズリー柄のハンカチで結んでいる。シルバーの文字でSinful（罪深いの意味）と書かれた黒いTシャツを着ている。[13]

土曜日の朝早く電話の音を聞いたティナは、ロビンが昨晩連絡するのを忘れたことを謝ろうと電話してきたのだと思った。ティナは、アンドリューと彼女がまだ眠っていたときに鮮明な呼び出し音が鳴り響いたのを覚えている。アンドリューは不機嫌そうにつぶやいた。「誰だ、こんなに早く電話してくるのは？」

ティナが受話器を取ると、甥のディビッド・フィドラー（キーウェイウィンの牧師でもある）の声だった。彼はバンドの役員室から電話をかけてきていた。

「ちょっとそちらに伺います。」と彼は言い、チーフも同行すると付け加えた。

電話の主が誰かをアンドリューに伝えながら、彼女はパニックに陥った。アンドリューは目を伏せた。世界の重みが自分たちにのし掛かってくるようだった。ティナ同様、アンドリューも何か恐ろしいことが起こったと悟った。ティナは、アンドリューをベッドから起こし、彼らが来る前に服を着がえるよう促した。彼の身支度を手伝い車椅子に座らせると、ドアをノックする音が聞こえた。

死者は自らを語る。

検視官は理解している。病理学者も同様だ。検視局の標語は「我々は生きている者を守るために死者の声を代弁する。」である。[14]

検視局が二〇〇三年に作成した『検視ガイドライン』によれば、検視官は可能な限り検視の現場に立ち会うべきであるとされている。[15] 検視官は、他の人が見ていないものを見る。死体の位置、皮膚の匂いや色、傷の位置、死体からの分泌物など。一つ一つの詳細が死の状況を語るのに役立つ。

ガイドラインでは、緊急事態には三〇分以内に対処すべきとされている。緊急のケースとしては、公共の場での事故らしき死亡、殺人や刑事上の疑いのある死亡、自殺、子どもの死亡などがある。検視官が現場に到着すると、細かなガイドラインに従って検視が進められる。検視官が現場に入る前にすべきこと、死体が発見された場所での警察、消防、救急隊員や目撃者へのインタビュー、捜査責任者との意見交換などを含む。検視官は予備的検査を行うこともできる。例えば、死体の硬直があるかどうかを判断し、死体の近くにある証拠を収集することで、どのように死んだかを知ることができる。

検視官は死体の取り扱いについて最終的な権限を有する。警察による死体の運び出しについても、検視官と警察上官の間で議論されなければならない。

現場に到着するまでに六〇分以上かかる場合には、検視局が死体を運び出す前に電話で死亡状況を確認する。

また、検視官は直ちに遺族に連絡することとされている。「検視官は、まず、近親者から死亡者に関する情報を調査の非常に早い段階で収集し、調査の進行中および調査が終了すれば速やかにその結果を家族に知らせること。[*16]」

しかし、ティナ・ハーパーに連絡を入れた者はいなかった。彼女は検視官の名前も電話番号さえも知らない。娘の死に関するどんな調査状況も、彼女に報告されることはなかった。ロビンの遺体が遺体安置所に移された後にも、検視官室の誰も近親者を呼ばなかった。

「誰からも電話はなかった。」とティナは言う。「警察からも検視官からも。唯一（ディビッド・フィドラーは別として）電話があったのが、キーウェイウィン・ファースト・ネイションのチーフから。それだけ。チーフが来て伝えられたのは、自分の吐瀉物による窒息死だったってことだけ。彼はそれ以上何も言わなかった。全く信じられなかったけど、それがすべて。」

その後、何年も経って、検視官のポール・デュピュイ医師が証言台に立っていた。七人の生徒の死因審問での数多くの質問に答えたとき、彼はティナ・ハーパーに電話したかどうか尋ねられた。

デュピュイ医師はロビンの地元の誰に連絡したか思い出せないと証言した。医師はまた、通常、警察が連絡役を担うと付け加えた。デュピュイ医師は裁判所に対し、ロビンが死亡した夜は救急治療室の担当で病院を離れることができず、彼女の死の現場に立ち会うことができなかったと述べた。彼は陪審員に「これが北西部の現実です。我々は検視の場で最善を尽くしているが、時にそれが不可能なこともあるのです。」と述べた。[*17]

デュピュイ医師はまた、コラン・ストラングの死を担当した捜査検視官でもあった。彼は、コランの家族の誰にも少年の死について話した覚えがないと証言した。

これはデュピュイ医師個人の怠慢が原因というわけではない。検視官のガイドラインには、検視官が死の現場に立ち会うことができない場合、その正確な理由を十分に文書化しなければならないとも記されている。しかし、デュピュイ医師がこの文書化を実施したという証拠はない。そして審問において、デュピュイ医師はこれが自分の過失であったことを認めようとした。しかし、オンタリオ州立青少年支援事務所（the Provincial Advocate for Children and Youth）の弁護士シャンテル・ブライソンが、「検視がぞんざいに済まされたとの評価に同意しますか」との質問をデュピュイ医師に投げかけた際、審問に出席していた主任検視官デイビッド・エデン医師が、審理の中止を求め中座する事態となった。ブライソン弁護士は、質問の取り下げを余儀なくされた。

サンダーベイの病理学者ジョセフ・ヴエスレスキ医師が、ロビン・ローズ・ハーパーの死の二五時間後に検視を行っている。検視報告は、現場に駆けつけた最初の対応者が彼に話したことの要約から始まる。「一八歳の先住民の女子学生、サンダーベイの学校に通学、市内で下宿。バスターミナルでの飲酒、二〇〇七年一月一三日早朝。彼女は下宿に連れ戻され、廊下の床の上で仰向けになって夜を明かし、およそ午前九時頃に死亡したのを発見された。午前四時、五時の時点では生存した状態だったと目撃されている。他の記録は現在不明。[*18]」

ヴエスレスキ医師はそれに続き、外部検査時の遺体の状態を記述している。その報告によると、死後硬直は腕と脚の筋肉に見られなかったが、足には中程度あり、死体はまだ腐敗していなかった。[*19]

ロビンが身につけていた服は、グレーのスキージャケット、グレーのフード付きスウェットシャツ、黒のタンクトップ二枚、モーヴブラ、パンツ、シルバーバックルのついた黒のベルト、黒の靴下、シルバービーズのネックレス三つ、左手首にシルバーのブレスレット二つ、シルバーのイヤリング、グレーのフランネルのズボン、白のパンティ、右手首にはチェーンのブレスレット。彼女は鉛筆削りで作られた手製のパイプを持っていた。

ロビンの身長は約一七五センチメートル。体重は約一一三キログラム。ヴエスレスキ医師によると、長い黒髪に赤褐色のハイライトがあり、額の中央に約五センチ×二センチの挫傷、左頬には紫がかった印が一一センチ×二センチあったという。この皮膚の斑点や変色は、心臓の拍動が止まり死後硬直が始まる際にできる「急性挫傷」や、重い血球の沈殿の可能性と一致していると指摘する。また、時間がたつにつれて斑点は大きくなるという。

右の首には「ＷＯＬＶ」と書かれた青い入れ墨があり、胸にはＡＥＤ（自動体外式除細動器）のパッド、左の親指の付け根には一〇センチ×三センチの打撲痕があった。左前腕には、複数箇所に薄く白い表面的な引っかき傷。両手の指の爪は部分的に欠けた黒いマニキュア。右前腕後部三ヵ所に、一センチ以下の円形の瘢痕。右膝に六センチ×七センチの大きな打撲痕、いくつかの古い傷。左膝にも古い傷跡が複数。

遺体をひっくり返すと、右臀部後部に最近の挫傷と思われるかすかな紫の斑点。右大腿血管と心臓から採血し、膀胱から尿サンプルを採取。サンプルはトロントの科学捜査センターに送付。

死後の検視報告書には「解剖の間、強いアルコール臭あり」と記されている。

毒性検査に三ヶ月ほどかかったが、その結果、ロビン・ハーパーの死因は急性エタノール中毒と判明した。検査の結果、死亡時に339 mg/100 mLの体内アルコールが検出されていた。尿中エチルアルコール値384 mg/mL、大麻も検出された。

ワシエレウスキー医師は報告書の中で、「アルコールに対する有意な耐性がない場合、検出された血中アルコール濃度は死を引き起こす可能性がある。アルコール中毒二五九事例の平均血中アルコール濃度は356 mg/100mLであり、その九〇％は220から500 mg/mLであった。」と述べている。

すべての死亡調査について、検視局は次のような簡単な質問に答えることになっている。死亡者の身元、死亡はどのように発生したのか、死亡はいつ発生したのか、死亡はどこで発生したのか、そしてどのような理由で死亡したのか。自然死だったのか、自殺だったのか、事故だったのか、それとも原因不明だったのか。

ロビンの死は事故と判断された。サンダーベイ警察はNNECの巡回担当者に事故報告の提出を求めたことはない。毒性学的証拠からは、致命的な中毒を引き起こすほどの血流中アルコール量はなかったことが示されている。ロビンはその晩、友達を作ろうと大量の酒を飲んでいたが、やめ時がわからなかったのだ。

大量の飲酒や短時間での異常な量の飲酒は、通常、アルコール中毒を引き起こす。体内でアルコールの摂取量を処理できず、血液中のアルコール濃度が危険なレベルまで上昇する。嘔吐、判断力やコントロールの低下、ろれつが回らなくなり、歩行や立位が不能になり、昏睡状態になる（意識低下の徴候）。これら全てはアルコール中毒の兆候だ。[*20]

問題は、アルコールの分解程度には個人差があることだ。飲酒する人によって、代謝や機能に対する耐性が異なる。ロビンのことをよく知る人がサンダーベイには一人もいなかったのだ。彼女が街にやってきて、たった一週間しか経っていなかった。おそらく、彼女は酒飲みでただ泥酔しただけだと思われたのだろう。

フレンドシップ・ガーデンにその晩いた子たちも皆、相当量の酒を飲んでいる。しかし、その他には誰もロビンのような中毒反応を示さなかっただけなのだ。

その夜、救急呼び出しで対応に当たったNNECのスタッフも、ロビンの下宿親もロビンを病院に連れて行こうとは考えなかった。NNECの運転手デイビッド・フォックスは、アルコール中毒が死につながることを十分認識していなかった。審問では、七家族のうち六家族の弁護を引き受けていたジョナサン・ルディン弁護士は、ロビンの死は事故ではないとはっきりと述べた。彼はそれを殺人と呼んだ。アルコール中毒は、時間内に病院に搬送された場合、致命傷にはならない、と彼は主張した。検視官の検視において、殺人の意図の証明は必要としない。殺人とは、単純に他者による行為あるいは不作為による人間の殺害だ、と訴えた。審問で非難されるべきではないが、ルディンは「我々はロビンに起こったことに対してNNECに責任があると考える。NNECが最善を尽くしていることは疑いの余地はない。予算がないことも理解できる。しかし、能力と資格を持つと約束したサービスを有していたはずだ。しかしながら実際には、NNECには能力も資格もなかった。」と断定した。[*21]

ロビンの死から一ヶ月近く経った二〇〇七年二月下旬、当時オンタリオ州検視長官を務めていたバリー・マクレラン医師は、州内のすべての検視官に調査陳述の質保証について記したメモを送付した。[*22]

このメモは、検視官に対して死亡調査のガイドラインに沿った規則を再確認することを求め、「入念な準備と、明確な文書化を伴った質の高い死亡調査を実施する」という声明の発表でもあった。

検視官に標準的な手順を改めて確認することが求められた。名前を正確に綴る、死亡現場への出席状況を適切に記録する、また「家族への連絡を確実に取ること、もし家族に連絡がつかない場合にはそれを試みた事実を記録すること。」

最後に、正式な監査プロセスが始まっており、近く新たなガイドラインが提示されるだろうと結んでいる。

この通達が出されてから二カ月後の二〇〇七年四月一二日、検視局から二〇〇三年のガイドラインに代わる新たなガイドラインが発表された。驚くべきことに、検視局は死亡現場でのガイドラインを緩和していた。新しいガイドラインでは、調査に付加価値を与えうるよう検視官は「可能であれば」現場にいるべきであると勧告されている。さらに、「死亡現場に適時に到着することは、捜査担当検視官が合理的な時間内に他の活動を離れうる場合、求められる。」という内容が追加されていた[*23]

第七章　兄弟

ロビン・ハーパーの死からちょうど一ヶ月後の二〇〇七年二月二三日、シンディ・ブラックストックは、先住民族の子ども・家族支援協会及び、カナダ全土の六三四のファースト・ネイション（先住民族国家）を代表するファースト・ネイションズ議会（the Assembly of First Nations, AFN）を代表して、カナダ政府に対する人権侵害の申し立てを行った。

ブラックストックは監査官の報告書をすべて読んでいた。児童ソーシャルワーカーである彼女は、アッタワピスカットやその他のファースト・ネイションのコミュニティの状況を熟知していた。西海岸のギックサン・ファースト・ネイションのメンバーであるブラックストックは、オタワのカナダ政府にとって、粘りづよく学術的でもある目の上のたんこぶのような存在で知られる。彼女はソーシャルワークの博士号を持ち、児童保護の分野で二五年の経験を有する。子どもたちの権利を擁護するため、世界中を旅してきた著名な先住民族の人権活動家だ。

ブラックストックが先住民族の子ども・家族支援協会を設立したきっかけは、ジョーダン・リバー・アンダーソンという少年だった。ウィニペグから約四五六キロ離れたノルウェー・ハウス・クリー・ネイション出身の子どもだ。一九九九年、ジョーダンはキャリー・ファインマン・ジッター症候群として知られる複雑な障害を持って生まれた。この治療のため彼は最初の二年間を病院で過ごした。両親は彼をノルウェー・ハウス・コミュニティに連れて帰ることを望んでいた。在宅ケアを受ける条件で、医師らもこの考えに同意していた。しかし、医療費の支払いをめぐる連邦政府と州政府との管轄権争いのため、ジョーダンは二〇〇五年二月二日に五歳で死亡するまで、不必要に病院で苦しみ続けた。[*1]

カナダでは、各州が連邦政府から予算を受け取り、学校や大学、病院、医療、さらには福祉サービスを提供している。カナダの一〇州と三準州のそれぞれは、州が提供するサービスの支払いのために、州政府予算と共に、連邦政府予算を使う。しかし、先住民族の人々はカナダ政府と条約関係にあるため、先住民・北部担当省が居留地での教育や保健サービスの予算を管轄している。ジョーダンの例では、連邦政府と州政府が居留地で生活するステータス・インディアン（訳注：インディアン法の下で先住民として認められている人々）の子どもたちに対する政府サービスの支払いを、どちらが担うべきかについて合意に至らなかったのである。

ブラックストックは人権に関する訴えの中で、先住民族の子どもとその家族に対してカナダ政府が支給する児童福祉資金が極めて不公平なレベルであることは、先住民族の子どもたちに対する重大なレイシズムであると主張した。不公平な児童福祉サービスの結果は子どもの人生のあらゆる側面に影響を与える。不平等な教育予算のため、先住民の子どもたちは標準以下の学校に通わねばならない。中途退学率が高く、それが失業や犯罪による投獄の増加にもつながる。不均衡な社会・保健プログラムへの資金提供によって、破綻した家族を支援することができず、より多くの子どもたちが州の保護下に置かれることになる。実際、ブラックストックがこの主張を提出したとき、二万三千人から二万八千人の先住民族の子どもたち（全体の四割）が里親（訳注：社会的養護制度の一つ）の元で養育されていると推定された。[2]

同じ年の二〇〇七年九月一三日、国連で先住民族の権利に関する国連宣言をテーマとする特別総会が開催された。この「先住民族の権利に関する国際連合宣言」には四六の条項が含まれており、すべての国連加盟国に対し、宣言への署名とその趣旨に沿う政策の実施が求められた。第一条は、人種、肌の色、信条にかかわらず、すべての人々の平等の確立を掲げている。また、先住民族は、国際人権法に認められたすべての人権と基本的自由の十分な享受に対する権利を有すると述べている。[3]

宣言はさらに、すべての先住民族は「自由であり、かつ他のすべての民族と平等であり」、彼らの先住民族としてのアイデンティティに基づく差別からも自由である権利を有すると述べている。同宣言（訳注：第七条）はまた、先住民族はジェノサイド（虐殺）や暴力行為に晒されてはならず、その子どもたちは集団から強制的に引き離されてはならないと述べている。[4]この最後の勧告については、特にカナダには耳の痛い内容だ。現在、カナダ全土で四万人の先住民の子どもが里親の元で育てられている。[5]一九六〇年代から一九八〇年代にかけて、数万人の先住民族の子どもたちが、児童福祉当局によって強制的に自宅から連れ出され、非先住民の里親に預けられた。その後、この子どもたちは、カナダ国内、あるいは英国、米国、オーストラリアの白人家族に養子として迎えられることになる。カナダの歴史におけるこの暗い一章は、「六〇年代スクープ」として知られている。

宣言のもう一つの重要な内容は、教育の権利に関する条項である（訳注：第一四条）。先住民族は、文化的に適切な教育法で独自の言語による教育を提供することを含め、独自の教育制度を確立し管理する権利を有し、先住民族の子どもは「国家によるあらゆる段階と形態の教育を、差別されずに受ける」権利を保障している。[*6]

一八ページに及ぶこの宣言は、カナダ、オーストラリア、米国、ニュージーランドの四カ国に大きな問題を突きつけた。これらの国々では、先住民族の人口が多いものの、白人の入植者に抑圧されてきた歴史があるからである。賛成一四四カ国に対して、この四カ国は、自決権、土地・資源の権利内容及び、国内法や資源管理に対する拒否権を守るため、という理由により宣言の採択に反対票を投じた。[*7]

カナダ政府は、この宣言は先住民族が自国の進路を自ら決定する憲法上の権利に反するものであり、土地と資源に関する宣言は広範すぎて条約上の権利を損なう恐れがあると主張した。

ちょうど同じ頃、二〇〇七年一二月初旬、明るいニュースがあった。「ジョーダンの原則」と呼ばれる指針がカナダ連邦議会に提案されたのである。この指針には、政府が子どもに対処する際にどのように行動すべきか、特に子どものニーズをコストや法的責任に先立って常に優先させるためのガイドラインが示された。

二〇〇七年一二月五日、新民主党の国会議員ジーン・クラウダーは、「下院の意見では、ファースト・ネイションズ（先住民族国家）の子どものケアを含む司法権上の紛争を解決するために、政府は「ジョーダンの原則」に基づき子ども優先の原則を直ちに採択すべきである。」という内容の動議を下院に提出した。[*8]

二〇〇七年一二月一二日、カナダの下院国会議員全員が起立し、全会一致で「ジョーダンの原則」は採択された。

しかし、この決議案が出された後に、DFC高校の別の生徒が溺死で発見されている。

一〇月も終わりに近づいていた。もう夜は真っ暗だ。彼は仰向けになり、頭を前後左右に動かすものの、寒さのせいで身体がどうにもならない。両腕を広げて安定を保とうとするが、水が周りを渦巻き、彼を押さえつけては浮かばせる。彼は目を見開いた。すぐにリッキー・ストラングは自分が川の中にいることに気付く。水の中でふらふらして周りを見回すが、弟の姿は見えない。

「レジー?」と叫ぶ。

沈黙がその答えだ。レジーはいない。

低体温症と酒を飲んだ後の酔いと闘って、リッキーはなんとか川から脱出し、ぬかるんだ岸辺にたどり着く。アドレナリンがほとばしる。彼は自分がどうやって水の中に入ってしまったのか分からない。彼はまっすぐに立とうとするが、背中の付け根から大きく軋むような痛みが走る。今の状況を理解するのに少し時間がかかる。ぬかるんだ土手を上って、マッキンタイア川に平行して走る自転車道に入る。彼の目はショッパーズ・ドラッグ・マートの薬局の建物裏を見つめる。

彼は川の方を向き直り、水面に目をやりながら再びレジーの名を叫ぶ。何も見えない。彼はレジーの名を呼びながら自転車道を行ったり来たりしながら待つ。暗闇の中で何も聞こえず何も見えなかったので、彼は弟がすでに去ったに違いないと考える。寒さに震えながらリッキーは通りに向かう。

彼は下宿へ歩いて帰り始める。ハロウィーンにはまだ少し早い週末の夜遅くに、通りをずぶぬれになってよたよたと歩く姿は、異様だったに違いない。

他の下宿人たちは、兄弟の一人が家にふらついて戻ってきたのを見たと言うが、それがリッキーだったかレジーだったかは定かではなかった。兄弟は年子で、両親は同じだが名字は違っており別の家族と間違われることがよくあった。レジーは華奢な兄よりは多少体重が重かったのだが。

リッキーは二階の寝室で横になりたいと、必死で階段に向かって歩き始めた。

北ニシナベ教育委員会（The Northern Nishnawbe Education Council, NNEC）のオンコール電話オペレーターであり、下宿親たちにとっての連絡窓口であるアルマ・ヘイスティングスは、二〇〇七年一〇月二六日、午後九時五一分、デブ・エリオットから電話を受けた。彼女はまだ職場にいたのだが、成人した下宿人の一人であるレイモンド・アルバートから何度も連絡があり、兄弟が夕食のために帰宅しておらず、門限も過ぎているとの事だった。ようやく一人だけ帰って来たが、酔っ払ってずぶ濡れだと言う。

兄弟の従兄弟で他の下宿生の一人でもあるフィル・ストラングは、リッキーが玄関から入ってくるのを見た。汚れて濡れていた。フィルがリッキーの後を追うと、リッキーはずぶ濡れで混乱した様子だった。乾かすのを手助けしようとしていると、レイモンドが来てリッキーの洋服を脱がせて洗濯機に投げ込んだ。[*9] デブからの電話連絡を受けた後、アルマはその晩の勤務を終えると、様子を確かめるためマッキントッシュ通りの少年たちが下宿している家に寄ってみることにした。

夜九時五一分に下宿親から電話があったことが、NNECの事件報告書に記録されていた。アルマがその下宿先に行ったというメモが残っていた。報告書にはまた、レジーは家にいたと記載されていた。レイモンドはアルマに、家にいたのはレジーだと言ったのだが、実際には言い間違いをしていた。[*10] レジーではなかった。

家にいたのは一六歳の兄リッキーだった。

マッキンタイア川でレジー・ブッシーが行方不明になると、またしても同じパターンが繰り返された。最後に目撃されてから一週間もたたない一一月一日にレジーの遺体が川から引き上げられた。DFC高校の生徒が一年の間に二人亡くなるのは初めてだった。マッケイ山周辺の河川から引き上げられたのはレジーが三人目で、DFC高校の生徒で二〇〇〇年以来命を落としたのは五人目になる。五つの事件のいずれも、警察による捜査に問題ありと指摘されている。遺族や先住民族の指導者の目には、五人の死亡者全員に対する調査は最初から不十分に映っていた。それぞれの事件は、一〇代の若者が泥酔して制御不能となり誤って水に落ちて死亡したという仮説を前提にしていたため、捜査開始が遅れたか、あるいは全く調査されていなかった。いずれのケースでも、家族は警察から検視局に至る関係者からの連絡を受けていない。子どもたちがどのようにして亡くなったのかわからずに途方にくれるしかなかった。レジー・ブッシーの母親であるローダ・キングが息子の行方不明を知らされたのは、息子が消息を断ってから三日後だった。

サンダーベイは五人の生徒全員にとってなじみのない街だった。五人ともアニシナベ語には精通していたものの、学校では苦労していた。英語は彼らの第二言語だった。サンダーベイからは約六〇〇キロ離れたオンタリオ州北西部のポプラヒルで育ったレジーは、これまで大都市に行ったことがなかった。都市の街灯や高層ビル、ファストフード店が入居するストリップモールを見たことがなかった。都会はロビンにとって異国の地だった。彼女が大都会に行ったのは数日間の修学旅行でトロントを訪れた一度だけだった。彼女は故郷のキーウェイウィンで、旅行中に撮影したCNタワーの写真を飾っていた。リッキーとレジーが育ったのは、人口五〇〇人未満のポプラヒル・ファースト・ネイション、小型飛行機か冬季道路でアクセス可能となるような小さな北部のコミュニティである。ポプラヒルでの人々の暮らしは、一〇〇年以上にわたって運営されてきたポプラヒル先住民寄宿学校（Poplar Hill Indian Residential School）の影が色濃く残る。レジーが生まれて間もなく、彼らの父親レックス・ブッシーが突然亡くなった。リッキーは、父親が水の中で死んだこと以外何も知らない。母親のローダ・キングにもそのことを話さない。あまりにも多くのつらい記憶を呼び戻してしまい、母親が涙するのを見るのが辛いからだ。

夫のレックスが亡くなった後、悲しみに打ちひしがれたローダは四人の幼子の世話をすることができず、彼女はレジーを姉のマリー・オーウェンと夫のロドニーに、リッキーを彼女の両親であるジョンとジェマイマ・ストラングに預けた。長兄リッチーはマニトバに―リトルグランド・ラピッズの北に位置するパウインガシ・ファースト・ネイションに暮らすレックスの家族の元に預けられた。ローダは一番年上の長女ディクシーだけを手元に残した。

レジーは一五歳、九年生になったが都会での暮らしに馴染めなかった。兄の下宿先から離れたところにある下宿に入れられ、見知らぬ家族と暮らさねばならなかった。学校が始まって数日後、レジーは兄の下宿に空き部屋があるかどうか尋ねた。彼はそこに移動したかった。幸運なことに、屋根裏部屋が空いており、リッキーの下宿親であるデブ（働き者の女性で下宿で収入を補っていた）は、レジーのために部屋を用意できると言ってくれた。デブの下宿にはすでに数人の生徒が下宿人として暮らしており、成人の下宿人のレイモンドも合わせて家の中は混み合っていた。しかし、男の子たちはみなしっかりと面倒を見てもらっており、レイモンドが子どもらの行動をよく見るようにしていた。彼はリッキーにせがまれるとタバコを譲ったりもした。冷蔵庫にはいつも食べ物が入っていて、レイモンドが台所で何か料理を作ってもくれた。デブはリッキーに中古の青い自転車を贈った。晴れた秋の日にはDFC高校に自転車で登校できるようにと。リッキーは自転車で街中を自由に乗り回るのが大好きだったが、レジーが引っ越してくると、弟に自転車を譲った。レジーがどうやって自転車で家まで帰れるかわかったよと言っていたからだ。そして、居留地に戻ったら自転車を乗り回して遊ぶだろうと思ったのだった。リッキーはレジーにこう伝えた。都会では「赤信号の時は絶対止まるんだぞ」と。

シャイアン・リンクレイター（ロビン・ハーパーの下宿親）は、レジーが行方不明になった一〇月二六日金曜日、路上でたむろするDFC高校の生徒を探しながら車で街を巡回していた。彼女は一〇月二八日の深夜一二時四五分、サンダーベイ警察に電話をし、レジーの行方不明を報告している。彼が最後に目撃されてから二日後だった。公式の行方不明者報告書によると、シャイアンは「ブッシー」は彼の「ルームメイト」であるリッキー・ストラングによってマッキンタイア川付近で目撃されたのが最後と報告している。二人は酒を飲んでいて、リッキー・ストラングは帰宅したが、ブッシーは帰宅しなかったと言う。シャイアンは警察に、その日の夕方、生徒たちがマッキンタイア川で酒を飲んでいたのを目撃したが、ブッシーはその中にはいなかったと伝えている。ブッシーにはNNECが知る限り、街に住んでいる家族はいないと語っている。彼女はまた、彼の友人やよく行く場所を十分把握していないと話していた。彼女は、マッキンタイア川に沿ってレジーを探して一晩中運転していたと付け加えた。彼女は、レジーは身長が一七三センチメートル、ネイティブ、体重は六三キログラムで、左手に傷があり、当時は薄いブルーのジーンズ、白のストライプの入った黒のタンクトップ、黒のパーカー、黒の帽子、そして白い運動靴を身につけていたと報告している。

川の中から発見された三人の少年たち、ジェスロ、コラン、レジーについて、遺体が回収されてから数時間以内にサンダーベイ警察は「事件性なし」との判断を下している。また、レジーの遺体が発見されて二四時間後に出された短いプレスリリースでも「事件性なし」とされていた。

警察の声明はどれも同じことを暗示している。死は偶然の事故だったと。少年たちは酒を飲んでおり、何らかの理由で三人とも酔っぱらって水に落ちてしまったと。

この理由づけには明らかな見落としが一つあった。レジーもリッキーも体が丈夫で泳ぎも得意であった事だ。彼らはスカウト湖のほとりで育ち、夏の最終日まで釣りをしたり、大きな青い湖の深い場所を探したりして過ごしていた少年たちだ。

「弟が水に落ちて溺れたことなどない」とリッキーは言う。「弟は泳ぎの名手だったんだ。」

リッキーはその翌朝、二日酔いで目を覚ました。彼はゆっくりと階段を下りて台所に入った。レイ(レイモンド)は、リッキーの従兄弟フィルと一緒にそこにいた。リッキーは背中に痛みを感じた。前の晩のことは完全にもやがかかっているように記憶が曖昧だった。

リッキーは何か口に入れようと食事を作り始めた。フィルが彼に、ひどく酔って帰宅して二階に上がるのに助けが必要だったんだぞ、と伝えた。[*11] 彼らは、レジーはまだ戻ってきていないとリッキーに言った。

当初、リッキーはそれほど心配しなかった。たぶんレジーは誰か他の人の家で「酔いを冷まして」いて、そのうち帰ってくると思った。[*12] 兄弟は人気者でよく知られ、高校のバレーボール部の選手でもあった。兄弟は二人でいるのを一番楽しむほど仲が良かった。レジーはラップ音楽とヘヴィメタルが大好きで、いつも兄に無理やり聞かせていた。二人でふざけあって遊び、ショッピングモールに行っては最新のビデオゲームをチェックしていた。

その日の午後、二日酔いはおさまったが、まだ弟が帰ってくる気配がないので、リッキーはデブとフィルと一緒に車でレジーを探しに出た。彼らは夜遅くまで運転を続け、インターシティ・モール、ショッパーズ・ドラッグ・マート、そしてファストフード店やH&Rブロック（訳注：税務準備会社）の入った商業施設マッキンタイア・センターの近くの通りを行ったり来たりした。夜一一時、デブは夜勤の仕事に行く時間となった。シャイアン・リンクレイターに電話を入れると、ちょうど彼女は夜勤のパトロールを始めたところだった。シャイアンはフィルとリッキーを拾って、マッキンタイアの河川敷沿いをメイ通りからバルモラル通りにかけて見回ると返事をした。

シャイアンはリッキーに質問を浴びせかけた。レジーはどこでいつもたむろしているか？　誰と一緒に？　彼女はいる？　その娘の家にいる可能性はない？　いずれの質問にも無言か「知らない」の返事しか返ってこない。彼女はイライラを募らせた。失踪届を出さなければならないことはもう明らかだった。

一〇月二八日の日曜日、真夜中過ぎ、シャイアンは警察に電話するために車で学校に戻った。

シャイアンが警察に連絡を入れると、警察はすぐにリッキーを探した。彼はレジーが生きているのを見た最後の人物だった。

サンダーベイ警察は、レジーの遺体が発見される前にリッキーを何度も署に呼んだ。一日に三回も事情聴取を受けることもあった。リッキーは「大人の同席が必要か」「両親に電話したいか」など聞かれることはなかった。彼の両親は、未成年の息子が警察によって繰り返し事情聴取を受けていることを知らされなかった。実際、レジーとリッキーの母親であるローダ・キングは、一〇月二九日までレジーが行方不明であることを知らなかった。レジーが最後に目撃されてから三日が過ぎていた。[*13]

ジム・グレナ巡査部長がレジーの失踪捜査を指揮していた。

警察による事情聴取の間、リッキーは気分が悪くなり、動揺し、ショックを受けていた。その夜の彼の記憶はぼんやりしたままだった。彼は酒の飲み過ぎでその時の記憶が全くないと警察に話した。

リッキーは自分と弟が誰かに襲われたのではないかと心配した。その夜、兄弟はそれぞれバックパックを持っていて、そのバッグがまだ見つかってなかった。彼が警察に話した内容によると、レジーが水の中に入ったことは覚えていないが、弟が川の中にいるような気がすると言うのだ。なぜそう感じたのかは説明できなかったものの、その直感を伝えていた。グレナ巡査部長はリッキーに、一緒に川辺に行ってみるかと尋ねた。彼の記憶を呼び覚ますかもしれない。リッキーは同意し、メイ通りにあるショッパーズ・ドラッグ・マートの駐車場へ警察を連れて言った。彼らは車から降りて、メイ通りに続く地下道のそばの川の端まで歩いて行った。ここが最後に彼がレジーと一緒にいた時のことを覚えている場所だ、水のそばのあそこ。

少年らは放課後よく、川のほとりに行き、自転車道を歩いたり、こっそりお酒を飲んだりしていた。その日の午後、ポプラヒルから来たリッキーの友達の何人かが学校の廊下で彼を呼び止め、後で酒を飲みに行かないかと誘ってきた。遊び仲間のチェスター、アーロン、そしてテリー。川沿いの小道は、ショッピングモールの駐車場が背後にあるがとても静かな場所だ。モミの木がマッキンタイア川岸に沿って一列に並んでいる。

レジーとリッキーはそれほど酒が強いわけではなかった。リッキーによると、居留地では禁酒が原則だが、彼らはポプラヒルの自宅で二、三回ほど飲んだことはあると言う。しかし、強い酒を飲むことは彼らの好みではなかった。特にレジーは好きではなかった。でも、その晩はいい夜になりそうだった。兄弟は仲間に誘われて、高校の上級生らがやるように水辺で飲むつもりだった。川の流れは心を癒す。川の滑るような流れ、季節の匂い、水が流れる音が故郷を思い出させる。川岸は一〇代の子どもたちにとっても都合の良い場所なのだ。下宿に子どもたちがたむろするのを下宿親は嫌がるので、彼らが集まるにはここが一番なのだ。

リッキーの友人が「ランナー」の男を知っていたので、金をかき集めようとなり、皆の持ち金をプールした。リッキーは二五ドルを出したことを覚えている。

その男は、ウイスキーボトルとバドワイザーのビールを手に入れて戻ってきた。少年たちはショッパーズ・ドラッグ・マートの建物の後ろにある、舗装された自転車道を歩いていき、バルモラル通りを通り過ぎたところに、背の高いカバノキの木立の間に空き地があるのを見つけた。少年たちは倒れた丸太の上に座ることにし、ビールとウイスキーを回し飲みしながら、故郷のことを二、三時間ほど話し続けただろうか。酒が底をつきそうになったので、そろそろ帰ろうということになった。

リッキーはコートの袖の中にウイスキーが半分残っているボトルを隠していた。彼らがショッパーズに戻る道を歩いていると、彼は弟をつついて、下宿に戻ってからボトルを空けようと言った。歩いていると、ピカンジカム出身の女の子らとすれ違った。ポプラヒルからそう遠くない居留地だ。彼女たちは酒を探していたようで、男の子たちにもっと酒を買ってパーティーを続けようと誘ってきた。

運命の分かれ道となった瞬間だった。リッキーは下宿に戻りたかったが、レジーがグループと残りたがった。とても楽しい時間を過ごしていたから。結局、兄弟は残ることにした。誰かが酒を買いに行き、他の仲間は川岸でふざけ合いながら酒が来るのを待っていた。

この時点から、リッキーの記憶が薄れ始める。仲間と一緒にまた飲み始めたのは覚えている。具体的にいつだったか記憶はないが、男の子たちに続いて女の子のグループもその場を離れたのは覚えている。この時点でレジーはふらついて、一度は地面に倒れこんだ。リッキーは弟を置いて行くことはできなかったので、二人はショッパーズの駐車場から数メートル離れてその場にとどまった。その夜の記憶はそこで完全に終わっている。次の記憶は、目が覚めたときのことで、ひどい痛みがあり、水中に浮かんでいた。

リッキーと警察は、レジーの痕跡や二人のバックパックを探しながら岩場を捜索したが、何も見つからなかった。警官たちが見守る中、リッキーが石と枯れ草の上をゆっくりと歩いて、河岸のゴミが散らばっている水の方へ向かった。川のふちに着くと、リッキーはしゃがみこんだ。水面にゆっくりと腕を伸ばして、手のひらで水面にそっと触れた。彼はしばらく考えてこんでいた。それから手を川の中に沈め腕をできるだけ伸ばした。彼の体が震え始めた。

まるで弟に手を差し伸べているようだった。

警察も心を打たれ押し黙った。彼らは署に戻る前に、少年に必要な時間を十分に与えた。

一〇月二九日の月曜日、ノーマ・ケジックは友人でありNNECの同僚でもあるリディア・ビッグ・ジョージと、スー・ルックアウト・ゴルフ&カーリングクラブで昼食をとっていた。ちょうど昼食が運ばれてきたとき、リディアの携帯電話が鳴った。電話を手にしたリディアの表情が一気に暗くなった。電話が終わると、彼女はノーマにまた一人生徒が行方不明になったと伝えた。

二人はすぐに事務所に戻った。ワーサの校長だったノーマは、NNECのカウンセラーの責任者だったリディアに、次のフライトでサンダーベイに向かうよう勧めた。リディアは飛行機に乗りたくないというので、ノーマはトランスカナダ・ハイウェイを東に向かって八時間かけて行こうと申し出た。二人はすぐに出発した。高速道路を走る間ずっと、リディアはDFC高校やNNECのスタッフから電話を受け、最新情報を伝え聞いた。サンダーベイに近づくと、また電話が入り、生徒の何人かが事情聴取を受けているので、バルモラル通りのサンダーベイ警察署に直接向かうよう指示が入った。

警察署に到着した際、リディアとノーマはNNECの白いバンが二台駐車場に止まっているのを見た。生徒とカウンセラーが外にいて、生徒たちが家に帰れるように解放されるのを待っていた。リディアが他の人たちに様子を伺いに行く間、ノーマは車の中で待機した。通信教育学校の校長であるノーマは、

DFC高校の生徒を一人も知らない。車の中で待っている間、彼女は、先住民族の一〇代の少年がゆっくりと署から出て来るのが見えた。外に出ると彼はすぐさまひざまずき、すすり泣きながら苦悶している。

リディアと数名が彼のところに駆け寄った。ノーマはその人物が誰かよく見えなかった。彼女は車から降りその生徒を囲む人の輪に近づくと、その少年がレジーの兄リッキーであることがすぐにわかった。

翌朝早く、ノーマはDFC高校のエルダーの部屋に直行し、手伝えることはなんでもする心算でいた。ここに、生徒、教師、捜索の助っ人、コミュニティのメンバーが集まってくると言う。テーブルが設置され、食べ物が運ばれてきて、その部屋を待機所として利用するということだった。その部屋は、精神的な導きを求めてエルダーと対話をする場所でもあった。ノーマは椅子に座り、午前中の大半を生徒や他の人が来るのを待って過ごした。しかし、誰一人やってこない。勘違いした生徒が部屋の中を覗き込んでは、そそくさと出て言った。ノーマは疑問を感じ始めた。みんなどこにいるの？　時間がたつにつれて、ノーマの苛立ちは募るばかりだ。彼女はそこで最新情報を待つように言われたが、誰も情報を伝えには来なかった。彼女は部屋を出ると、廊下で教師を捕まえてレジーについて何か聞いていないかと尋ねた。しかし、捜索チームが組織されたのかどうか、組織されていたとしたら今どこを探しているのか、ここでは何をすべきなのか、誰も知らないようだった。

学校の誰かが彼女に、捜索チームはすでに出動していて、川底を調べるらしいと教えてくれた。ノーマはそのことをリディアに伝えると、二人は水辺に行って支援することにした。二人は午後の残りの時間を、レジーを探しながら川沿いの自転車道を歩いて過ごした。特に他の人がまだ調べていないあたりを重点的に。警察は近くにいないようで、捜索チームもその辺りにはいなかった。

翌日、DFC高校は静けさを保っていた。その日はハロウィーンで、生徒のためにカボチャの彫刻コンテストが企画されていた。ノーマはポプラヒル出身の子たちに特に目を配り、彼らの気持ちを少しでも安心させようとした。エルダーの部屋では、水中捜索のためのボートをフォート・ウィリアムから借りて来てはどうかと話し合われていた。しかし、彼らはまた、トロント郊外のオリリアに本拠地を置くオンタリオ州警察所属のダイビングチームが派遣されるのを待つようにも言われていた。リッキーとレジーの両親はまだポプラヒルにいて、こちらに駆けつけようとしたのだが、氷晶雨のためプロペラ機の離陸が遅れていた。

事態が膠着する中で、無力感だけが募る。ノーマは知り合いのエルダー、ヨサイアス・フィドラーに電話をして、川のそばでドラムを叩き、祈りと煙草をささげる儀式を執り行ってもらえないかと問い合わせた。彼女は、儀式に参加する人が多ければ、小さなグループに分かれレジーを捜すこともできるのではないかと考えたのだ。ヨサイアスは同意し、その部屋にいる全員がその事を広めるように指示した。学校が終わり次第川に向かうことになっていた。

午後四時近くに、ヨサイアスはシルバーシティ映画館のそばのマッキンタイア川の岸辺にドラムを設置した。二〇人ほどが集まって歌と祈りをささげ、川岸を歩いた。儀式が終わると、ノーマとリディアは二人の少年が映画館の裏手に向かって駆け出したのを見た。ノーマたちは心配して少年らの後を追った。少年たちは大きなゴミ捨て場に駆け寄り、劇場の客が残したゴミの山を漁り始めた。ノーマは少年たちになぜゴミの中を漁っているのかと尋ねた。

「レジーを探すんだ、他に何をしたらいいかわからないから」と少年の一人が言う。彼らはレジーを探していたのだ。ノーマは少年らの顔に浮かぶ苦悩を見て取ることができた。彼女はなぜゴミ箱を漁るのかと尋ねた。

「隠れているかもしれないでしょ。家に帰るのが怖いのかもしれないし。」と答える。

ノーマは少年たちにレジーがゴミ箱の中に隠れているとは思えないと伝え、ポプラヒルのチーフ、ライ・ムースと話をするために一緒に川辺に戻るよう説得した。少年たちはポプラヒルの出身だった。ノーマは、少年らが何か他に言いたいことがあるようだと感じ、彼女よりはチーフの方が話しやすいのではないかと考えた。彼女は少年たちにレジーを知っているかと尋ねると、彼らはレジーが行方不明になった夜、実は彼と一緒にいたと答えた。

ノーマは、チェスターとメシエという名の二人の少年に、リディアも加えて一緒に川岸を歩いてみないかと誘ってみた。彼らはイエスと答えた。少年たちはレジーが最後に目撃された夜のことを話し出した。誰がいて、飲酒をするためにどこに行ったのかを詳しく説明してくれた。ちょうど自転車道から離れたところにあるカバの木の森の空き地だと言う。太い倒木の上に座って酒を飲んでいたらしい。道路からは七メートル半も離れていないのだが、雑木林があるので見えにくい場所なのだ。ノーマは、その場所の地面にたくさんの酒の空瓶、ライソール（訳注：除菌スプレー）の空き缶、ヘアスプレー、リステリンの空の缶を見つけた。チェスターとメシエは、その夜彼らは約一リットルの酒を七本飲んだという。確かに、その場には七本の空き瓶が残っていた。ノーマは信じられなかった、一人当たり一リットルの量を飲んだというのか。酒に何を混ぜて飲んだのかとノーマが尋ねると、彼らはストレートで飲んだと答えた。夕方五時ごろから飲み始め、夜九時ごろには酒が底をつき始めたという。彼らは、酒販売店が閉まる前にもう少し酒を調達しようと、小道に出た。少年らが歩いていると、その内の一人がよろめき、他の少年たちは彼をからかって笑い始めた。メイ通りの橋のあたりで別の生徒に出会い、その少年のバックパックには酒が入っているというので、そこで合流してまた飲み始めた。二人は、レジーが岩場で足を滑らせて、川に落ちて靴を濡らしたという。最後の一本も飲み終えると、子どもたちは道路の建設作業員用に設置された簡易トイレまで歩いて行った。グループの中の女の子たちが交代でそのトイレを利用して、彼女らが用を済ますとお開きとなって解散した。ただし、リッキーとレジーをのぞいて。リッキーとレジーが泥酔状態だったので、他の仲間たちは二人をその場に置いて行ったという。NECの巡回員に見つかると問題になるので、一緒には行動したくなかったのだ。少年たちはリッキーにレジーの世話をするように言い、兄弟二人を残してその場を離れたという。

ノーマとリディアは、その二人の少年を学校まで送り届け、カウンセラーに彼らを家まで送ってもらうように依頼した。その後、生徒支援サービスプログラムの責任者であるラリー・ハウスに電話をし、リッキーと面会できるか尋ねた。ラリーは、リッキーは現在、郊外にある下宿先におり、自殺リスクがあるため監視されていると伝えた。ラリーがリッキーに連絡を入れ、ノーマと面会できるかと尋ねると、イエスとの返事があった。ノーマはDFC高校の職員室でリッキーの到着を待ちながら心配し始めた。

自分の力が及ばないところに首を突っ込み、間違ったことを発言して、リッキーをさらに闇の中に追いやってしまうのではないかと。ノーマは、スー・ルックアウトでカウンセラーをしている母親に電話をかけ、アドバイスを求めた。ノーマの母親は「常に直感に従いなさい」そして相手に耳を傾けることが大切だ、と彼女に伝えた。

リッキーは塞いでいた。彼の仕草からも、世界の重みが肩にのしかかっていることがはっきりとわかる。彼は静かに職員室に入り、ノーマの向かいに腰を下ろした。彼女の目を見ようとせず、うつむいていた。ヨサイアス・フィドラーと、フォート・ウィリアム出身のエルダーも同席していた。ノーマが自己紹介する。彼女はリッキーに、弟のレジーを見つけるためにここにいるのだと伝えた。ノーマは、川岸で行った祈りの儀式のこと、その後二人の少年と現地を歩いたことをリッキーに話した。彼の関心を引き出したのか、その時初めて頭を上げて彼女をちらりと見た。ノーマは少年たちがあの夜話したことをリッキーに話した。少年たちは怖がっていたので警察に対して全てを正直に話していないと彼女に話したこともリッキーに伝えた。するとリッキーはまた彼女を見上げた。この発言が彼の心を刺激したのだろうか。そして、次の日に川まで連れて行って欲しいとノーマに言った。

ノーマは驚きを押し隠した。彼女はリッキーを見つめ「リッキー、それは自殺したいと思っていると理解したけど、本当にそう？」と言った。リッキーは肩をすくめ目を伏せた。「なぜ死にたいなんて思うの？」リッキーはまた肩をすくめた。「あなたが死んでも弟は戻ってこないし、誰の助けにも何の解決にもならないのよ」。

彼女は財布の中を探り、自殺防止カードを一枚取り出した。甥が亡くなってから常に持ち歩いているものだ。カードの表面に、自殺念慮がある場合は誰に電話すればよいかの指示が記載してある。このカードを信頼できる大人に渡して、助けを求めるというのが狙いだ。裏面には、カードを受け取った大人への説明が書かれている。彼女はリッキーに、もし気分がひどく落ち込んで死にたいと思ったら、すぐに彼女の携帯に電話するように約束させた。ヨサイアスもリッキーに電話番号を伝え、いつでも連絡するようにと伝えた。ノーマは、携帯電話をベッドのそばに置いて寝るから、必要な時には必ず助けるからねとリッキーに約束した。死にたいと思ったら必ずノーマに電話をかけるとリッキーがようやく約束したので、彼女はリッキーを川に連れて行くことに同意した。

翌日、ノーマが学校に到着すると、エルダーの部屋が人で溢れかえっていた。授業中ではあったが、ポプラヒル出身の生徒たちが呼び出され、そこに集まるように指示されていた。警察に事情聴取される際、今後は一人で話さないようにすること、必ず、大人の代理人を通すようにと伝えられた。その代理人としてノーマが適任であると皆が推薦すると、彼女はその依頼に驚きつつも名誉なこととして受け入れた。そして、彼女はリッキーと一緒に川に行くことになっていると伝えると、生徒たちも同行することになった。ヨサイアス・フィドラーも一緒に来ることになった。そして、サンダーベイ警察のラリー・バックスター巡査―DFC高校を担当していた先住民族出身の警察官でDFC高校スタッフと結婚していた―も同行することになった。

カウンセラーの白いバンに乗って現地へ向かうことになった。ノーマは二人の少年と辿った道のりをその通りに繰り返し歩いた。兄弟の従兄弟にあたるフィル・ストラングを含む生徒たちを例の藪の空き地に連れて行き、同じ話の内容を彼らに伝えた。七人の子どもたちが集まり、それぞれ一リットルの酒を飲んだと。彼らは、その場を離れた後、路上で別の仲間と合流し、さらに酒を飲んだことも話した。現場に同行していた生徒の一人が、酔っぱらった男の子のよろめきをまねしたりした。

小道に戻ると、オンタリオ州警察ダイビングチームがオリリアから到着し、水の中を探しているのが見えた。警察の車が道路の脇に駐車されていた。メイ通りの橋に近づくと、リッキーが突然逃げ出した。彼は信号や車を無視して道路を走り通りを横切った。二人の男子生徒がリッキーを追いかけ、ノーマは他の生徒たちとその場にとどまった。シルバーシティの向かいの川岸で、両手で膝を抱えてリッキーがしゃがみこむのが見えた。ノーマはリッキーのそばに駆け寄り、彼の横にしゃがんだ。彼女は彼を抱きかかえながら、川に連れてきたことを詫びた。

「なぜ逃げたの?」と彼女は尋ねた。肩をすくめるだけのリッキー。彼女はメイ通りの橋の近くにいる警察のダイバーを見ていた。「レジーが落ちたのはあそこ? 今ダイバーたちが探している場所?」リッキーはまた肩をすくめるだけだ。「リッキー、あなたが落ちたのもそこなの?」彼はまた肩をすくめた。そして、ノーマは「リッキー、あなたは警察に三度もこう言ったのよね、レジーが水の中に落ちた場所はメイ通りの橋の袂。それからあなたが目を覚ましたのも同じ場所、と。」と改めて聞いた。

ノーマはリッキーに、警察の話だと彼がその夜帰宅した時、腰から下がずぶぬれだったと言っていると話すと、フィル・ストラングが後ろからやってきて、それは本当じゃないよと話に割り込んできた。リッキーは家に着いたとき、頭のてっぺんからつま先までずぶぬれだった。野球帽も濡れていた。フィルは彼の体を拭きベッドに寝かせた、と。

のかと聞いた。リッキーは首を横に振った。じゃあ、お酒を探していたのかと聞く。彼はまた首を横に振った。もしかして、弟を探していたのかと尋ねる。リッキーはうなずいた。彼女はどこかと聞く。リッキーはまっすぐ前を向き、川の真ん中を指した。

ノーマは生徒たちをランチに連れ出した。食事をしている間、彼女は席を立ち学校のスタッフに連絡を入れ、警察と話をする必要があると伝えた。彼女は警察に、間違った場所を捜索しているようだと伝えた。シルバーシティの向こう側の川を捜索する必要があると。警察はリッキーからは橋の下を見るように言われていると説明してきたが、ノーマは警察に自分の話を信じてくれと頼んだ。

昼食の後、ノーマは生徒たちをDFC高校に連れて帰った。彼らはストレスを発散させたかったので、体育館に行ってフロアホッケーをした。彼女はエルダーの部屋に行くと、ローダとベレンソン・キングが空港から向かっていると告げられた。ようやく飛行機が出発できたようだ。廊下を歩いていると、彼女はテサ・フィドラーとラリー・バクスターの妻グレース・フォックスに出くわした。テサの電話が鳴り始めた。夫のアルヴィンだった。彼はチーフのイライ・ムースと川辺にいた。アルヴィンはテサに、エルダーの部屋に行って待つように皆に伝えて欲しいと言った。彼も今からチーフと一緒に学校へ向かうと言う。

ノーマはそれから数分ほどホールを歩き回った。ローダとベレンソン・キングが到着し、エルダーの部屋に直行した。ノーマは部屋の前をウロウロしていると、アルヴィンがチーフと廊下を歩いて来るのが見えた。ノーマは彼を呼び止め、レジーが見つかったのかと尋ねた。アルヴィンはそうだと返事をした。ノーマはアルヴィンに、レジーの両親が到着してエルダーの部屋にいると警告した。彼女は彼に、そのニュースを伝えるのであればもっとプライベートな部屋を見つけて来る、と進言した。

空いている部屋が見つかり、ローダとベレンソンにそこでアルヴィンとチーフのイライ・ムースを待つように伝えた。ノーマがエルダーの部屋に戻ろうとした時、エルダーのヨサイアスとすれ違った。彼女は他のみんなと一緒にエルダーの部屋にいて欲しいと頼んだ。ヨサイアスはノーマに、リッキーを連れてきて彼の横で一緒に座るよう進言した。ノーマはそれは辛くてできないと言ったが、ヨサイアスは自分が始めたことは最後まで責任を持って見届けるべきだと説得した。

ノーマはリッキーを探しに体育館に直行した。彼は友達と笑いながらホッケーをしていた。ノーマが名前を呼ぶと、リッキーが歩いてやってきた。彼女の顔を見て事態を察し、全身の力が抜けていくのがわかった。ノーマの腕がリッキーを優しく包み込み、両親の待つ部屋へ行くように伝えた。リッキーは両親の隣に静かに座った。チーフのイライ・ムースはオジブウェ語で語り始めた。彼はローダとベレンソンとリッキーに、レジーの遺体が見つかったと伝えた。

ローダの身体から大きく、喉を引っ掻くような悲しげな嗚咽がこぼれた。そんな嗚咽をノーマは今まで耳にしたことがない。子どもを亡くした母親の嗚咽だった。ノーマは本能的にリッキーに腕を回した。リッキーは母親が泣いている間ずっと顔を伏せていた。しばらくして、エルダーの一人がローダとベレンソンに、息子を慰めてやるために祈りなさいと言った。ローダとベレンソンがリッキーに腕を回すと、ノーマはそっと部屋を抜け出した。

ローダが雷のような勢いでやってきたのは、レジーの遺体が川で発見された二〇〇七年一一月一日。行方不明になってから六日後のことだった。

彼女は当局や学校から息子が行方不明になったことを知らされていなかった。連絡があったのは彼が最後にマッキンタイア川付近で目撃されてから三日後だった。「なぜ私に連絡を入れるのがそんなに遅くなったのか。」と疑問を投げかけるも、誰も回答することができなかった。レジーの遺体が警察の潜水チームによって川から引き上げられるちょうどそのとき、彼女はサンダーベイに到着した。レジーの遺体は、リッキーが指し示した正にその場所、川の中央部に沈んでいたのだ。

過去七年の間に亡くなった生徒はレジーで五人目だ。ローダはなぜこれほど多くの生徒が命を落としたのか、なぜ何の手も打たれなかったのか知りたかった。すべての先住民族の親と教師にとって明らかなのは、DFC高校で何かがうまくいっておらず、子どもたちがサンダーベイで危険に晒されているということだ。親たちは子どもたちを高校に送り出し、命を落とすのを見ているだけだ。

レジーの遺体が発見された翌日の一一月二日、サンダーベイ警察は次のような短いプレスリリースを出した。「一一月一日にマッキンタイア川から見つかった遺体は、オンタリオ州ポプラヒル出身で一五歳のレジー・ブッシーと確認された。事件性はない」

アルヴィンは、あまりに早急なサンダーベイ警察による捜査打ち切りという結論に信じられない思いだった。気が焦る。助けが必要だ。誰かがNANの生徒たちを守らなければならない。

ローダにとっての母語はオジブウェ語であり、居留地ポプラヒルの外で誰かに話す必要がある際には通訳を介したやり取りが必要だ。彼女は息子の死に関する答えを求めるため、NAN及びチーフのイライ・ムースに相談した。二〇〇八年二月、彼女はトロント・アボリジニ法律サービス（Aboriginal Legal Services of Toronto, ALST）を通じて、オンタリオ州検視局にレジーの死の審問を提出した。

アルヴィンも審問要求を支持し、NANとともにローダをバックアップした。しかし、アルヴィンの意図は、DFC高校の生徒五人全員をその審問に含めたいということだった。毎年九月、何百人ものNANの子どもたちが高校に行くために家を出なければならない。もし何もしなければ、新たな犠牲者が五人の生徒の後を追うことになるだろう。

「悲劇的なのは、生徒の多くは社会的支援の十分なネットワークを持たず、困った時、環境に適応できない局面に対処できないこと。」と当時、彼は語っていた。[*14]

アルヴィンは審問を進めるには助けが不可欠と考えていた。そのために彼はベストを尽くした。彼は記者会見を開き、新聞やラジオのインタビューを受けるためメディアに接触した。その後、トロントの弁護士ジュリアン・ファルコナーに連絡を取った。

アルヴィンがファルコナー氏に初めて会ったのは二〇〇五年、イッパーウォッシュ審問の聴聞の場だった。アルヴィンは、先住民文化における土地と条約の権利の重要性について証言するよう求められていた。第二次世界大戦中、カナダ政府は軍の訓練キャンプを建設するため、ストーニー・ポイント・ファースト・ネイションから土地を接収しようとした。政府は事が済んだ後、土地は返却するとの条件だった。ストニー・ポイント族は、政府が求めていた土地が彼らの古い埋葬地であるとして、これを拒否したが、政府はその土地を接収した。その後、一九九五年九月四日、ストニー・ポイント族の三〇人のメンバーが土地返却を求め、テントを張ってその土地を占拠し始めた。しかし、オンタリオ州知事マイク・ハリスが抗議行動を直ちに停止するよう命じた。抗議活動をしていたオジブウェ族のダドリー・ジョージがオンタリオ州警察の狙撃隊に撃たれる数時間前、ハリスは政策スタッフとの会合でこのような発言をしていた。「公園からあのふざけたインディアンたちを追い出せ。」

ダドリー・ジョージが警察に射殺されてから八年後、ようやく審問が開始された。その審問を通じて、アルヴィンはファルコナー弁護士が元州知事を証言台の上で徹底的にやり込めるのを見ていた。当時、ファルコナー氏はトロントにあるアボリジニ法律事務所（ＡＬＳＴ）に所属していた。彼は、ハリス元州知事があの発言をしたとされる会議の存在について、州議会で一七回にわたり虚偽の答弁を繰り返したと非難した。

ファルコナー氏は生来の法廷演説者だった。彼は外科医がメスを使うように議論をした。マクギル大学とトロント大学で教育を受けた彼は、レスター・ドナルドソンという黒人男性の死因審問で、トロントの非営利団体、人種関係都市同盟（Urban Alliance on Race Relations）の代理人として戦ったスゴ腕の弁護士だった。妄想型統合失調症と診断されたドナルドソンは、ナイフを振り回していたとして、トロントの警察官に射殺された。一九八八年のことである。この事件は、トロント警察が、精神疾患を抱える黒人に過剰な実力行使に及んだとして、多くの注目を集めた事件の一つである。

この訴訟がきっかけとなり、モントリオール生まれ、ポーランド系ユダヤ人の母親とジャマイカ人の父親を持つファルコナー氏は、弁護士キャリアの方向性を確かなものとする。彼はマハル・アラル氏がカナダ政府に対して起こした訴訟の弁護人を務めた。アラル氏は、ニューヨークで飛行機のトランジットの際に米政府関係者によって不当に拘束された上、シリアに強制送還され、同国で最も悪名高い刑務所の一つで拷問を受けて死ぬところだったのだ。当時一八歳だったサミー・ヤティムの遺族の代理人も務めた。市電TCCでナイフを振り回していたとしてトロント警察のジェームズ・フォーシーロ警官に射殺されたという事件である。当時、ヤティムは警官に八回もの銃撃を受けていた。フォーシーロは後に殺人未遂で有罪判決を受けた。

二〇〇八年三月六日、ファルコナー弁護士はニシナベ・アスキー・ネイション（NAN）を代表して、サンダーベイ地域の監察検視官であるデビッド・イーデン医師に書簡を送った。

NANは、レジー・ブッシーの遺族が検視長官宛に息子の死についての審問を要求したと聞いています。NANは、遺族の要請を受け審問に参加すると共に、上記にあげた死者に関するすべての事件を調査すべく、より広範な審問を追加的に求めたいと考えています。これらの死亡事件には、いくつかの共通要因があることに留意すべきです。死亡者はすべて先住民族の若者であり、全員がDFC高校に通っていました。また、全員が遠隔地のフライイン・コミュニティの出身で、全員が「下宿親」制度の下でサンダーベイに居住していたなどです。

つまるところ、地元コミュニティで教育を受けられなかった結果、これらの若者はみな、自らのコミュニティから引き離され、物理的支援だけでなく、情緒面や心理的な支援も受けることができないサンダーベイの環境に置かれていたということです。ホームシック、文化的断絶、認知的不協和が存在したと考えられます。NANは、彼らの死がこれ以上の社会的放置を受けぬよう強く要求しています。…検視局は、先住民の死に対しても「非先住民」と同じように対応すべき時が来ていると考えます。[*15]

ファルコナー氏がこの書簡への回答を受け取るまでに、三ヵ月を要した。

二〇〇八年六月六日、オンタリオ州検視副長官のウィリアム・ルーカス医師はプレスリリースを出し、レジー・ブッシーの死についての審問を二〇〇九年一月一九日に開始すると発表した。[*16]半ページのプレスリリースでは、審問では「死をめぐる状況を調査し、先住民族の若者が自宅からかなり離れた学校に通う際にどのような影響を受けるかという問題を検討する」と記されていた。

同リリースは、「陪審は、類似の死亡を防ぐことを目的とした勧告を行うことができる。」と付け加えられていた。

しかし、審問では四人の生徒が除外された。

アルヴィンは怒り心頭だった。彼は急ぎばやに次のようなプレスリリースを発表した。NANはレジーの死についての審問開始を歓迎しつつ「そこで問題を終わらすべきではない。近年、同様の状況で死亡した四人の先住民族の若者の死も含まれるべきだ。このような悲劇がどのように起きているのか、そしてそれを防ぐために何ができるのかを理解するために、私たちは可能なすべてのことを実施しなければならない。」

ポプラヒルでは、審問開始のニュースは悲嘆にくれるローダを少しは元気づけたが、なぜ他の生徒たちが対象外とされたのか理解できなかった。彼女はまた、審問手続きにも不安を感じていた。息子の死に関して、誰が判事を、陪審員を務めるのか？　彼らはオジブウェ族の生活様式や、見知らぬ都市や文化の中に放り込まれ、家を離れて学校生活を送らねばならない経験をどれほど理解しているのだろうか？

ローダは彼女の弁護士に、先住民族の子どもたちの死を救う方法について決定を下すのは、またしても白人なのかと疑問を呈した。「我々が決めるべきよ」とローダ。「私たち自身が考える解決策を強いメッセージとして白人に伝える必要があるわ。」ＡＬＳＴの弁護団は彼女の意見に完全に同意した。

ルーカス検視副長官がレジーの審問を発表したのと同じ頃、サンダーベイから高速道で六時間ほど西部に行ったケノラ地方裁判所で、ある裁判が同じ問題にぶち当たっていた。二〇〇七年六月一七日、グラシー・ナローズ・ファースト・ネイションのクリフォード・ココペナースが、テイラー・アシンに対する過失致死罪で起訴された。人口六万五千人の三分の一が先住民族であるにもかかわらず、六九九人の陪審員候補者のうち、先住民族は居留地に生活拠点をおく二九人のみが登録されていた。[*17]明らかに先住民の陪審員数は極端に少なくなる。ココペナースは、人口規模を適切に反映した陪審員による新たな裁判を請求した。

二〇〇八年一〇月、ジュリアン・ファルコナー弁護士はリカルド・ウェスリーの遺族の代理人を務めることになった。当時二二歳のウェスリーと二〇歳のジェイミー・グッドウィンが刑務所内で焼死したという事件である。二人は、公共の場での泥酔を理由にカシュチュワン・ファースト・ネイションの刑務所に収監されていた。二人の死についての審問が請求された。

トロントに集まった弁護士らは、審問をどこで開くかについて議論した。ある弁護士は、スティーブン・ハーパー首相のいる首都オタワで開催すれば、この問題が全国的な報道の注目を集めるのではないかと提案した。しかし、被害者の遺族が、住まいに近いジェームズ・ベイでの開催を望んだ。また、五人の陪審員の中にカシュチュワン族の出身者が含まれることを期待したのだった。

ファルコナー弁護士は、トロント市街地に立地する裁判所庁舎の外に立って、ケノーラの司法地区の陪審員名簿に一人のカシュチュワン族の名も載っていなかったと主張する、裁判所監督のローランダ・ピーコックの宣誓供述書を読み上げた。州司法長官は、すべてのカナダ人を司法制度に含めることになっていたからだ。

「州からの宣誓供述書に、陪審員名簿にカシュチュワン族が一人も載っていないと書かれていたのを目にしました。」とファルコナー氏。「信じられなかった。合法的ではない。」

宣誓供述書には、ケノーラ地区にある四五の先住民族のコミュニティのうち、一四カ所を裁判所職員が訪問したと記されていた。一万二一一一人がケノーラ地区の先住民族コミュニティに住んでいた一方で、二〇〇七年の陪審員候補者リストに載っていたのはたった四四人だったという。

これはココペナース訴訟と同じ状況だった。先住民は司法手続きから完全に排除されていた。

ALSTとNANを代表して、ファルコナー氏は当時のオンタリオ州司法長官クリス・ベントレーに、先住民が排除されている現状を是正するよう求める書簡を送った。オンタリオ州全域での陪審員選任プロセスの合法性に関する正式な調査を確立するため、直ちに措置を講じるよう要求した。「もちろん、先住民族の観点からすると、先住民が州の司法制度に参加する権利とともに、同族のメンバーが最低一人は陪審員に含まれるような裁判を受ける権利が問題となっている。」とファルコナー氏は書簡の中で述べている。*18

オンタリオ州ロンドン出身の司法長官クリス・ベントレーは、当時の先住民担当省（the Aboriginal Affairs）大臣を務めたこともある良識のある人物で、ファルコナー氏、ALSTやNANの意見に同意した。解決せねばならない問題だった。彼は都合がつき次第会いたいとファルコナー氏に返事をしてきた。一方、ココペナース訴訟は、最高裁判所への上告が開始されようとしていた。これは、北部地域の全域に影響を及ぼし、何年にもわたって検視や刑事訴訟を完全に停止させる事態になる可能性があった。

ファルコナー氏を含む弁護団が司法制度に異議を申し立てた直後、また別の一人の生徒がある夜遅くにマッキンタイア川の近くでひどい暴行を受けた。

二〇〇八年一〇月二八日、ジェスロ・アンダーソンが二〇〇〇年に失踪したのと同じ日、一六歳になるダリル・カケカヤシュが何者かに激しく殴られ、ニービング川に投げ込まれた。

ジェスロ、レジー、コランと同様、ダリルも下宿生活を送っていた。故郷のウェガモウ（ノース・カリブー・ファースト・ネイション）のコミュニティや家族から遠く離れ、そして慣れ親しんだ言葉や習慣からも遠ざかった暮らし。他の少年たちと同じようにダリルも八年生以上の教育を受けるには、南に向かわなければならなかった。彼は最初、スー・セン・マリーにある高校に通っていたのだが、家からは遠すぎたので、二〇〇七年にDFC高校に転校することになった。男子生徒によくあるように、ダリルも次々と下宿先を変えていた。

一〇月二八日、学校が始まって二ヶ月後、ダリルはシルバーシティで従兄弟とそのガールフレンドに会った。『アルビン：歌うシマリス三兄弟』の映画を観に行くことになっていた。前作も大ヒットであったが、今回は爆発的ヒット間違いなしの作品だった。

映画が終わると、ダリルは門限の二四時に遅れてしまうのではないかと心配し、下宿に戻るため近道を行くことにした。彼はニービング川沿いのゴルフコースを素早く進んだ。歩道橋の近くに来た時、何か音が聞こえた。三人の白人の男たちが近づいてきて、タバコがないかと尋ねてきた。

タバコを所持していたダリルは、彼らにそれを渡した。

それから、男たちがはダリルに、ネイティブ・シンジケートの一味かと尋ねてきた。シンボルである白と黒の洋服を身につけていたからだ。確かにダリルは白いトラックパンツ、白いランナー、胸にはパンダ、袖には黒い縞模様が入った白いセーターを着ていた。白いパンツは、黒いラインがサイドにあった。白いセーターは地元の商店街で買ったばかりだった。

ダリルは、自分はギャングの一員ではないと彼らに言った。

男たちは彼に腕を見せろと言った。ギャングのメンバーであることを示す刺青があるかどうか確認するというのだ。

ダリルは拒否し、ギャングではないから何も見せる必要はないと言った。自分はネイティブ・シンジケートとは関わりがないと繰り返した。

男たちはその答えが気に入らなかったのだろう。ダリルに殴る蹴るなど暴行を加えた。一人は建築用の材木を抱えて、背中からダリルに襲い掛かった。ダリルはひざまずいた。別の男が腹をけった。ダリルは男たちが人種差別的な言葉で脅しをかけてきたことを覚えている。「キチガイの土人め、汚ねんだよ」「やられっぱなしだな、気に入ったか？」

ダリルは助けを求めて叫んだが、周りには誰もいなかった。川のそばでこのまま自分は死んでしまうと思った。一人の男がダリルの顔面に強力なパンチを入れると、三人がかりでダリルを川の方へ引きずり出した。

彼らはダリルを立たせると、氷のように冷たい水の中に放り投げ、水の中から引き上げては、さらに殴って中に投げ込んだ。

暴行を受けたダリルの体はショック状態を示し始めた。彼は、水面がキラキラとした反射していることを覚えている。川の水が凍り始めていたのだろう。突然の悪寒に襲われる。これで全てがおしまいだ。自分の声は誰にも届かない。

彼は泳ごうとしたが、背中に激痛が走る。立つのに苦労したが、水位は自分のヘソのあたりまでしかないことに気づき、溺れることはなかった。しかし、靴がぬかるんだ川底に取られて、立ち上がろうとすると、足全体が沈んでいく。それはまるで流砂の中を歩いているかのようだった。片方の靴が脱げて、それからもう片方もなくした。

彼はなんとか芝生と岩のある場所にたどり着いた。足は冷えて痛みもあり、鉄の短剣の上にでも立っているように感じた。彼は道路に向かって、出来るだけ早く草の上を這い始めた。彼は車に手を振って助けを求めるが、止まってくれる車はなかった。その時、回送バスが近づくのが見えた。彼は道の真ん中に立って両腕を振った。

バスが止まると、ダリルは運転手に警察を呼ばずに家まで送ってくれと頼んだ。何があったのか警察に話すと、あの三人の男たちが自分を探しに来るに違いないと恐れ、取り乱していた。

ダリルの頼みは聞き入れられ、バスが走り出した。恐怖とショックでダリルは泣き出した。

彼はバスを降りると下宿まで走った。翌日、学校に戻ってジョナサン・カケガミック校長に昨晩の出来事を話した。ジョナサンはダリルに、警察に通報する必要があると言った。さもないと他の生徒にも同じことが起こるだろうと。ダリルは少しホッとした。

校長が警察に電話をかけると、ダリルに事情聴取したいので学校へ向かうと言ってきた。警察は、この事件にすぐさま取り組み、進展があり次第連絡を入れると言った。

警察がダリルと再び連絡を取るまでに何年を要したのだろうか。オンタリオ州警察が問い合わせてきたのは、七人のDFC高校の生徒の死に関する審問が行われことになってからで、彼が受けた暴行などの体験について詳しい状況を聞くためだった。

ダリルが襲われた直後、彼の母親は息子を家に連れて帰るためウェガモウからサンダーベイに飛んでやってきた。母親は、息子はもうサンダーベイの高校を卒業する必要もないと考えた。

これまでのところ、ダリルへの暴行で起訴された者はいない。

二〇〇八年五月二九日、ファースト・ネイションズ議会（AFN）が「先住民のための全国行動デー」をオタワで開催した。シャネン・クースタチンとクラスメイトは、ジェームズ・ベイ海岸のアッタワピスカットから集会に出席し、政府に新しい学校建設を再度申し入れた。彼女たちが通っていたJ．R．ナコギー小学校の校舎はコンテナを利用したものだった。その前にあった学校は、一九七九年にディーゼル燃料流出事故による汚染で、校舎の壁にカビが生えるなどの被害があったため、仮校舎が政府から提供されていたのだった。

聡明で好奇心旺盛なシャネンは、壁に囲まれた校舎、体育館、図書館など本物の建物がある学校に行きたいと願った。そこで彼女は新聞の編集者や政治家に手紙を書き始め、新しい学校を建てて欲しいと要求したのである。他のほとんどのカナダの子どもたちが享受しているように、自分たちも適切な教育を受ける権利があると主張したのである。

全国行動デーの当日、シャネンとクラスメイトは、当時、保守党政府で先住民・北部担当大臣を務めていたチャック・ストラールと面会した。シャネンは、クラスメイトのソロモン・レイ、クリス・カタカワピットとともに、自分たちの主張を伝えることになっていた。ムシュゲコワック協議会のグランドチーフであったスタン・ルーティットも同席する予定になっていた。

一行は豪華な装飾のある国会議事堂（パーラメントヒル）の会議室へと案内された。緊張をほぐそうと、ストラール大臣は子どもたちに自分のオフィスについてどう思うかを尋ねた。

シャネンがこう返答した。「あなたのオフィスのように素敵な教室があったらいいのに。」*19

間髪入れず、ストラール大臣はアッタワピスカットの学校建設は保守党政権の優先事項ではないと子どもたちに告げた。面会終了。同席したエルダーたちが泣き出した。大臣はすぐに立ち上がると、次の予定があるのでと伝えた。部屋を出る直前、シャネンはストラール大臣の目を見て、あきらめないと言った。ストラールがなんらかの反応をしてくれるのではと期待しての発言だった。少なくとも二人の先住民担当省大臣が、アッタワピスカットの子どもたちに新しい学校を約束してきた。その約束が実現することはなかった。

国会議事堂の前庭で、シャネンは先住民の権利に関する全国行動デーに集まった群衆を前に演説した。あらゆる民族の子どもたちがキャンペーンを支持しようと集まっていた。子どもたちの手形とスローガンが描かれた白いTシャツを着た大勢の子どもたち。

シンディ・ブラックストックや、当時、ファースト・ネイションズ議会（AFN）の議長を務めていたショーン・アトレオも出席していた。私の手元にマイクを握るシャネンの写真がある。彼女はAFNが協賛する反貧困キャンペーンの黒いTシャツを着ている。ポニーテールを結んだ長い黒髪が風になびいて時折彼女の顔を覆う。アッタワピスカット・ファースト・ネイションの一三歳の若者による堂々とした演説を誇らしく見つめているアトレオ議長の姿。

シャネンの論理的で思いやりに満ちた演説は、チャック・ストラール大臣を痛烈に非難するものだった。

「学校は夢の時間であるべきだ。全ての子どもにとって。」とシャネンはカメラが回る中、周囲の聴衆に向かって語った。その後、彼女にインタビューを求める全国メディアが殺到した。[*20]

二週間後、数千人の先住民族がオタワに集まり、歴史的な謝罪を聞くことになる。スティーブン・ハーパー首相は、先住民族の代表（メイティ、ファースト・ネイションズ、イヌイット）を招待した。

八万人に上る先住民寄宿舎学校システムの被害者・生存者（サバイバー）への公式な謝罪をするためだ。その日、DFC高校では、生徒に加えて先住民族コミュニティの地元メンバーを招待して、中継される謝罪を皆で集まって観ることになっていた。アルヴィンは生徒たち、そして文化的虐殺の犠牲となった生存者たちと共にプラスチック製の椅子に座った。

カナダ連邦議会・下院の議場では、カナダ全土の先住民族コミュニティの代表者たちが部族の正装である羽根飾りを冠して出席し、首相の言葉を待っていた。静かな抑揚のない調子でハーパーは語った。

寄宿学校システムの二つの主たる目的は、家庭、家族、伝統、文化の影響に子どもたちが触れぬよう隔離することと、子どもたちを支配的な文化に同化させることでした。これらの目的は、先住民族の文化や信仰は劣ったものだという仮説に基づいていました。そして実際、悪評たる声明の下に、「子どものうちにインディアンを殺す」ことが求められたのです。今日、カナダはこの同化政策が誤りであったこと、多大な被害をもたらしたこと、そして、わが国にあってはならないことだったと認めます。

この経験の重荷は、あまりにも長い間あなた方の肩にのしかかってきました。その負担は政府として、そして国家として引き受けるべきものです。カナダには、インディアン寄宿学校システムを彷彿させるような態度を受け入れる余地はありません。あなた方は長い間、この経験から立ち直ろうとしてきましたが、私たちは今、本当の意味でこの旅に参加することになります。カナダ政府は、この国の先住民族の人々に与えた甚大なる被害に心から謝罪し、その許しを求めます。[*21]

アルヴィンはハーパーの演説を静かに聞きながら、ニシナベ・アスキー・ネイション（ＮＡＮ）の子どもたちとコミュニティが現在も置かれている状況について考えた。彼らのほとんどは、きれいな飲料水も入浴するための水もない。多くは水道設備や適切な暖房設備のない家に住んでいる。子どもたちの命を奪う火事の脅威。粗末な造りの火口箱のような建物に住み、手作りの薪ストーブを使って暖をとる暮らし。アルヴィンは、多くの人々が抱える絶望的なまでの貧困と、あらゆる苦しみから逃れる手段としての依存症について考えていた。

アルヴィンは自身の両親のことを思った。家族がマスクラット・ダムに引っ越す前に、彼の兄姉も寄宿学校に通っていた。そして、一五万人以上の先住民族の子どもたちが強制的に学校教育を受けさせられたこと、それが次世代やその次の世代に及ぼす影響についても考えていた。

それから彼は、サンダーベイで亡くなった五人の生徒のことを考えた。その直接の原因は、寄宿学校の負の遺産として先住民族に残された、カナダ政府による教育制度の欠陥にある。アルヴィンは、目の前のスクリーンに大きく映し出されるスティーブン・ハーパーの顔をじっと見つめながら思いを巡らしていた。

二〇〇九年一月一四日、ローダ、ベレンソン・キング夫妻が、トロントのアボリジニ法律事務所（ＡＬＳＴ）を代理人として、息子レジーの死に関する審問への出席を正式に了承した。

ジュリアン・ファルコナー弁護士も、ニシナベ・アスキー・ネイション（ＮＡＮ）を代表して審問出席を了承。レジー・ブッシーはＮＡＮに属する四九の先住民族の一つのコミュニティ出身であり、ＮＡＮは審問に参加する権利があると考えたからだ。

また、ＤＦＣ高校を運営していた先住民族団体の北ニシナベ教育委員会（ＮＮＥＣ）、オンタリオ州立青少年支援事務所（the Office of the Provincial Advocate for Children and Youth）、カナダ連邦政府の先住民・北部担当省（ＩＮＡＣ）にも参加を求めた。

ＮＡＮとローダ・キングは、さらに五人の陪審員の選任手続きの妥当性を問う動議を提出した。「陪審員名簿の問題が審議されねばならない。先住民コミュニティと家族がこの審問プロセスに満足するためには、陪審員の選任に透明性がなければならない。」とフィドラー弁護士は訴えた。

この時点までに、サンダーベイ警察は、五人の生徒の死、特にコラン、ジェスロ、そして今度はレジーの三人が水死した不可解な事件に関しても、詳しい状況を把握していた。警察はまた、少年グループに殴打されたシャウウォン・ウェイビーの事件や、ダリル・カケカヤシュの瀕死の体験についても詳しい状況を把握していた。ここには明確なパターンがあった。

北部地域の司法制度に対する信頼が崩壊しているのも明らかであった。先住民は陪審制度に参加しておらず、司法制度そのものを信用していなかった。彼らは白人の警察官によって起訴され、白人の陪審員によって裁かれていたからだ。

アルヴィンとＮＡＮは断固たる決心で、先住民の人物に対する訴訟において、代表陪審員制度の問題が修正されるまで、前に進むつもりはないと主張した。先住民族の陪審への参加に異議を唱えたのはレジーの遺族だけではなかった。もう一つの審問でも同じ問題が提示されていた。二〇〇七年一〇月にサンダーベイ刑務所で薬物の過剰摂取により死亡したフォート・ウィリアム・ファースト・ネイション出身の二七歳の男性、ジェシー・ピエールの死亡事件である。彼の祖母であるマーリーン・ピエールと母親のエリザベス・ピエールは、審問の陪審員に先住民を含めることを要求してレジーの家族に加わった。両家族は、司法審査が行われるまでの間、審問を一時停止するよう求めた。二つのケースでは、陪審員名簿がどのようにまとめられているかを知るために、法廷運営責任者に召喚状を出すよう、裁判長に要求したのだが、ジェシー・ピエールとレジー・ブッシーのどちらの審問でも、裁判長がこれを拒否した。裁判長はまた、すでに進行中であったジェシー・ピエールの死因審問の中止は拒否したが、レジー・ブッシーの次の訴訟では要求が認められた。ピエールの弁護士はこの決定に控訴した。

第八章　川よ、息子を返してくれ

二年間の間に、オンタリオ北西に位置する極小さなコミュニティである、キーウェイウィン・ファースト・ネイションではDFC高校に通う一〇代の若者二人を亡くした。ロビン・ハーパーが二〇〇七年に、そして二〇〇九年にはカイル・モリソー。三五〇人のコミュニティで二人の子どもが亡くなると言うことは、サンダーベイ規模の都市で七百人の若者が死亡するのと同じことだ。

キーウェイウィンは皆が親族関係にあるような小さいコミュニティだ。DFC高校の教師兼校長であるジョナサン・カケガミックの従兄弟はカイルの父親であるクリスチャン・モリソーであった。亡くなったロビンとカイルは共にジョナサンの生徒だった。

誰もがカイル・モリソーを知っていた。その社交的で親切な少年は、文字通り友人のためにいつも一肌脱ぐ性格で知られていた。カイルはまた、キーウェイウィンの最も有名な一族、モリソー家の一員でもあり、その家長は有名なオジブウェの画家、ノーバル・モリソーである。ノーバルはカイルの祖父にあたる。彼の一族の多くのメンバー同様、カイルも突出した才能を持つ芸術家だった。祖父ノーバルと同じように。彼が美術界で偉業を成し遂げるのは時間の問題だと言われていた。

ノーバル・モリソーには最初にして唯一の妻ハリエット・カケガミックとの間に七人の子供がいた。ハリエットと出会ったのは一九五〇年代前半、彼はサンダーベイの療養所で結核の療養中のことだった。

その当時、先住民はより毒性の強い、広範囲に広がる結核や肺病にかかると信じられていた。野蛮な場所に暮らす先住民が絶望的な病気に罹患し喀血するとなっては、白人の医師や公衆衛生の専門家たちもどう対処していいのかわからず、とりあえず、病人は先住民専用のサナトリウムに集められた。

細菌性肺感染症である結核は、一七〇〇年代にヨーロッパ人によってもたらされた新しい感染症であったため、免疫のない先住民族の間で野火のように広がった。先住民の死亡率は、一〇万人あたり七百人だったと言われている。過密状態にあった寄宿学校では、子どもたちの間での感染率は一〇万人あたり八千人とさらに高かった。[*1]

療養中、ノーバルはサンディ・レイク出身のクリー族の女性ハリエットと出会う。ハリエットも同じく結核にかかり、肺の一部を切除していた。二人は一九五七年に結婚し、簡素な生活を送った。ビアードモアの森に居を構え、のちにレッド・レイクに移り住んだ。彼女はノーバルにクリー語の音節の読み方を教え、彼はそれを使って自分の絵に自分の名前を書き始めた。

ノーバルは大きくなる家族を支えるために絵を描いた。最初の子供はデイビッド、そして、ビクトリア、ピーター、ユジーン、マイケル、リサ、そしてクリスチャン。

ノーバルはクリスチャンに絵を描くことを教えた。クリスチャンはキーウェイウィンの自宅で父の傍らに立ち、父親がメディスンマン（訳注：呪術師）やオジブウェの精霊の話を自由な筆さばきで描き出す様子を静かに見守っていた。

一九三一年、ジョン＝バティスト・ノーマン・ヘンリー・モリソーはサンダーベイで生まれた。一〇代のときに未知の病気にかかり、それを治療したメディスンウーマンから「銅のサンダーバード」という意味のオジブウェ語の名ノーバルを与えられた。ノーバルの芸術は伝統的な思想の流れに沿ったものではなかった。彼は独自のスタイルを作り上げようと、オジブウェの精霊に耳を傾け、祖父が教えてくれたオジブウェの伝承や伝統を絵に描いた。

五人兄弟の長男だったノーバルは、母方の祖父母に育てられた。彼の祖父モーゼスは、多くの人々に尊敬されたシャーマンで、孫であるノーバルに部族の伝説を継承し続けた。一八七六年以降に生まれた他のすべての先住民と同様、ノーバルも、インディアン法の下にカナダ全土に設置された寄宿学校の一つに送られた。そしてモリソー家も、他のほとんどすべての先住民族と同様、寄宿学校がもたらした後遺症に悩まされ続けている。

ノーバルがサンダーベイの寄宿学校に送られたのは六歳のときだった。病気のため、三年生の時に実家に戻され、寄宿学校にはそれ以降戻ることはなかった。ビアードモアに暮らしながら、彼は美術を学び絵を描いた。サンダーベイ出身の芸術家、スーザン・ロスは彼の作品を見て驚き、トロントで画廊を経営する友人、ジャック・ポロックに作品を見に北上せよ、と説得した。

一九六二年、ビアードモアへ向かったポロックはその才能に魅了され、トロントでノーバルの作品をすべて展示したいと申し出た。その年の九月に開催された個展は大成功を収めた。作品は一つ残らず売れた。

彼のキャリアは軌道に乗り始め、人生が様変わりした。ハリエットが最初に子供を産んだのは、ちょうどノーバルがカナダ及び国際的にも大評判になった頃だった。彼はモントリオールで開催されたエキスポ67で、カナダ先住民族パビリオンの壁画を制作することになった。頻繁にトロントへ出かけ、大酒を飲むことも多くなった。

こうした変化はやがて彼自身を追い込んでゆく。一九七二年、彼はバンクーバーのホテルの火災で重度のやけどを負った。一年後、彼は飲酒関連の罪で逮捕され、投獄された。息子のクリスチャンによると、ノーバルを刑務所に入れたのは飲酒をやめさせるための判事による配慮だった、という。彼が入っていた刑務所でも有名な画家と知られ、彼はスタジオとして使うために別房を与えられた。[*2]

刑務所から釈放されると、彼のキャリアは再び軌道に乗り始めた。複数のドキュメンタリーが作られ、ドイツやノルウェーでの個展や展覧会が開かれた。オンタリオ美術館は、北部地域の精霊や動物の神聖なイメージを扱うウッドランド派と冠して、彼の芸術作品を積極的に広めたため、彼の名声はさらに高まった。

しかし、一九八〇年代後半になると再び生活が崩壊していく。酒浸りになり、お金も底をつく。彼は手に入るものならどんな類の酒でも飲むほどになっていた。紙ナプキンに走り書きした絵を酒と交換していた父の姿を覚えていると、クリスチャンは言う。この時期、ノーバルの姿を滅多に見かけることもなくなった家族は、それでも父を追うことはせず、好きにさせていたらしい。

一九九四年、ノーバルは消耗性の発作を患っていた。孫カイルが生まれて二年後、年子の弟ジョシュが誕生した年のことだった。ノーバルはすっかり変わってしまった。

クリスチャンは、ジョシュが生まれたとき、一歳半のカイルを連れて病院に向かうためバスに飛び乗ったことを思い出す。クリスチャンは、弟ができるということでカイルがとても興奮していたのを忘れられない。エレベーターのドアが開くと、鉄砲玉のように飛び出し廊下を駆け抜け生まれたばかりの弟を探した。小さなカイルが、看護師にぶつかった。

彼女は彼を捕まえ、クリスチャンに息子さんですかと尋ねた。看護師は二人を妻の部屋に案内しドアを開けた。

「ベイビー!」ジョシュを見た瞬間にカイルが言った。

カイルがキーウェイウィンにいた頃、クリスチャンは毎朝、息子を学校まで送って行った。

「カイルは、初日から学校生活を楽しんでいた。人と交流するのが好きで、すべての学年の子達が一つの建物にいたからね。毎朝、カイルは私を起こしに来て言うんだ、『パパ、学校の時間だよ!』と。」

冬になると、クリスチャンはぐるぐる巻きに防寒した幼い息子を、古材を再利用して作った箱型ソリの中に座らせて、スノーモービルの後ろに乗せた。

六年生の頃になると、カイルは奇妙な行動をとるようになった。彼は持っているものすべてを人にあげてしまうのだ。新しいシャツ、鉛筆、紙、持っていたものすべてだ。欲しがる子がいれば、躊躇なく与えていた。

カイルがキーウェイウィンにいた間は、クリスチャンが毎朝彼を学校まで送っていた。

父親は息子の優しさを愛おしく思った。

「八年生になる頃には、誰もがカイルのことを好きでね。子どもたちは彼を尊敬していたよ。彼が皆になんでも分け与えようとする態度から学ぶことがあったんだろう。子どもたちは、カイルの踊りを見るのも好きだったなあ。」クリスチャンは懐かしく思い出す。

コミュニティ全体がダンスが大好きで、キーウェイウィンではスクエアダンス（訳注：フォークダンスの一つ）がよく開催されていた。カイルが八年生のとき、学校の学芸会でダンサーになることを志願した。彼はジョシュと一緒に学芸会の練習に参加し、エレクトロニック・ビートに合わせてブレイクダンスを始めた。床に降りた彼は、稲妻のように体を動かし、背中でくるくると回転した。コンサートの準備をしていた彼の従兄弟ロビーは、とても感動して、カイルにショーのトリでソロで踊ってくれないかと頼んだ。カイルは興奮した。満堂の喝采を博したダンスだった。

心優しく音楽の才能にも恵まれた少年が、真剣に絵筆を手にしたのは二〇〇七年のことだった。同じ年の一二月四日に祖父であるオジブウェの巨匠が、心臓発作で亡くなったのだ。偉大なる遺産を残して。

クリスチャンは父の死後しばらく筆を取らなかった。「しばらく筆は置いていた。いつも父と一緒に絵を描いていたから。机の反対側には父がいつもいてね。父が亡くなって、もう自分は絵がかけないと思ったよ。でも、カイルが俺にこういったんだ。「父さん、絵の描き方を教えてくれない？」俺はいいよと言った、ただし、俺の言っていることに耳を傾けるんだぞ、と。」

クリスチャンはカイルに、民族の伝説、シャーマンの言葉を語り、カイルは色のバランスや線の内側の塗り方を教わった。「鉛筆の端を持つように教えたんだ。そうすると精霊が筆を導いてくれるから。」

カイルはスケッチから学び、後に描くようになった作品は驚くべきものだった。彼の才能は天性のものだった。技術の習得が進むほど、流れるように作品が生まれ出て来た。

あるオタワのギャラリーのオーナーから、個展開催に興味があるかどうか問い合わせがあり、クリスチャンは息子の作品もいくつか展示したいと打診した。

いいですね、との返事があった。

カイルの作品一五点が、父の作品とともにオタワの展示会に出品された。初日の夜、クリスチャンの作品三点が売れたのに対し、カイルの絵は九点が売却済となった。

「カイルが初めて手にした小切手を掲げている写真があるよ」と、クリスチャンが笑う。

学校や友人との時間は大切なものであったが、カイルにとって自宅で家族と過ごす時間の安心感はかけがえのないものだった。高校進学のために引越しを考えるのは、カイルにとって簡単ではない。仲の良い弟ジョシュや父親と離れ離れになることは考えられない。父や弟はカイルの人生にかけがえのない存在で、三人は別々に暮らしたこともなかった。二〇〇六年の九月に友人たちがサンダーベイへと出発するのを横目に、カイルはキーウェイウィンを離れないと決めた。青年期の心の中にあったのは、父と弟のことだったに違いない。しかし、友人らがいなくなると、カイルは自分が間違った選択をしたことを悔いた。その年齢の子どもがしそうなこと、彼は父に一緒にサンダーベイに来てくれるよう頼み込んだ。

美術展のためにたびたびサンダーベイを訪れていたクリスチャンは、息子の頼みを真剣に考えた。父と息子の絆は特別なものであり、父親としてそれを育み、大切にする必要があった。しかし同時に、ジョシュを置いていくことはできない。カイルも、ジョシュを残してキーウェイウィンを離れられないのは明らかだった。そこでクリスチャンはジョシュに一緒に行きたいかどうかを尋ねた。ジョシュはその考えを受け入れた。父と二人の息子はサンダーベイに引っ越すことになった。

三人は当初、クリスチャンの弟ユジーンとアパートで暮らしていた。クリスチャンは、カイルが先住民の子どもたちのための学校、DFC高校に入学できると思っていた。しかし、当時、入学に厳しい条件が設けられていた。北部僻地出身であること、また生徒は下宿先に滞在すること。さらに、親子は予想しなかった不条理に囚われてしまう。クリスチャンが息子と一緒にサンダーベイに引っ越すことを決めたので、少年たちが罰せられるという事態になったのだ。

クリスチャンは、NNECが設定する出身地による入学条件問題を解決するまで、カイルとジョシュをDFC高校のすぐ隣にあるウィンストン・チャーチル高等学校（訳注：オンタリオ州の公立学校）に入学させるしかなかった。ウィンストン・チャーチルでは七年生から一二年生までの学生を受け入れていた。

キーウェイウィンにいた頃のように、クリスチャンは早起きして二人の息子を学校まで毎日送った。しなやかな身体、意気盛んで元気な息子たちが教室に向かうのを見送るひと時は、父として何より楽しみの時間だった。冬になると、息子たちは自信をつけたのか、父親に学校まで送ってもらわなくても大丈夫と考えたのだろう、クリスチャンに、もう一緒に来なくてもいいよ、と言った。自分たちで行けるから、と。

クリスチャンは、その時の会話を今も覚えている。それは父親として彼の心に焼き付いて離れない。少年が青年へと成長していく転機だ。彼はまた、息子たちだけで登校することになった初日、茂みに隠れてその様子を見守ったことを覚えている。

その年は幸せでいっぱいだった。三人のモリソー家の男たちはユジーンのアパートから出て、ポート・アーサー側にあるラーク通りに自分たちの居を構えた。学校までの距離は遠くなるが、部屋は広くプライバシーが保たれた。二人の息子はそれぞれの個室を持ち、クリスチャンはソファで寝た。彼らのアパートは絵の具、絵筆、キャンバスで溢れた。壁にはオジブウェの精霊を描いた明るく豪快な絵が飾られていた。放課後になると、息子たちが学校の仲間を連れて来てはみんなでおやつを食べたり、ゲームに興じていた。息子たちはゲームに熱中していた。家にはいつも、ゲームをしたり、音楽をかけたり、ブレイクダンスをしたりする子どもの熱気が溢れていた。

アパートがクリスチャンの作品で溢れ、より広い場所に引越しを余儀されなくなるまで時間はかからなかった。クリスチャンは、ポート・アーサーに三階建ての家を見つけた。カイルとジョシュが三階に、クリスチャンは一階を使い、二階はアトリエに改装した。

六月がやって来て、少年たちは無事に学年末を迎えた。二人とも学年末の試験をパスした。クリスチャンとカイルは夏の間もサンダーベイに滞在することに決め、ジョシュだけがキーウェイウィンの家に帰った。

「カイルにも家に帰っていいと言ったんだけど、彼は『違うよ、父さん。父さんがついて来てくれたから僕は学校に通えるんだ。だから父さんを置いて自分だけ帰省することはしたくない』と言うんだ。」

当時、クリスチャンは家計のやりくりに苦労していた。都会での暮らしは決して安くなく、息子二人の世話をする一方、キーウェイウィンにも生活費を送金していたからだ。

夏の中頃、カイルが「父さん、家に帰ろう」と言いだした。

すぐには叶わなかったが、クリスチャンはカイルを先にキーウェイウィンへ送り出し、自分は残って作品を売り、家具も処分した。そしてようやく彼も家に戻った。

その夏、カイルの母親は再び彼を九月から学校に入学させようとした。カイルは友人も通うスー・ルックアウトにあるペリカン・フォールズ高校か、北部地域の子どもたちが多いDFC高校を希望した。ペリカン・フォールズ高校はすでに定員に達していたが、クリスチャンの従兄弟のロビーが、DFC高校なら空きがあるかもしれないと教えてくれた。ロビー・カケガミックは、キーウェイティヌック・オキマカナック（KO）高校で支援カウンセラーとして働いていた。この高校には、ポプラヒル、キーウェイウィン、ノーススピリット・レイク、マクドウェル・レイク、ディア・レイク、フォート・セヴァーン出身の子どもたちが通っていた。レジー・ブッシーの死後、KO協議会は、地域出身の子どもたちを自らの地区の学校で支援するようになっていた。

カイルはその夏自宅に戻り、サンダーベイにはすでに住所がない状態だったので、NNECのルールでは下宿先が必要な学生と判断されることになる。また、秋の新学期に学校へ戻るのを取りやめる学生がいた場合、カイルが入学できる可能性はあった。彼は学校からの電話を待つしかなかった。土壇場になって荷物をまとめ、空港に向かうことになるかもしれなかった。

電話があったのは、カイルがジョシュとヤマウズラ狩りをしていた時だった。

「カイルが戻って来たのでどうするかと尋ねると、彼はイエスと言った。それから彼の荷造りを手伝い、カイルは一人で出発した。」と、クリスチャン。しかし今回は、一七歳のカイル一人だ。父親や兄弟なしで下宿生活となる。高校までは市バスで通い、自分のことは自分でしなくてはならない。

「息子に、新しい親の言うことをよく聞くように伝えた。」とクリスチャンは思い出す。

最初は、カイルも毎晩のように家に電話し、家族と連絡を取り合っていた。しかし、時間が経つにつれ、連絡は少なくなった。カイルが行方不明になる三週間前の二〇〇九年一〇月六日、クリスチャンの従兄弟ロビーは、サンダーベイにいるカイルを見守るために任命されたカウンセラーでもあったが、カイルの飲酒の詳細を記した事件報告書を書いている。カイルが酒に酔っていたこと、未成年だったために二度も警察に捕まったことが報告されている。彼は事件報告書の中で、カイルはアルコールの効果や身体に与える影響について学ぶ必要があるとコメントしている。

カイルの学校のファイルには、門限を過ぎても下宿に戻らなかった記録が二回あった。北ニシナベ教育委員会（NNEC）の職員が書いたメモによると、カイルの下宿親バーブ・マルコムは二回ともカイルが帰宅せず、夜一〇時の門限に間に合わなかったと電話をかけている。

これはカイルとしては奇妙な行動だった。学校が大好きだったはずなのに。秋学期の最終成績表には、彼が苦労していた様子がうかがえる。視覚芸術の評価は最低レベルの二％だった。[*3]

担当教員のコメントがある。「カイルは、このコースの概念、要素、原理、理論についての理解が不十分だと判断される。授業欠席と課題未提出が成績にも反映されている。」

キャリア形成の授業では、常習的な欠席のため、教員はカイルに点数を付けることさえできなかった。

学校が大好きだったカイルは、突然どこにもいなくなっていた。

彼が提出した唯一の課題は履歴書だった。その中で、彼は自分のフルネームであるカイル・ピーター・モリソーと記している。八年生までキーウェイウィン小学校に行き、その後九年生と一〇年生でチャーチル高校に行ったことも記している。表彰歴としては「スポーツでたくさんの金メダルとトロフィーを獲得した」と記している。これは事実である。小学校時代、カイルは素晴らしい運動選手だった。就業経験としては、居留地で材木伐採、人夫、配達員の仕事やベビーシッターの経験ありと記している。趣味の欄にはこんなことが書かれていた。女の子とデート、スポーツ、リラックスすること…いつでもどんな時でも。

カイルが帰宅しなかった二〇〇九年一〇月二六日、下宿親から連絡を受けたのは、その晩の当直担当だったロビーだ。彼はメモの中で、カイルがマイケル・フォックスとアイヴァン・マスケヤシュと飲みに出かけ、門限までに帰宅していない、と記している。

火曜日の午後二時、ロビーはクリスチャンに電話をして、カイルが行方不明であることを伝えた。これまでにもカイルが門限を破ったことはこれまでにも数回あったものの、いつも帰ってきていたのにと彼はクリスチャンに言った。ロビーは、DFC高校の他の教師たちと一緒に、すでに一晩中カイルを探しに出ていた。彼は、KOの教育責任者でウッドランド派として有名な芸術家ジョイス・カケガミックに電話を入れると、そこから当時NNECの教育責任者であったノーマ・ケジックに情報が流れた。KOは傘下の先住民族の子どもたちの責任を負うべき組織ではあったが、ノーマは自分の監督下にあるすべての生徒たちの責任を感じていた。また一人の男子生徒が行方不明になったと聞くと、レジーの事故直後であったこともあり、腹を殴られたような気分だった。ジョイスとの電話を切るとすぐに、ノーマは同僚の一人に電話してカイルの失踪を知らせた。彼女はその時の会話を決して忘れることができない。その同僚が、今は夕食の時間なので明日の朝に詳しく知らせてくれないか、と言ったのだ。

ノーマは受話器を置き、泣いた。翌日、オフィスに直行した彼女は、ジョイス、ロビー、そしてDFC高校の校長であるジョナサン・カケガミックに電話を入れ、最新情報があれば連絡を取り合うように頼んだ。

水曜日、ロビーはサンダーベイ警察に行方不明者の報告書を正式に提出した。

カイル・モリソーが行方不明になったのは、レジー・ブッシーの死についての審問が発表された時だった。カイルの失踪により、アルヴィン・フィドラーは疑念をさらに強めた。つまり、子どもたちが敵意に満ちた都市に住み、危険にさらされているということだ。子どもたちは十分な社会的支援を受けられないまま、対処に苦慮する学校に通い続けている。カイルはDFC高校在籍中に亡くなった六人目の生徒だった。DFC高校の教師たちは、生徒の安全を守るためにできる限りのことをしようと必死だった。彼らはただの教師や事務員、用務員というだけではなかった。彼らはまた、学校に在籍していた一五〇人近くの子どもたちの世話もしていた。生徒らは全員、実家から数百キロ離れた見知らぬ都市に暮らす子どもたちだ。DFC高校のスタッフは生徒の親がわりとしてできる限りのことをしていた。一日三度の食事を与え、エルダーの部屋はいつも開放されていて、安らぎを求める子どもたちをバノックと入れたてのお茶で向かい入れていた。

「子どもたちがみな下宿先に帰宅するまで、時計から目は話せないよ。」とカケガミック校長は言う。

「先生たちは皆、そうだろうと思う。」

NNECもまた、子どもたちがサンダーベイで直面している問題を十分認識していた。彼らは数多くの報告書を作成し、子どもたちを助け、子どもたちの安全を守るための政策や手続きを無数に作成した。しかし、適切な資金とインフラが十分に整備されていなければ、どんな立派な政策も役に立たない。

息子の失踪を知ったクリスチャンは、キーウェイウィンのチーフのところに行き、今すぐサンダーベイへ向かいたいと告げた。ロビーが行方不明者の報告書を提出した同じ日に、クリスチャンは小型飛行機で居留地を出発してスー・ルックアウトに飛び、サンダーベイ行きの飛行機に乗り換えた。

彼は、スペリオル湖面に映るオレンジと黄色の街の灯りを見下ろしていたことを覚えている。希望と信念を持ち続けないと、と自らを鼓舞していた。必ず息子を見つける、そうするまで家には戻らない覚悟だった。

サンダーベイ警察は既にカイルを探していた。行方不明になった日からカイルの遺体が発見された日まで、少なくとも八件の目撃情報に基づき市街地のいくつかの場所を追跡していた。誰もが警察はカイルを見つけるだろうと思った。ロビーは捜索状況日誌を作っていた。行方不明の少年の目撃情報、追跡調査が必要な情報を毎日記録していた。幾度となく警察署に向かったことや、新しい手がかりを知らせるために電話をかけたことをロビーは思い出す。

警察による公式記録には、カイルに関する目撃情報と追跡努力が克明に記されている。同じことの繰り返しだったようだ。手がかりは多くあるものの、何も出てこない。新たな情報があるたびに、スー・ルックアウトにいるノーマに連絡があった。目撃情報が多かったので、カイルがどこかにいるのは確かに思えた。しかし、何らかの理由によってカイルは下宿や学校に戻りたくないようだった。

目撃情報の一つは、カイルが「ネイティブのブロンドの少女」と一緒に歩いていたと言うものだ。別の情報では、橋の袂で女性と一緒にいて悲しげな様子だったと言うものもあった。それ以外にも、ハロウィーンの夜にブロディ通りのバスターミナルで彼を目撃したと言う情報もあった。

「何度かカイルだと思って駆けつけたこともあった」とロビーは言う。「あちこち探した、ほとんど不眠不休で。」

しかし、遺体が川から引き上げられたときに彼が着ていた服は、カイルが確実に目撃された最後の日、一〇月二六日、DFC高校で彼が身につけていたものと一致していた。監視カメラの映像によると、昼一二時三一分に廊下を歩き、食堂に向かっている。再び彼の姿が捉えられていたのが、午後二時五二分、二階の教室を退出し、二時五六分に学校を出て、チャーチル通りとエドワード通りの交差点に向かって歩いている姿だ。[*4] 川で遺体が発見された時に身に着けていたのと同じ黒いパーカー、黒いTシャツとズボン、黒い靴下を履いていた。

生徒の一人、ミランダ・カケカグミックがカイルに出くわしたのは午後三時頃、学校の南側の歩道だった。二人は短く会話を交わした。カイルはお金を出しに行くんだと彼女に言い、それからエドワード通りに向かって歩いて行った。[*5]

カイルが、毎日電話で話をしていた伯父のユジーン・モリソーを訪ねたかどうかについては、相反する証拠がある。ユジーンは毎日カイルの下宿に電話して、甥が元気にしているかどうか確かめていた。ユジーンは警察に、最後に甥に会ったのは日曜日だったのか、それとも月曜の午後遅くだったのか思い出せないと語っている。もし月曜日だったら、カイルが学校を出てからショッピングモールに行くまでの間に何が起こっていたのかを説明できるのだが。ユジーンが覚えているのは、カイルが退屈だと言ったことだけだ。[*6]

カイルは、夜七時にインターシティ・モールに再び現れている。ロビーは、そこでカイルを見たと言う二人を探し出し、警察にそのことを報告するために事務所に来て欲しいと伝えた。ランダ・カケカグミックとアラン・ブルーコートは、カイルとアイヴァン・マサケヤッシュという名の人物がモールで彼らに近づいてきて、一緒に飲みに行かないかと誘われたと言う。二人は同意して、マッキンタイア川に架かる橋の袂まで歩き、橋桁の下で三〇分ほど過ごしたらしい。

カイルの酔いがまわるのは早かった。警察の記録によると、彼はアイヴァンに銃の入手方法を尋ねたという。護衛用に必要だと言うのだ。ランダはカイルに馬鹿なことを考えるな、銃など必要ないと伝えた。するとカイルは怒って彼女を小突いたため、彼女は彼を落ち着かせようと地面に押さえつけたと言う。ランダはカイルが謝ったので「彼をそこに置いて私はその場を離れた」と警察に話している。

彼女とアランはカイルを残して立ち去った。彼女はカイルが地面から起き上がろうとしているのを見たと言い、謝罪の言葉とともに行かないでくれと頼んだと言う。カイルはギャングについて何も言っていなかった。なぜ彼が銃を欲しがっていたのかについては、彼女はカイルの靴が盗まれたこと、葉っぱ（大麻）や鎮痛剤も盗まれたと言っていたと証言している。

アランはランダの証言に加えて、二人がインターシティ・モールの入り口付近にいたのは午後七時から八時の間で、その時にカイルとアイヴァンが最初に近づいてきたと言う。その二人の少年と一緒に行くことにしたのは、カイルが少しいかがわしいと思われるアイヴァンと一緒にいることを心配したからだと、彼は言った。四人はショッパーズ・ドラッグ・マートの裏手にある線路脇で、ウイスキーのボトルを一本空けたと言う。それから、何か食べるものを買いにシルバーシティにアランが買い出しに行ったと言う。戻ってみるとカイルの上にランダが馬乗りになって押さえつけていたと言う。彼は警察に、喧嘩の理由はわからないと伝えていた。

アランがランダと共にその場を去る時、カイルはアイヴァンと一緒におり、瓶から酒を飲んでいてふらつき始めていた。アランは警察にカイルとアイヴァンが何を着ていたか話した。カイルがバックパックを背負っていたと証言している。

カイルの母親、ロレーヌ・モリソーは警察に、彼女はその晩の一〇時に息子と話したと言っている。[*7]カイルは下宿にいて、下宿親であるバーブ・マルコムは夫に付き添って病院にいると息子は話していた、と言う。

カイルは母親に友人のタイラー・ニーカンの電話番号を尋ねた。また、彼はブロディ通りのバスターミナルに行くと言ったという。彼女は警察に、電話越しの息子がハイになっているように聞こえたと伝えている。じっさい、カイルは母親に少し飲んでいたと言っていたようだ。そして、銀行口座にもう少しお金を送金してくれないかと頼んだという。（父親のクリスチャンがカイルの銀行口座に三六ドルを入金したものの、そのお金が引き出されることはなかった。[*8]）

電話を切る前に、カイルは母親に「アイ・ラブ・ユー」と声をかけたという。

ロビー・カケガミックは自分が警察官ではないことを百も承知だ。警察の経験もない。彼はただの父親であり、カウンセラーであるだけだ。捜査のやり方さえ知らないのだ。

しかし、何かが彼を苦しめる。

彼が不可解に思うのは、サンダーベイ警察がアイヴァン・マサケヤッシュに事情聴取するのに、なぜ丸二週間もかかったのかということだ。

カイルが行方不明になったその夜、アイヴァンは別の無関係な事件で逮捕されている。フランク・ウィリアムズと名乗る人物による通報で、アイヴァンが窓から不法侵入しようとしたという内容だった。家の中ではパーティーが催されていた。警察は、通報者のウィリアムズが「ひどく酔っている」ことを指摘している。

ウィリアムズは警察にアイヴァンのことはあまりよく知らないが、一〇月二六日の夜、アイヴァンが窓を割って侵入したというのだ。彼はアイヴァンに「ここから出て行け」と言ったが、アイヴァンが反撃してきたという。ウィリアムズが警察に連絡を入れると、アイヴァンは現場から逃げたという。

カイルの死から五日後の一〇月三一日、サンダーベイ警察のジョン・フェネル巡査が次のようなメモを残している。カイルが有名なオジブウェの画家、ノーバル・モリソーの孫であるという事実に依拠して、ロビーが警察に今一度プレスリリースを出すよう要求したとの内容だった。ロビーが期待したのは、この声明がメディアの関心を引き、カイルの捜索により積極的な役割を果たすようになることだった。フェネル巡査はまた、カイルがアイヴァンと面識があるかどうかについて「アイヴァン・マサケヤッシュとの関係から、カイルがネイティブ・シンジケートと何らかの関係にあった懸念」を指摘している。

ロビーは時間を無駄にしたくないと、すぐさまサンダーベイ刑務所に拘留されているアイヴァンを探し出し、カイルのことを尋ねた。ロビーは以前、カイルの部屋から、借用書と思われる内容のメモを見つけていた。ロビーは、カイルがネイティブ・シンジケートと混同されたのではないかと心配した。[*10]

ロビーがクリスチャンに、カイルが薬物を手に入れるために負債を負っている可能性がないかと聞いた際、クリスチャンは息子がそのメモを書いたとは信じられないと伝えた。それがカイルの筆跡ではなかったこともあるが、それよりも息子はそんな人間ではない。カイルがシンジケートの一味であるはずがなかった。

サンダーベイ警察の記録によると、一〇月三〇日の金曜日、アイヴァンは刑務所内におり、二〇〇九年一一月一一日にはアイヴァンに事情聴取している。アイヴァンが警察に話した内容によると、彼はカイルをよく知るわけではなく、最近会ったのは一〇月二三日の日に飲みに言った時（アイヴァンは、後の審問ではそれが二六日だったと訂正した）、そしてその夜遅くに逮捕されている。アイヴァンはまた、ネイティブ・シンジケートとの関係を否定していた。[*11]

七人の生徒の死因審問で、アイヴァンはスー・ルックアウトからのビデオリンクで、カイルと初めて会ったのは、その晩インターシティ・モールであったと証言した。

カイルが「ランナー」を探していて、アイヴァンが請け負ったという。自分の酒も含める条件で。

「その夜そこでその少年に会いました。それ以前は彼に会ったことはありません。その後にも会ったことはありません」とアイヴァンは証言した。

グループは橋の下で飲んでいた。

「少年は困っていることがあると言い、自分を守るために何かが必要だったようだ」とアイヴァンは証言した。[*12]

クリスチャンは一〇日間、息子を探し続けた。

一〇日目、妻のロレーヌの「パパ、こっちに来て！」との叫びで目を覚ました。

どうしたのかと聞くと、彼女は「ううん、苦しいの」嘆きの声が漏れた。朝食でも食べれば彼女が少し落ち着けるのではと思ったが、彼女は食事もできないほど憔悴していた。彼女は夫に、誰かがカイルに食事を与えてくれているかしら、尋ねた。クリスチャンは、わからないと言うのが精一杯だった。

「苦しかった。そのあとすぐにＬＣＢＯに行って一・七リットルの酒を買って飲み干した。一日中、酒を飲み続けたんだ。」

ロビーがホテルの近くまでやってきた。彼はクリスチャンが沈黙し、崩れ落ちるのを見た。それでも彼は言った。「あきらめるな。何かを変えなくては。」

クリスチャンは怒りを抑えることができなかった。彼は川辺へと歩き、火山岩でできたナナブジョウ、腕を組み仰向けに横たわる巨人を罵った。

クリスチャンが巨人に向かって金切り声を上げる。一体、これ以上何が欲しいと言うのか。「俺はすべてを描いたよ、あんたの愚かなものもすべて受け入れた。そして、これがあんたが俺に与えるものなのか？　くたばれ！　俺の息子を返してくれ！」

サンダーベイ警察が通りでクリスチャンを発見した。彼は酔っ払っていた。不安と羞恥心に打ちひしがれていた。彼はナナブジョウを罵ったことで、罰せられると覚悟していた。

彼は一日中眠り、息子の夢を見た。カイルは真っ赤な服を着ていて、アニメ『ルーニー・テューンズ』に出てくるタスマニアン・デビルのように素早く、くるくる回っていた。息子が言う、「父さん、僕も辛いよ」。

クリスチャンは午後五時に目を覚ました。そして、捜索のために上京していた両親の元に来ていたジョシュに、高校に向かうよう伝えた。警察が川で遺体を発見していたのだ。「俺も学校に行ったけど、すでにわかっていたよ。警察が遺体が浮いているのを見つけたんだ。俺の息子だ。」

カイルの遺体は水辺を散歩していた男性によって発見された。その男性は、マッキンタイア川にかかる南へ向かう鉄道橋近くで何かが浮かんでいるのを目撃し、警察に通報したと言う。

消防隊がカイルの遺体を引き上げた。警察の記録によると、ズボンの前上部にやけどの跡があり、左太ももの外側が裂けていた、と言う。[*13] 検視報告には、両すねに擦過傷、血中エタノール濃度は228 mg/100 mlとの記録がある。300から400の間の数値は致死的と考えられている。

検視官は、カイルの死亡理由を溺死と考えている。また、カイルが死ぬ前にアルコールを摂取しており、それが死亡を招く一要因ではあったが、直接の原因ではなかったと指摘している。[*14]

クリスチャンは怒りに震えた。「気が狂いそうだった。」

その日の午後、KOの教育責任者のジョイスはNNECの教育責任者ノーマに連絡を入れ、警察がカイルの遺体を水中で発見したらしいと伝えた。ノーマは上司を探して、このことを知らせ、サンダーベイに渡航する許可を求めようとしたことを覚えている。彼女は教育長だったが、すべての出張は上司の承認を得なければならなかった。困ったことに、上司が捕まらない。長いコーヒーブレイク中なのかもしれない。ノーマが彼の秘書に電話をかけると、事態を鑑みて通常の手続きを無視することになり、秘書が次のサンダーベイ行きの便にノーマの席を予約してくれた。ノーマが到着すると、ジョイスは彼女に電話し、遺体確認のため家族が集まっている病院に直行するように伝えた。

ノーマは、病院のコーヒーショップ、ロビンズ・ドーナツで待ちながら、息子の身元を確認しに行くクリスチャンの姿を思い出す。カイルの母親ロリーンは、確認を拒んだ。彼女は家族に囲まれてロビーで待つことになった。ノーマが次に聞いたものが、彼女をフリーズさせた。クリスチャンが二階に戻って来てロリーンと言葉を交わした。大声でうつろな叫び声が聞こえる。ノーマは、以前にも一度だけ同じ声を聞いたことがあったと思い出す。それはレジー・ブッシーの母親ローダ・キングが発した嗚咽だった。息子が死んだことを知った母親の声だった。

家族は病院を出て車で学校に向かい、そこで警察やコミュニティの人々と面会した。クリスチャンはバクスター巡査と言葉を交わし、それからもう一人の息子ジョシュの方を向いて、一緒に散歩に出ようと誘った。近くの川に行き祈りたかったのだ。

「たばこを取り出して、そのたばこを捧げて言ったんだ。「ミグウッチ。ありがとう。」それで全てが終わった。でも、息子を奪った川に感謝するのは簡単じゃなかったよ。」

第九章　価値のない犠牲者

レジー・ブッシーとジェシー・ピエールの両事件に関する州控訴裁判所の判決が、二〇一一年三月一〇日に出された。反論の余地のない内容だった。裁判所は、サンダーベイにおいて検視陪審員名簿が地域人口を正しく代表しておらず、さらに、いずれの検視官も陪審員名簿の作成過程について議論を回避しようとする様子があったことを危惧すると述べた。裁判を申し立てた家族らの疑問は極めて筋の通ったものだった。つまり、陪審員がどのような基準で選ばれるかを尋ねたもので、両検視官はその質問への回答を拒んだのである。「その代わりに、言い逃ればかりである。法務省と検視官が単にこの情報を提供していれば、多くの時間と費用が節約できたはずだ。」と控訴裁判所は記している。[*1]

裁判所はまた、双方の家族は、サンダーベイの陪審員名簿がどのように作成されたかについて調査をすべきであると考える十分な証拠を提出したと裁定した。さらに、ピエールの家族が求める再度の審問も認められた。

全員が控訴裁判所の判決を待っている間、ジュリアン・ファルコナー弁護士は、北部で起きていることを広く伝えるために、各方面に働きかけていた。彼は廊下やレストランで、地位の高いトロントの司法当局者に話を持ちかけた。オンタリオ州の検視長官アンドリュー・マッカラム氏や同州の副検事総長マーレイ・シーガル氏もファルコナー氏の意見に賛同してくれた。陪審員は地域人口を代表するものでなければならない。

突如として、この問題を調査するために、陪審裁判から審問まで、オンタリオ州北部の司法機能の大部分が停止されることになった。以後五年間、レジー・ブッシーの審問を含め二〇近くの審議が改めて法廷で争われることになる。[*2]

レジー・ブッシーの審問が一旦停止となり、司法制度の見直しが行われている間に、ニシナベ・アスキー・ネイション（NAN）ではもう一人の生徒を失っていた。二〇一一年五月一〇日、マタワ学習センターの生徒であった一五歳になるジョーダン・ワバスの遺体がカミニスティキア川で発見された。亡くなった七人目の生徒で、市内の川で遺体が発見された五人目の生徒であった。七人の生徒が死亡した一一年の間に、カナダ政府は先住民族との関係を修復しようと試みていた。スティーブン・ハーパー首相は先住民寄宿学校制度が生み出した惨事に対して歴史的な謝罪をし、カナダ全土に存命する六千人の生存者の話を収集するために真実和解委員会（the Truth and Reconciliation Commission）を設置した。国会議員らも立ち上がり、「ジョーダンの原則」を全会一致で誓約し、一年後の二〇一二年二月二七日には、「シャネンの夢」宣言を発表した。これは、すべての先住民族の子どもたちは質の高い教育を受ける権利を有しており、ファースト・ネイション（先住民族国家）の学校への資金援助は非先住民の学校と同等であるべきだという宣言だ。しかし、官僚主義の惰性と、インディアン法による制約、先住民条約で保護されるはずの権利の無視、寄宿学校制度のトラウマといった歴史の罠にとらわれたまま、こうした期待された政治的提言が実行に移すされることはなかった。

先住民族のコミュニティでは、生活に必要な基本的なものが依然として不足したままだ。清潔な水、安全な住宅、実働しうる消防車の配置、基本的医療、教育へのアクセス、全てが不十分だ。オタワの連邦政府が、アッタワピスカットに約束した新たな学校建設が完了したのは二〇一〇年の一二月だ。キャンペーンを先導したシャネン・クースタチンは、そのニュースを聞くことができなかった。二〇一〇年六月一日、高校に通うためにコミュニティを離れていた少女は、自動車事故による負傷で死亡してしまった。

そして、不平等が引き続き猛威をふるっている。北部地域の先住民族の家族は、子どもたちの安全を保証できない地域にある高校に子どもを通わせるか、自宅での遠隔教育で十分と納得させるか、という恐ろしい選択に直面している。つまり、最後の寄宿学校が閉鎖されてから二〇年以上経った今でも、先住民の家族へのメッセージは、高等教育を受けさせたいのなら子どもを差し出せ、だ。適切な財源を与えずにNNECなどの先住民族教育当局に権限を委譲することも、形を変えた植民地支配とレイシズムなのだ。

多くの先住民族の家族にとって、子どもたちを危険から守るということは、彼らをサンダーベイに近づけないことを意味する。スカイ・カケガミックは七人の生徒の死因審問でこう証言する。「彼ら（非先住民）にとって、私たちは野蛮人でしかないのです。そうした言葉をしょっちゅう聞いていました。おそらく、彼らは何かをいびるのが面白いと思っているのでしょう、犬や何かを捕まえて拷問するのを楽しむように。彼らは、私たちをそうした対象として見るだけなのです。モノであって人間ではない」。*3

二〇一三年、カナダ統計局の発表によると、サンダーベイでは、国内のどの都市よりも多く、人口一〇万人当たり二〇・九件のヘイトクライムが発生していると言う。ヘイトクライムの中心地。

サンダーベイ警察政務官クリス・アダムスは、統計の数字を釈明した上で、それらの事実をむしろポジティブな理由によるものとして提示した。「こうした数字は、より多くの人が名乗りを上げていること、そして、私たち警察が十分に訓練を受けているため、憎悪に基づく犯罪を認識し、より徹底的に調査することができていることを反映していると思います。」[*4]

同じ年、アルヴィン・フィドラーとNANは、六五歳のアダム・イエローヘッドの殺害後、警察が誤って不正確なプレスリリースを出したことに抗議するため、上級警察官に対してオンタリオ州が保障する人権侵害の訴えを起こした。プレスリリースのタイトルには、「マウスウォッシュ丸呑み殺害犯捕獲!!!」と書かれていた。イエローヘッドはアルコールが含まれていたマウスウォッシュをある男と飲んでおり、その男に殺害されたのだった。プレスリリースは事件の主任捜査官が書いていた。その後、自分の行動について質問された捜査官は、それは面白おかしくしただけで、特別な意図はなかったと語った。警察署長と市長は、その捜査官の謝罪を受け入れた。[*5]

サンダーベイには「サンダーベイ・ダーティ」というFacebookのページもあった。このページには、酒に酔っていたり、ホームレスになっていたり、困窮している先住民の人々の写真が掲載されていた。TwitterやYouTubeにも同じような投稿があった。一時は、「サンダーベイ・ダーティ」は四千人以上のFacebookフォロワーがいた。[*6]

前年の二〇一二年一二月二七日には、三六歳になる母親が強姦され、殴られ、死んだものとして道路脇に置き去りにされた。報復を恐れるその匿名の女性は、子どものためにミルクを買いに家を出たところだった。車が彼女の横に停まり、車に乗車していた連中が彼女を「squaw（訳注：インディアンの女を意味する差別用語）」や「汚いインディアン」と呼びながらごみを投げつけた。

そして彼女を捕まえると、車の後部座席に押し込み町の外に連れ出した。彼らは人里離れた場所で、彼女を激しく殴り性的暴行を加えた。彼らは彼女をレイプしていたとき、先住民だから好きだろうと罵声を浴びせた。彼らはまた、口外しないよう彼女に警告した。彼らは以前にも同じことをしていて、もし彼女が何か言ったら、また同じことをするぞと脅したのだった。

その女性は、モールで家族と一緒に買い物をする襲撃者の一人を見かけて恐ろしくなり、サンダーベイから逃げるように去った。彼女は現在ウィニペグに住んでいる。警察によると、ヘイトクライムに分類されているこの事件はまだ未解決のままだが、新たな情報は明らかになっていない。

二〇一二年五月一日、ジュリアン・ファルコナー弁護士は、ニシナベ・アスキー・ネイション（NAN）の代理人としてマッカラム検視局長に手紙を書き、レジー・ブッシーの審問が保留になって以降、もう二人の生徒が加わり、死者の数が七人になっていることを改めて伝えた。NANは七人の生徒全員の事件を検視に含めるよう要求していた。ファルコナーは検視官に、州検視法の管轄権を行使し、検視の対象を七人全員に拡大するよう懇願した。

「子どもを失ったことに対する家族や地域社会の深刻な悲しみに加えて、今後の青少年の安全に対する地域社会全体の不安が高まっている。」とファルコナー氏は書いている。「死亡者のうち五人は溺死、六人は同じDFC高校に通っていた。死亡にはパターンがあると考えられるが、これらの死亡における意図的な行為の有無については、NAN地域全体で大きな疑問が提起されている。」

ダリル・カケカヤシュが暴漢に襲撃された後、NANのグランドチーフであるアルヴィン・フィドラーとファルコナー氏は明確で憂慮すべきパターンに気づいた。彼らは、先住民の子どもたちが標的にされ殺害されているのではないかと考えずにはいられなかった。先住民の子どもたちが居留地で溺死したという話を聞くのは極めてまれだ。ほとんどの先住民は、生まれてからも水の上で育つも同然だからだ。同様に当惑させられたのは、サンダーベイ警察がいち早くこの死亡事件の捜査を打ち切ったことだ。ジェスロ、コラン、レジー、カイルの事故について、警察のプレスリリースの内容はいつも同じ結論だった。それぞれの死亡は事故によるもの、大量飲酒の後、溺死。サンダーベイ警察にしてみれば、事件性はない、と。これで生徒の死については誰も責任を負わなくてよい。

ファルコナー氏は、マッカラム検視局長への書簡の中で、元最高裁判事フランク・ヤコブチが発表した陪審員制度の見直しの一環として、法律事務所の同僚弁護士らと共にオンタリオ州北部を周ったことを紹介している。二〇一一年の夏の終わりに、オンタリオ州政府は、陪審員名簿の運用を見直し、問題点を特定し、制度を修正するための勧告を行うという困難な任務を遂行するため、オンタリオ州法律委員会の中でも非常に尊敬されるメンバーであるヤコブチ氏を任命した。NANとファルコナー氏は、ヤコブチ氏を七人の若者たちが生まれ育った地域に案内し、彼らの家族と直接会い、若者たちがどのような地域から都会に出てきていたのか理解してもらった。ヤコブチ氏は、七人の生徒がそれぞれ住んでいたすべての遠隔地のコミュニティを訪れた。彼は合計三二のファースト・ネイションズ（先住民族国家）の指導者らとも面会した。すでに優れた法律家でもあった彼は、この仕事をその経歴の中で最も重要なものの一つと呼んだ。学べば学ぶほど、彼はもっと知る必要があると考えた。彼がそこで見たものは、危機に瀕したシステムだった。「私は、カナダ国民が現に何が起こっているかという真実を知れば、それに対して何かをする必要があると確信するに違いないと信じています。」[*7]

ファルコナー氏は、家族が感じた痛みは計り知れないものであり、親たちの間には子どもを学校に行かせることへの明らかな恐怖があったと書いている。親たちはまた、子どもの死に対する警察の捜査のあり方にも悩まされていた。彼らの理解は共通していた。事実を十分に知らされず、噂や曖昧な証拠でその空白を埋めなければならなかった。彼らの理解は共通していた。子どもたちの死は偶然ではなく、殺人だ。ファルコナー氏とヤコブチ氏の双方が最も懸念したのは、死亡した生徒が先住民であることから、当局がこれらの事件に対処するために必要な措置を取らなかった可能性が高いことだった。ファルコナー氏は、唯一の選択肢は、死亡した七人全員を審問の対象とすることと主張した。

五年間に及ぶ抗議に加え、オンタリオ州北部地域における司法手続きの不当性を訴える証拠が増えたため、検視官長は、七人の生徒の死に関する審問をニシナベ・アスキー・ネイション（NAN）に約束した。これはオンタリオ州で行われた史上最大の審問の一つになる。

審問要求の戦いが終わった今、次のハードルが待ち構えていた。NANグランドチーフのアルヴィン・フィドラーは、連邦条約や憲法上の義務や、七人の生徒の死に関するサンダーベイ警察の捜査のあり方に加えて、生徒たちがサンダーベイで経験するレイシズムの問題にも含めて、審問の範囲を拡大すべきだと主張した。事件を再調査するにあたり、サンダーベイ警察のファイルには十分な情報がなかったため、検視官はオンタリオ州警察に支援を依頼した。プロジェクト・ミドルスバラと呼ばれた再調査は何年もの時間を要した。当初の捜査でサンダーベイ警察によって十分に調査されていない地域を含めた調査が行われることになったためだ。

七人の子どもたちの遺族が、審問の日付、場所、期間が発表されるのを待つ間に、ヤコブチ氏は「オンタリオ州陪審制度におけるファースト・ネイションズ（先住民族国家）の代表権」と題する報告書を完成させた。二〇一三年二月に発表されたこの独立調査報告書は、オンタリオ州北部地域における裁判所、司法、警察制度に巣食う「構造的人種差別」を指摘する。先住民族の収監者への虐待や、警察による蔑視が常態化すると共に、先住民族の人々の訴えに対して差別的な世論の反応などがあると述べた。先住民族の人々がヤコブチ氏に語ったのは次の視点である。先住民族が実施してきた紛争解決に対する伝統的なアプローチは、彼らの文化的価値観、法やイデオロギーに基づいている。それらは、カナダの司法制度を支える価値観や法と根本的に相いれない。先住民族は調和とバランスを取り戻すことを重視する。彼らが求めているのは、報復や懲罰ではなく真実なのだ。

警察から裁判所に至るまで、司法制度のあらゆる側面に横たわる積年の不信感、それが多世代に渡って広がっている、とヤコブチは述べる。「現状を維持し続ければ、すでに深刻な状況をさらに悪化させ、先住民族の人々とオンタリオ州の住民の間に、真の和解が生じる望みは失われてしまう。」と記す。「何もしないのは、恥ずべき事態である。」[*8]

ヤコブチ氏は、裁判所や刑務所、更に陪審の手続きを改善するための一七の提言を行った。その中には、調査結果を取り扱う諮問委員会の設置や、先住民の裁判にかかる問題を取り扱う組織の設立が含まれていた。彼はその諮問委員会にジェシー・ピエールの祖母であるマーリーン・ピエールを任命した。

ヤコブチ氏は、オンタリオ州健康保険証や運転免許証を利用して先住民族コミュニティの居住者のより包括的なリストを入手するなど、陪審員リストの作成方法を変更するよう求めた。彼はまた、先住民族による警察活動を強化すること、法律援助における先住民族の代表権を再調査すること、先住民族の問題に責任を持つ司法副長官を任命することなどを勧告した。

アルヴィンはヤコブチ氏の取り組みに満足し、この報告書はカナダ社会に必要な「モーニング・コール」だとコメントを寄せた。「ヤコブチ判事は真実を語っている。」

ジュリアン・ファルコナー弁護士はもう少し率直に、要点を押さえたコメントを寄せている。ヤコブチ報告が称賛に値するのは、オンタリオ州北部地域には基本的な市民権すらないことを明らかにしたからだ、と。

アルヴィンはトロント・スター紙に報告書の発表を伝えた。「彼は手加減なしだ。」[*9]

「法の支配が北部では機能していない」とファルコナー氏は言う。

二〇一五年一〇月五日、ようやく死因審問が開始された。四億七三〇〇万ドルをかけて建設された真新しいサンダーベイ裁判所で開かれ、当初、レジー・ブッシーの審問を取り仕切ることになっていた検視官のデビッド・イーデン医師が議長を務めた。イーデン議長は、審問の範囲をレイシズムの問題にまで広げることには同意しなかった。審問を進める中で人種差別問題は当然扱われるだろうと言う理由による。彼はまた、サンダーベイ警察の行為を審議することも拒否した。警察の行為を調査するとなると、技術的にも数ヶ月を要することに加え、審問では生徒に対する役割と責任に関して「特定の組織に偏らない」議論が必要だとした。[*10]

六人の生徒の遺族が審問に参加し、弁護人として、トロント・アボリジニ法律サービス（ALST）所属のクリスタ・ビッグ・カヌーとジョナサン・ルディンを立てた。コラン・ストラングの遺族は参加を見送った。悲しみはまだ生々しいものだった。

ジュリアン・ファルコナーは、メガン・ダニエルとともにNANの弁護人となった。ダニエル弁護士は、二〇一一年からファルコナーの事務所で働いており、北部地域での人権問題に取り組むためサンダーベイに拠点を移した人物である。シャンテル・ブライソンがオンタリオ州立青少年支援事務所の弁護人を務めることになった。当事者は合計で一一となった。遺族、NANに加えて、審問参加を認められるか、または団体を代表して審問参加の法的権利を有することになったのは、カナダ政府、オンタリオ州政府、北部ニシナベ教育委員会、サンダーベイ市、オンタリオ・ファースト・ネイションズ青少年評議会（the Ontario First Nations Young Peoples Council）、サンダーベイ警察、サンダーベイ警察委員会（the Thunder Bay Police Services Board）、マタワ学習センター、およびオンタリオ・リージョナル・チーフ（Ontario Regional Chief）のスタン・ビアディである。審問はインターネットでも中継され、二〇〇人近い目撃者証言を合わせて、八カ月間ほど続くと見込まれた。

アルヴィンは、エルダーのサム・アチニーピネシカムに審問に同席してくれるよう求めた。生徒の遺族らへの精神的なサポートをしてほしいとの考えからだ。サムは長く薄い銀灰色のヤギひげと、細いハンドルのような口ひげを生やしており、先住民版フー・マンチューのような雰囲気を漂わせている。実際、彼はフー・マンチューの画像をFacebookのアバターとして使っている。

サム以上の選択肢はなかっただろう。彼はサンダーベイでは先住民の誰もが知るエルダーだった。困っている人の声を聞く耳と、賢明なる言葉を持つ人物だった。コーヒーショップ、刑務所、道端、サンダーベイ裁判所などで彼はいつも静かな優しさを人々に与えた。彼が持つ智慧は、彼自身が受け止めてきた数しれない命から学んだものだ。

サム自身、三つの寄宿学校のサバイバーで、そのうちの一つの学校では性的虐待を受けていた。彼はオンタリオ州を旅し、ニシナベ・アスキー・ネイション（NAN）が実施した「真実和解委員会」プログラムのコーディネーターとして、数百人の寄宿学校の生存者たちの声を聞いて回った。

彼はチャーニー・ウェンジャックの従兄弟でもある。サム自身が寄宿学校制度の産物と言えるかもしれない。

サムが最初に通ったのは、オンタリオ州の北西部に位置するバーミリオン・ベイにあるマッキントッシュ寄宿学校である。一九六五年三月一八日にその学校が全焼したため、彼はセシリア・ジェフリーに送られ、同年二月から六月までの半年間をそこで過ごした。セシリア・ジェフリーはプロテスタントの学校だったので、カトリック教徒でもあった彼は、新年度の始まる一九六五年の九月からは、ジェームズ・ベイ海岸沿いのフォート・オールバニーにある悪名高きセント・アン寄宿学校に再び移された。虐待はカナダ全土にある一四〇の寄宿学校のほとんどで起こったが、セント・アン校における虐待の実態は、むち打ち、感電死、殴打、性的虐待など、最悪の学校の一つだったことが知られている。

サムはチャーニーをよく覚えている。チャーニーは他の子どもたちと、庭でおはじきをよくしていた。

大家族だったウェンジャック一族は結束力も強かった。チャーニーの母アグネスはサムの父の妹である。サムは、パールと妹のデイジーが休み時間にセシリア・ジェフリー学校の台所で掃除や食事の準備をしていたことをよく覚えている。彼らは、外が寒くても暖かい服を着ていなかった。休み時間になるとビー玉で遊ぶ小さな弟を囲んでいたチャーニーの姉たちを思い出す。彼女たちは、やろうと思えば何でもできると弟を鼓舞していた。

サムはチャーニーより一歳年上だった。従兄弟同士ではあったが、一緒に遊ぶことは少なかった。一二歳ごろの年齢になると、一歳の年齢差は一〇歳も違うように感じられる。しかし、校庭で遊んでいる子どもたちが皆、脱走について話していたのはよく覚えている。どこに行けば良いのか、いつ決行するか。サムは当時一二歳だった自分にこう思ったことを覚えている。「こんな人里離れた場所から、一体どこへ逃げるつもりなのか?」

一〇月五日、審問の始まる日、サム・アチニーピネシカムは予定より早く到着した。彼は、コミュニティのメンバーに安らぎを与える役割を担うのみならず、完成したばかりのガラスとコンクリート造の裁判所に、椅子を運び込んでいた。

オンタリオ州史上最大かつ最も複雑な審問の一つに、裁判所が割り当てた部屋は、建物内の最も小さい部屋だった。傍聴席は一〇席しかなかった。この部屋の割り当ては、深刻な誤算だった。子どもたちの死に関する正式な調査が始まるのを何年も待っていた親たちは、平手打ちを食らった思いだった。

侮辱されたと憤慨したエルダーのサム・アチニーピネシカム、ファルコナー氏、NANのスタッフらは、他の法廷やロビーから椅子を持ち出して、割り当てられた小さな部屋に詰め込み始めた。

家族にとって、このスケジュール上の失敗は、七人の生徒の事件が当局によって最初からどの程度の扱いだったのかを如実に示すものだった。サンダーベイやカナダの司法制度で子どもたちが常にどのように扱われていたかを象徴するような出来事だった。

審問が始まってわずか二週間後の二〇一五年一〇月一九日、別の先住民族の男性の遺体が川から引き上げられた。警察によると、自動車整備士のステイシー・デバンギー（四一歳）は、マッキンタイア川の岸辺で泥酔し、水に落ちて溺死した。

二四時間もたたないうちに、警察はステイシーの死に「事件性なし」、それ以上の捜査は行わないというニュースリリースを発表した。しかし、ステイシーの死後、何者かがデビットカードを使っていた。この事実に警察は関心を示さなかったが、ステイシーの兄ブラッドはなんらかの関係があるのではと疑っていた。

兄のブラッド・デバンギーは地元ラジオで、「警察は言い逃れたのです。面倒なことには関わりたくないかのように、偶然の溺死事故だったと。」と述べた。

ブラッド・デバンギーとレイニー・リバー・ファースト・ネイションのチーフであるジム・レオナルドは、二〇一六年三月、オンタリオ州の市民による警察行政監視機関である独立警察審査局長室（the Independent Police Review Director）に申し立てを行う予定だった。チーフのレオナルドは、サンダーベイの弁護士が誰もその訴訟を引き受けてくれないので、ジュリアン・ファルコナーに支援を願い出た。サンダーベイには大きな壁があるという。街の弁護士のほとんどは警察あるいは市行政を相手に仕事をしているのだ。

デバンギーとレオナルドが問題視するのは、遺体発見から数時間以内に、サンダーベイ警察が先住民の人々の死を例外なく「事件性なし」と断定するそのパターンだ。これらの事件は全て調査されることがない。サンダーベイ警察は、二〇〇〇年にジェスロ・アンダーソン、二〇〇七年にレジー・ブッシーという二人の生徒の遺体が川で発見された際にも、同様の結論を下している。ステイシー・デバンギーの遺体が発見されるわずか一〇日前、ファルコナー氏は、サンダーベイ警察の職員であるアラン・ショーロック巡査部長に、こうした決定プロセスの見直しをするよう審問の際に求めた。彼は、犯罪捜査部門の元責任者であるショーロックに対し、ジェスロ・アンダーソンの死に関する事件を終結させるために下した「紋切り型」の決定について追及した。また、当時一五歳だったジェスロの失踪について、警察が犯罪捜査を開始するのになぜ六日間もの時間がかかったのかを問いただした。

審問対象となる七人の生徒の最初の一人であるジェスロが失踪したのが、二〇〇〇年一〇月二九日だった。しかし、犯罪捜査課は失踪から六日後の二〇〇〇年一一月四日になるまでこの事件に関与していない。その間、ジェスロの叔母であるドーラはサンダーベイ警察に毎日電話を入れ、甥に関する手がかりはないかと尋ねていた。

ショーロックは、ジェスロの捜査に関する手落ちを認め、死亡についての調査は少なくとも五日間早く開始されるべきだったと述べた。しかし、それだけでは、その間何が起こっていたのかを合理的に説明することにはならない。

ファルコナー氏は激怒した。行方不明者の調査は時間との戦いだ。「上官も一緒にいて、あなたは温度差を認識していた。しかも深刻な問題として。今日、この陪審員を前に、誰もそのことを問題としなかったと確かに証言できますか?」と彼は詰め寄った。「捜査関係者が皆、誰が担当者であるかを知っているのに、意見するものは誰もいなかったのですか?」

「なぜ、なぜそうなったのかは覚えていません。」とショーロックは陪審員に語った。

二〇〇〇年一一月一一日、ジェスロの遺体が川から回収されると、警察は「事件性なし」とするプレスリリースを出し、翌日に死体を解剖すると発表した。

「警察がしてはならないのは、例えば検視が行われる前に、事件性なしと宣言することでは?」とファルコナーが尋ねた。

ショーロックは「その通りです。」と答えた。

「そうなのです。警察がそれをしない理由は、様々な可能性に対して心を閉ざしていることを反映しているからでしょう。そうではありませんか?」

「その通りです。」

「トンネル・ビジョン(訳注：他の可能性を考慮しようとしない姿勢)のようなものですね?」

ショーロックはそれが真実だと認めた。「その通りです。」[*11]

七年後、もう一人の先住民族の生徒レジー・ブッシーの死も、警察によって同様の扱いを受けた。ブッシーの遺体発見を発表した警察の公式プレスリリースはたった二行。「事件性なし」との声明が繰り返された。

ファルコナーは、二〇〇〇年に処理されたジェスロ・アンダーソンの事件は、先住民の死の捜査に当たる警察の態度に偏見があることを示していると主張した。「悲しい事ですが、先住民の死の扱いに関しては、二〇〇〇年が転換点になっているようです。」ブッシーやデバンギーの事件を加えると、そこには明確なパターンが見える。「これは重要な点と考えます。警察がこれらの事件を重要視していない証拠でしょう。あるいは、重要性や事件ファイルを適切に管理できていないことを示しています。たまたま起こったことではないと考えられます。」[*12]

二〇一一年二月七日に死亡した七人目の生徒であるジョーダン・ワバスに関する調査は、中途半端な事情聴取の末に終了している。「どうして、同じことが、何度も、何度も繰り返されるのか。」とファルコナー氏は疑問を呈した。[*13]

二〇一六年五月二六日に提出された最終意見書の中で、ファルコナー氏は陪審員に対し、事故とする判断は、実際には警察のダメージコントロールが優先された結果だと指摘した。「この「事件性なし」の概念が「事故」判断と深く結びついているは、最悪の事態は起きなかったと警察自身を安心させるだけのものだ。」と、彼は指摘する。「不十分な調査であったため、最悪の事態が実際に起きたかどうか結局わからなくなっている。」とファルコナー氏は陪審員に訴えた。

ファルコナー氏は陪審員に、検視当局が検視のために連れてきた病理学者トビー・ローズ医師でさえ、殺人の可能性を排除できないと言ったことを指摘した。彼女は審問の場でも、検視の結果、殺害説を示唆するものは何もなかったが、完全に否定することはできなかったと語った。川から回収されたすべての遺体には切り傷や擦り傷があったが、少年たちが水中に突き落とされたかどうかはわからなかった、と。[*14]

「すでに述べたように、法医学的病理学では、病理学的所見に基づいて、偶発的な溺水、自殺による溺水、殺人による溺水を区別することはできない。」審問の陪審員はローズ医師の証言を聞いていた。[*15] 遺族たちの弁護人であるジョナサン・ルディンは、どの少年もどのようにして水中にたどり着いたのか、説明がないと陪審の場で指摘した。「若者らは全員着衣で発見されており、泳ぎに行ったわけではない。冬にサンダーベイで泳ぎに行く者はいないでしょう。」とルディン氏が五月二五日に陪審員に語った。「みなさんは、この若者たちがどのようにして水に入ったかについて合理的な証拠をまだ聞いていない。[*16]」

子どもたちが水に落ちて命を落とした背景には、重くのしかかるレイシズムや、不吉な動機が隠されたままである。こうした状況は審問のプロセスにも入り込んでいて、その疑問は今日も残ったままだ。「私たちは悪など存在しないと自らを納得させたいのです。悪などないのだと否定する一つの方法は、事件を偶発的事故と結論づけることです。」とファルコナーは陪審員に語った。「レイシズムはそれは恐ろしいものです。この世に悪は存在します。遺族は、有能な捜査員が真っ当な仕事をしてくれたのでそんなことは起こらなかった、と信じたいですよ。あるいは、私たちが知らない真実があるのならそれを知りたいでしょう。本当のところ、私たちにはわからない。だからと言って、それを事故と呼ぶことで……事故として処理することはできないのです。証拠がなければならない」。

実際のところ、川のそばにいて安全な子どもはいない。しかし、それは彼らが酒を飲んでいたからではないと、ファルコナー氏は主張した。彼らの命が守られなかったのは、カナダ社会が彼らを落ちぶれた人間として陥れているからだ、と。「私たちの世界に、彼らの居場所はなかったのです。そして、彼らの世界にも居場所を作らせなかったのです。」学校がなければ、彼らの世界では教育を受けることができず、それゆえ、ここに来るためにコミュニティを去らなければならないのだ。ファルコナー氏は、こう言い切った。「彼らは見捨てられて死んだのです。」[*17]

先住民族の高校生七人の死亡についての調査が始まってから八ヵ月後、審問は終了した。二〇一六年六月二八日、陪審は一四五件の勧告を行った。記録に加えるため法廷で読み上げるのに二時間以上かかった。

子どもがなぜ死んだのか、その説明を何年も待っていた遺族にとって、何の回答も得られない審問だった。むしろ、彼らはさらに多くの疑問に直面したと言える。

陪審は、七人の死亡者のうち四人が未確定であると判断した。ジョーダン、カイル、ジェスロがサンダーベイ周辺の河川でどのように、またなぜ発見されたのかは不明であると考えられた。居住先で死亡が確認された唯一の少年ポールの死も医学的に不確定と判断された。

「不確定と判断するという発表は、サンダーベイ警察が捜査として行ったことが、結論を下すための基準さえ満たしていなかったという明確なメッセージだ。」とファルコナー氏は述べる。

遺族は未だ明確な答えを得られず、カイル、ジョーダン、ジェスロが故意に殺害されたのではないかという印象さえ残る。審問が終了した今、全ての真実は闇に葬り去られたままだ。「これは悲劇としか言いようがない。」と、ファルコナー氏は言う。[*18]

サンダーベイ警察のジャン・ポール・レヴェスク署長は、陪審員は三人の少年の死を再調査すべきという勧告は出さなかったことを指摘する。

「再調査が勧告される可能性はありましたが、そうはならなかった。」と当時彼は言った。「停止中の調査であっても、新たな証拠が出てきた場合には調査を再開します。検視官からの依頼を受けてオンタリオ州警察が七件すべてを調査しましたが、サンダーベイ警察が見逃していた事実を発見することもありませんでした。[*19]」

一四五項目に及ぶ勧告は、マリー・シンクレア判事とカナダ真実和解委員会が一年前に発表した報告書の内容と多くの一致点があった。審問と委員会報告は、カナダ全土のすべての先住民族の子どもたちのために、「ジョーダンの原則」が徹底させなければならないと主張する。カナダのすべての子どもたちが受ける福祉は、誰がどのサービスの料金を支払うべきかという管轄権上の議論を理由に、提供できないといった事態があってはならない。彼らは他のすべての非先住民族の子供たちと同じように扱われなければならず、サービス料金の請求は後に適正に処理されれば良いだけだ。

カナダのジャスティン・トルドー首相は、真実和解委員会による九四項目の勧告すべてを全面的に支持した。それを実施するため一〇億ドルの予算が組まれた。現在に至るまで、いくつかの勧告が実施されている。

七人の生徒の審問を受けて、コミュニティが希望するならば、北部地域のファースト・ネイションズ(先住民族国家)全てに学校を設置することが勧告された。幼児教育、保育所や学校が、カナダの他地域と同レベルの予算を持って運営されること。カナダの先住民と非先住民の子どもたちの間の資金格差は解消されねばならない。居留地に立地する学校にも、体育館、音楽室や美術室、一日に三度の食事が提供されるカフェとなる。

テリアが必要だ。そのためには、すべての北部地域のコミュニティに清潔な飲料水と下水道整備が必要

六月二八日、ジョーダンの母親であるバニース・ジェイコブは、家族に囲まれて裁判所で座っていた。審問が結審すると、彼女は法廷の外に出て遺族による記者会見のために設置された演壇に直行した。彼女は、落ち着いた様子でこう語った。「私にはまだ三人の息子が居留地にいます。そのうち二人は高校生です。私は息子たちが教育を受けるため都会へ出ることを許しませんでした。ウェベクェ・ファースト・ネイションには高校が一つあるのですが、私たちのコミュニティに十分な資金を配分するべきという勧告が出されたことを嬉しく思います。そうすれば、子供たちは、成長して自立の準備が十分整うまで、居留地から離れる必要もなくなります。」

そして、彼女は泣き崩れた。「私たちはすべての人が平等に扱われることを望んでいるだけなのです、同じ人間として。」[*20]

しかし、審問の間に何度も繰り返し語られたのは、生徒たちが肌の色を理由に受けた扱いの数々だ。子どもたちは、暴力を振るわれ、卵やごみを投げつけられ、通り過ぎる車から罵声を浴びせられた。当局である警察がどれほど厳しくこうしたヘイトクライムに対応したのか。あるケースでは独房に座っている彼らを嘲笑う警察官までいたという。

子どもたちが感じ、経験したレイシズムは、すべての人に影響を与えている。

「全く疑いの余地がないと考えられるのは、レイシズムそのものが、あらゆる形で、この子どもたちの生と死に大きな影響を与えていることです。」とファルコナー氏。「このサンダーベイ市のレイシズム

のありようが、子どもたちが夜、川のそばにいることは、必ずしも安全ではないという事実に現れていることを非常に危惧しています。」

「正直なところ、私たちは厳しい現実に向き合わないといけない。そこには、そういう人間がいる。悪魔がいるのです。攻撃しやすい子ども、酒に酔っていればなおさら、そういう子どもを川に投げ捨てて、命を危険にさらそうとする人間がいるかもしれないのです。「未確定」という判決が、すべてを物語っていると思います。[*21]」

第十章　命を落とした七つの羽根

二〇一六年一月二六日、カナダ人権法廷（Canadian Human Rights Tribunal, CHRT）は、カナダ政府が同国の一六万三千人の先住民族の子どもたちを人種的に差別していると裁定した。法廷は、カナダ政府が「ジョーダンの原則」を適切に実践しておらず、先住民・北部担当省（INAC）は先住民の子どもたちが管轄権をめぐる争いの犠牲になることを意図的に容認していると批判した。

カナダ政府はその問題を正すよう命じられた。ジャスティン・トルドー新政権はこの判決を受け入れ、二〇一六年三月、オタワにある連邦政府は児童福祉予算として七千百万ドルの予算計上を発表、適切な対応を取ったと法廷に報告した。しかし、この金額は、先住民族の子ども・家族支援協会が不足分の解消に必要と試算した二億一千六〇〇万ドルを大きく下回った。同協会の代表であるシンディ・ブラックストックは、二〇一二年に前保守党政権でさえ実際の不足額を一億八一一万ドルと見積もっていたことを指摘し、二〇一六年時点の彼女の推定額に対しては、悲惨なほど予算が不足していると主張した。[*1] 政府は数億ドルを積み上げると約束したが、その大部分は二〇一九年の次の連邦選挙まで実行されることはないだろうと述べた。

それから一年以上が過ぎ、政府に対する三度目の遵守命令が出されてもなお、ブラックストックと一六万三千人の子どもたちは、カナダ政府が約束を果たすのを待たねばならなかった。それだけではなく、連邦政府は、先住民の子どもたちの権利を保護するカナダ人権法廷の決定に対する訴訟費用として、七〇万七千ドルを費やしていた。[*2]

構造的人種差別の歴史は、三つの要素に起因しているとブラックストックは説明する。「インディアン省が作られたのは、植民地主義の徹底以外の何ものでもない。」と、彼女は言う。「私のような先住民の人間が、この省の建物に入るために来客用のステッカーをもらわなければならないとしたら、中で何が議論されているかなどわかりきっているでしょう？ 上部の官僚機構は白人だけに占められている。そうした構図が彼らの支配を延命させているのです。」[*3]

どの時代にも内部告発者はいる。一人や二人ではなく、官僚機構の中にも外にもたくさんいる。しかし、告発者の声は時に抑圧されたり無視されたりする。例えば、ピーター・ブライス医師はあまり知られていない科学者ではあったが、前世紀の変わり目に、先住民寄宿学校における子どもたちの扱いについて警告の旗を上げようとした。

結核の専門家でアメリカ公衆衛生協会会長だった白人医師ブライスは、一九〇四年に当時のインディアン省から寄宿学校についての調査を依頼された。彼の報告は驚愕の内容だった。結核すなわち「白ペスト」によって、年間二四％の子どもたちが死んでいると言うのだ。死亡率はその後三年間で四二％にまで上昇した。[*4]

「医学が何をすべきか明らかだ。」とブライス医師は記し、直ちにオタワの政府に以下の勧告を行なった。学校の換気改善、罹患した子どもを健康な子どもから隔離する、罹患した子どもへの適切な医療措置。[*5] しかし、報告は連邦政府によって無視されたため、彼はオタワのイブニング・シチズン紙に持ち込んだ。そしてその事実が一面のニュースとして報道された。

しかし、ブライスの告発は体制によって黙殺された。彼の研究資金はカットされ、一九二一年には公務員資格を剥奪されている。一九二二年、ブライス医師は『国家犯罪の物語：カナダのインディアンに対する正義を訴える：国家の中枢、独立戦争における同盟、世界大戦における同盟』と題した本を出版した。この本の出版により、彼は更なる迫害を受けるに至った。

シンディ・ブラックストックは、歴史を通じて、常に先住民族の人々を失望させてきたのはカナダの市民だと主張する。「市民は、内部告発者たちに反応してこなかった。ミュージシャンのゴードン・ダウニーが言うように、私たちは生涯にわたって目をそらすよう訓練されてきた。カナダの事態をアメリカ合衆国で起こった公民権運動と比べてください。アメリカでは、目をそらすな、立ち上がって戦えと言う声が高まっていた。」と彼女は言う。「でも、それがここカナダにはない。」[*6]

二〇一六年後半に審問が終結した後、独立警察審査局長は、サンダーベイ警察の「制度的な見直し」を実施し、人種差別的行為の証拠がなかったかを検証すると発表した。この調査は、先住民の行方不明者と死亡事故全てが対象となるとした。

制度的な見直しでは、先住民族と警察の関係に焦点を当て、先住民の人々が受けた「過剰な取り締まり」あるいは「不適切な見過ごし」の証拠を探し、捜査段階で差別的な方法がなかったかを評価することになっていた。[*7]警察はステイシー・デバンギーの死亡事件から始め、七人の生徒の死をめぐる「情報・証拠」についても再調査が行われることになった。

ジュリアン・ファルコナーは、独立警察審査局が七人の審問に注目し、サンダーベイ警察を精査すると発表したことについて、密かに喜んでいる。先住民族は、自分たちは価値ある犠牲者にすらなれないと言うメッセージを何度も受け取ってきたのだ。デバンギー事件は、警察の関心がいかに迅速かつ説明なしに先住民の事件を終了させるかにあることを如実に示す例であった。失踪・殺害された先住民女性と少女の遺族たちが、数十年にわたって訴えてきた警察制度に巣食うレイシズムの実態だ。

「警察による捜査の質は、何十年にもわたる実務経験の中で私がこれまでに見たどんなものよりもはるかに低い。」と、ファルコナー氏は述べる。

レベック警察署長は声明を発表し、サンダーベイ警察がこの制度的見直しに全面協力することを約束した。「私たちは、審査プロセスに全面的に協力するつもりです。その見直しから得られた勧告が、私たちとオンタリオ州の他地域の警察組織にとって、多様なコミュニティのニーズを満たすための改善となることを願っています。私たちは、管轄地域の先住民族コミュニティとのより強固な関係の構築に向けて努力し続けたいと考えています。」

ノーマ・ケジックはサンダーベイで八カ月間、審問に出席していた。NNECを代表して、またNNECのすべての子どもたちのために、審問に立ち会いたいと考えてのことだ。彼女は全身全霊をかけて法廷に通い耳を傾けた。しかし、裁判手続きの厳しさと証言から受ける感情的な激変は、ノーマ自身だけでなく、彼女の夫婦関係にも悪い影響を及ぼしていた。審問が始まって四ヶ月の間にノーマと夫の関係は悪化し、二〇一六年の六月末に審問が終わると、三〇年以上連れ添った夫は彼女を置いて家を出てしまった。子どもたちは既に成人していたのだが、彼は自分の家族よりもＮＮＥＣの子どもたちを大切にしていると彼女を非難し、他にいい人が出来たと告げて出て行った。

ノーマは打ちのめされた。法廷で七人の学生に関する証言を次々と聞いていた時のことだ。彼女は自分の人生の基盤である夫との結婚、そして大切な家族までもが引き裂かれたように感じていた。精神的に、ノーマは信じられないほどのストレスにさらされていて、非常に危険な状況にあった。ある週末、ラック・スールの自宅にいたとき、彼女は突然思いもよらぬ行動を起こす。ロープを持って森の中に行ったのだ。地域で自殺予防のための支援活動をしていた人物が、今では自ら死にたいと思うなんて。車に飛び乗り、タバコを掴み、森に向かって走り出した。低木が密集するあたりに車を隠し、ロープを掴むと頑丈で太い木のところまで歩いていった。

ノーマは創造主の存在を信じる。どんな名で呼ばれようが、神にはより高い霊があるはずだ。彼女の父はメディスンマンで、民族に伝わる秘法を授けていた。彼女は木の脇に立ち、創造主に語りかけた。そして地面にひざまずいて熱心に祈り始めた。父や自分の人生の中で愛し失ったすべての人たちにも祈りを捧げ、導きを与え給えと懇願した。彼女は祈り続け、助けを求めた。

「もし本当にそこにいるのなら、サインを送ってください。どんなサインでもいいから。」と、彼女は言った。「サインがなければ、自分の命を終わりにするしかない。」

突然、美しくて強く、鮮やかな緑の羽根を持つマガモが、彼女の頭を掠めて飛んだ。ノーマはすすり泣き始めた。彼女の求めに何かが答えた。彼女は立ち上がり、その木からよろよろと離れると、隠していた車を見つけ家に戻った。

ノーマは、その月にも自殺しそうになったが、再び懸命に祈りサインを求めると、それはやってきた。しかし、自殺願望が一日のうちの奇妙な時間に何度もよみがえってくる。何か手を打たなくてはいけなかった。彼女は姪に助けを求めた。その後すぐにセラピーを開始し、現在も精神と人生の立て直しに懸命な努力を続けている。

その夏、彼女はNNECを辞めようと考えていた。もう耐えられなかったからだ。彼女は辞表を理事会に提出したが、受理してもらえなかった。理事会は、彼女に何とかとどまるように懇願した。ノーマはNNECにとって組織の記憶そのものであり、組織を一つにまとめうる存在だったのだ。

「ノーマ、私たちを置いていくなんてできないよ。私たちは、あなたの人生において一番安定した場所でしょう?」と理事会のメンバーの一人が言う。

その言葉は場を明るくし、皆の顔に涙とともに笑いがこぼれた。共に七人の死を経験し乗り越えてきた彼らにとって、おそらくその瞬間が、この破滅的な章の終わりとなるだろう。

マリアンヌ・パナチーズは、台所のテーブルに座り、トレーラーの前方にある窓から、濁った青白い道路を見つめている。彼女は車寄せに散らばった錆びついた釘のことを気にかけて私に謝罪する。犬たちがゴミ捨て場で、壊れた皿、コンピューターのマザーボードの一部、ペットボトルなどを漁り庭中に散らかしていた。

「釘を拾っておくつもりだったのだけど」と、六〇歳になるマリアンヌが言う。「タイヤに引っかからないといいのですが。」

白髪のだいぶ混じった長い髪を後ろに縛ったマリアンヌは、上唇の左側にある茶色のほくろでぼんやりと遊んでいる。彼女は一四歳になった孫、ルールのことを考えていた。それは一〇月の秋休み近くのことだった。北部地域のすべての先住民族の高校が始めた新しい取り組みで、生徒たち全員が一週間里帰りするらしい。飛行機代やバス代は学校から支払われ、九月の新学期から一二月までの間の寂しさが増す時期に家族と再会することができる。この一週間の休暇は、マリアンヌの息子ポールと他の六人の生徒の死因審問の結果、奨励された事業だった。

しかし、マリアンヌは心配で落ち着かない。孫のルールは先月、ペリカン・フォールズ高校に通うために家を出たばかりだった。当初、NNECはルールにDFC高校に登録するよう伝えてきたが、マリアンヌがそれを拒んだ。ルールは現在、他の二人の少年と相部屋で暮らしている。苦労もあるようだ。彼は定期的にクカム（祖母）に、寂しさを伝えてくる。メールを送ってきては、おばあちゃんに会いたいと言う。

先日、マリアンヌは「迎えに来て」というメールを受け取った。

その言葉が、胸に突き刺さった。マリアンヌはずっとルールの面倒を見てきた。彼を生んだ母親は近所に住んでいたが、ルールが歩けるようになるとすぐ、彼は祖母の家にやってきて自宅には戻らなくなった。そして、誰もが彼の選択を受け入れたのだった。

そのようなメールを受け取った母親は、子どもの苦しみを感じ慰めたいと切に願うだろう。しかし、息子のポールを失ったマリアンヌにとっては、これは別の種類の苦しみだった。彼女の深い悲しみには、彼女自身が寄宿学校を生き延びた経験が折り重なっている。ルールからのメールを受け取るや否や、彼女は古い灰色のピックアップトラックの鍵をつかんでドアに向かって走った。

「寂しい思いをさせたくないの。記憶が蘇ってきてしまって。ポールとのこと、何とかして自宅にとどまるように説得したのに…。」

それから彼女は深呼吸をして気持ちを落ち着かせようとした。ポールのことを考えていた。彼女は率直にルールにそのことを話した。孫息子が抱える恐怖心を和らげながら、すぐに会えるよと約束した。ルールは息子のポールではないと言うことを自分に言い聞かせた。ルールが住んでいるのは、ペリカン・フォールズで高速道路を走れば数時間の場所だ。一人っきりでサンダーベイにいるわけではない。スー・ルックアウトでは安全だった。マリアンヌが恐れたのは、ルールを家に連れて帰ってきたら、もう学校に戻らなくなるのではないかということだ。

いや違う、彼がここに戻ることは何も解決にならない。代わりに、ペリカン・フォールズ高校に九年生の娘がいる姪のメリッサ・スカンクと一緒にスー・ルックアウトに車を走らせ、ミシュケゴガマンの子どもたちがどうしているか事前に校長に話しを聞こうと考えた。

彼女はひとまず車の鍵をしまった。ルールには、来年までは何とか頑張りなさいと言った。そして、もしホームシックが続くようであれば、お前の世話をするためにスー・ルックアウトに私が引っ越すよ、とも言ってしまった。

彼女は深く腰を下ろし、足をクロスさせ、腕を胸の上で組んだ。自分の身体をしっかりと抱きしめながら、震えが止まらなかった。

窓の外を見ながら、彼女は泣いた。「息子にしたことを、繰り返しているんじゃないか。」その思いが、マリアンヌを悩ます。「私も、学校に強制的に行かされたの。そうするしかなかったから。そして、息子にも同じことをした。今は、それを変えなければと思っている。私は孫に同じことを経験させたくない。外出中に孫に何かあったらどうしたらいい？　彼に無理強いはしたくないの。彼が教育を必要としていることはよくわかる。広い世界に出て、知り合いもたくさん作らないとね。でも、心配なの。あの子たちはまだ幼いから。」

マリアンヌは、ミッシュの子どもたちがなぜ、高速道路で北三〇キロの距離にあるピクル・レイクの高校に、バス送迎で通えないのか知りたがっている。

「少なくとも一〇年生まではそうしてほしい。」と彼女は言う。審問の後、マリアンヌはNANのグランドチーフであるアルヴィン・フィドラーに近づき、一四五項目の勧告が実施されているかどうかを一体誰が監督するのか、と尋ねた。マリアンヌは疲れ果てていた。六〇年もの長きに及ぶ心身の痛みと喪失を抱えながら生きてきたのだ。しかし、多くの課題は、彼女一人、あるいはミッシュの女性たちだけで背負えるようなものでないこともわかっている。

同じことが、再び繰り返される予感。終わりの見えない苦しみ。

ロビンの死の直後、ティナ・ハーパーは娘の遺体を自宅に引き取るためにサンダーベイへ飛んだ。キーウェイウィンを出発する前の晩、彼女は誰もいない教会のベンチに腰掛けて慰めを求めていた。彼女の妹と交わした会話がふとよぎる。妹のマーガレット・フィドラーは、夫の親類のところでもうすぐ赤ん坊が生まれること、その両親はまだ若い夫婦だと教えてくれた。マーガレットはティナに、赤ん坊はきっと男の子で、赤ん坊の誕生は新しい祝福、新しい人生になるわね、と話したと言う。

その後、ティナがロビンの遺体と遺品をすべて持ち帰ると、姉を元気づけようとティナの家に赤ん坊を連れてマーガレットがやってきた。夫のアンドリューはロビンの死後しばらく塞いでいたので、ティナは来客、特に生命の音に触れることを歓迎した。マーガレットが連れてきた赤ん坊はちょっとしたサプライズだった。赤ん坊は男の子ではなく、女の子だった。そして両親は赤ん坊をジュリア・ロビンと名づけた。しばらくしてからも、若い両親は頻繁にティナの家に赤ちゃんを連れて行き、連日可愛がってもらった。そして、ある日、ジュリア・ロビンはティナの家にとどまることになった。彼女の両親は、ティナと一緒にいることが赤ちゃんにとって最善だと考えたのだ。

「それが一〇年前のことね。」と、彼女は笑う。

二年前に夫のアンドリューが亡くなった。失意のどん底に落とされた出来事だった。ロビンが亡くなってからというもの、夫は人が変わってしまった。口数が少なくなり、引きこもりがちだった。何時間も椅子に座って何かを凝視している姿があったという。ジュリア・ロビンがいなかったら、アンドリューの死は耐え難いものだったに違いない。

ティナは深呼吸をした後、電話口でこう囁いた。「彼女は私の命の恩人なのよ。」

リッキー・ストラングの左腕には、71の数字のタトゥーがある。彼の好きな番号だ。彼が黒のLAキングスのホッケーキャップを被り直そうとすると、袖からそれがちらりと見える。弟のレジーも似たようなタトゥーを入れていたが、彼のお気に入りは21という数字だった。レジーは手にもう一つ、アメリカのメタルバンド、マッシュルーム・ヘッドの大きなエンブレムのタトゥーを入れていた。レジーはスラッシャーメタルや、ラップが好きだった。リッキーは弟のCDを全部持っている。彼の好みではないが、それを聞いていると弟のことを思い出せるからだ。

リッキーは現在、ポプラヒルに住んでいる。四歳になる息子（名前はレジー）とパートナーの三人暮らしだ。二六歳になった今、彼は安定した家庭生活を送っている。母親ローダの近くに住み、彼女にもよく会っている。ローダにとってリッキーは溺愛する息子で、彼女がベレンソンとは夫婦でなくなってからは特にそうだった。この日、リッキーはパソコン講習のためサンダーベイにいた。彼がポプラヒルを離れることはあまりないが、今日、リッキーはもう十分強くなったからマッキンタイア川まで散歩にもいけるよ、と私に言った。彼は、弟に最後に会った場所を私に見せたがっているようだった。

レンタカーをショッパーズ・ドラッグ・マートの駐車場の後ろに停めて、遊歩道に出た。自転車道も店から三メートルほどのところにある、そしてレジーが発見されたメイ通りの橋。春の雪解け水で川は茶色く濁っていた。川は増水しているものの穏やかで、ほとんど動いていないように見える。それは、水流の速いカミニスティクィア川の音や、スペリオル湖の轟音とはまるで違う静かな水の様子だった。マッキンタイア川は穏やかな憩いの場のように感じられる。アヒルに餌をあげに行くような場所とでも言おうか。少し歩くと、兄弟があの夜酒を飲んでいた橋の袂に辿り着いた。色あせたゴミが、砂利石に埋まっていた。その現場は決して見えないような場所ではないこと、モールや通りからこんなに近い場所だったことに、私は正直驚いた。

私はリッキーを川岸に残して、駐車場に停めてある車のトランクからカメラを持ってくることにした。明るい太陽に合わせて露出補正を調整するのに数分かかった。私はトランクを閉めて川へ向かった。リッキーは川岸の橋のすぐ右側に立っていた。彼は頭をもたげ、感極まってそこから動けなくなっているに違いない。私は後ろに下がって、リッキーがお供えのタバコを手から水の中に投げるのを見ていると、彼はゆっくりと川岸にしゃがみ込んだ。両腕を膝に回し、水の中を静かに見つめるリッキー。数分がたち、彼は両腕を前に出し、手のひらを静かな水面の上にかざす。彼はこうべを垂れて、弟を精一杯抱きしめていた。

クリスチャン・モリソーの記憶は、湧き水のごとく溢れだす。彼の心の奥底が源泉だ。彼がいったん語り始めると、言葉が舌先から飛び出すのを誰も止めることができない。

クリスチャンは現在トロントに住んでいる。黒い折りたたみ椅子が二つ、工業団地の駐車場に面して置かれていて、その一つに座るクリスチャン。たばこの吸い殻が、足元のペットボトルの中のタール色のスープの上に浮かんでいる。彼は、豪華な車が駐車場に停まっていくのをぼんやりと眺めていた。人の出入りが多い場所ではあるが、皆、忙しすぎて、長い黒髪を後ろに束ねた男にじっと見られていることには、気づいていない。

彼の後ろにある窓は青や白に塗られており、ネットで美術品を売買する競売会社のスローガンが書かれた絨毯が敷かれている。彼の作品。彼の父親の作品。人々が一日中行き来する。客はこの事務所にやってきて、絵をいくつか購入しては、アウディやポルシェに詰め込んで帰って行く。

ドアは開かれたまま。うだるような暑さの壁に、重たく冷えたエアコンの空気が当たっている。

事務所内部には、制作途中と思われる鮮やかな色のキャンバスが、折り畳みテーブルや壁に立てかけられている。キャンバスはあらゆる形と大きさで、小さなものはポスターサイズ、大きなものはテーブルを複数集めたほどの作品もある。

事務所の隅には、ダブルベッドとピンク色のソファ、大型の薄型テレビがYoutube動画を映している。

ここは、クリスチャンがこれから二ヶ月ほど過ごす場所だ。彼は、この場所をしつらえたのだ。ここで絵を描き、眠り、タバコを吸う。彼はアリソン・クラウスが悲しげに歌う「川に下りて祈りを捧げる」の動画を見ている。

車を駐車する際に、ようやく人は画家クリスチャン・モリソーがそこにいることに気づく。ペンキの付いた手を振り返して、微笑むクリスチャン。

美術商の一人、白髪まじりの年老いた男が、事務所の中に広げられた大きな絵を見つめている。畏敬の念で見つめているのは、七つの落ちた羽根。それを見る人は誰でもそうなる。

明るい色のキャンバスが、部屋の中央の長いテーブルに広がる。惹きつけられる太く黒い輪郭線。クリスチャンの父ノーバル・モリソーによって世界にもたらされたウッドランドスタイルだ。黒い輪郭線はX線画像のようにも見え、茶色、紫色、黄色で塗りつぶされている。その絵は人々の心を掴んで離さない。何か神聖な、生命と痛みに満ちたものを見つめているように感じさせる作品だ。

クリスチャンがこの作品を着想したのは、早朝の四時、折りたたみ式の椅子に座り暗い駐車場を眺めていた時だったという。七人の若者の死因に関する審問が終了した日のことだった。様々な証言、涙と真実が語られた八ヶ月が終わった日だった。

クリスチャンは、長い旅がやっと終わりに近づいたという安堵感、あるいは達成感でも感じるのだろうと思っていた。一四五項目に及ぶ勧告が審理終了時に読み上げられたことは、何かを意味し、何かが変わるだろうと。

これほど心が空っぽになるなどとは考えもしなかった、とクリスチャンは言う。マッキンタイア川からカイルの遺体が引き上げられて以来、彼の中に住み着いていた古傷、痛ましい苦悶が消えていなかった。いや、その痛みは何か別のものに変質しており、それが彼の魂を空虚なものにしていた。一体、それはどんな意味を持つのか？

耳をすまして聴くことが大切だ。

「僕のことを忘れないで。」

そうだ、その声はそう言っていた。

彼はその絵を「命を落とした七つの羽根」と呼んだ。それぞれの羽根は亡くなった七人の生徒一人一人を表している。クリスチャンは、息子たちが「亡くなった七人の生徒」と呼ばれ続けることに耐えられなかった。人々はいつもそのように子どもたちをひとくくりにして言及した。「七人の死者」。まるで何もない人生であったかのように。

若者たちは、それぞれの魂を持って生きていた。彼らは、我々の子どもたちだ。息子のカイルが「七人の死者のうちの一人」と呼ばれているのを聞いて、クリスチャンはもう我慢がならなかった。ニュースメディアであれ、弁護士であれ、善意の人たちであれ、彼らを一つにまとめる方が手っ取り早いのだろう。

カイルは落ちた羽根だった。みんなそうだった。

その夜、絵の構想を思いつくと、彼は煙草を吸い終えて立ち上がり、巨大な白いキャンバスを広げた。彼はブラシを掴むと高く掲げて、時が来るのを待った。精霊に筆を任せるのだ。

休みなく書き続けること数日、彼はやり遂げた。完成だ。キングサイズの羽毛布団のような巨大なキャンバスが目の前にあった。

傑作。長男へのレクイエム。

この絵には、七人の生徒それぞれの横顔が、次の世界へ旅立つのを待っている様子が描かれている。右端にいるのがカイル。背が一番高く描かれている。彼らの顔はすべて、絵の中央に描かれた鮮やかな黄色のドラム、太陽に向けられている。この絵は、彼らの心と魂が、あちらの世界で待っている先祖たちに届く瞬間を描いている。

カイルの祖父ノーバル・モリソーは赤で描かれ、ドラムとカイルを太い赤い線で繋いでいる。孫をあの世へと導くのは、祖父ノーバルの役目だ。

エピローグ

アルヴィン・フィドラーは、トロントのダウンタウンにあるコップスという店でレコードを漁っていた。「一九六五年からずっと最安値」を誇るレコード店だ。彼は二階のカントリー・ミュージックのコーナーで、プラスチック製のカバーで保護されたアルバムを一枚一枚めくっては、希少盤を探し回っている。

ラルフ・スタンリーのアルバム「Something Old, Something New and Some of Katy's Mountain Dew」を見つけ、お宝を掘り出したかもしれないとほくそ笑むアルヴィン。トロントで時間があると、彼はこの店を覗いて、彼の膨大なレコード・コレクションに加える逸品を探している。

毎週土曜日の朝、アルヴィンは自分の音楽ライブラリーから選んだ曲をFacebookに投稿する。彼はNANのグランドチーフ兼DJのようなもので、誰も知らないような郷愁を誘うカントリー曲ばかりだ。何をしていようと、何が起こっていようと、投稿を忘れることはない。彼は時間をかけて、その日の気分を表現する曲を選ぶのだ。

音楽はアルヴィンにとって幸福感を感じられる場所であり、音楽を紡ぐことで、親しみやすく私的な形でコミュニティとの繋がりを保っている。彼の投稿は茶目っ気たっぷりで、本人が自覚しているか疑わしいが、紹介される音楽には目を見張るようなユーモアがあふれている。

このかび臭い中古レコード店は、彼にとっての教会であり、すべてを忘れることのできる貴重な時間をもたらしてくれる。

特に最近の出来事を考えると、こうした束の間の休息が彼には必要だ。

二〇一七年五月六日の夜の出来事は、「七つの羽根」の遺族、NANの指導者、弁護士、警察など、すべての人々に精神的、感情的なダメージを与えた。まるで、サンダーベイの川岸に潜んでいた悪魔が、突然、暗闇から現れたかのようだった。

市内ではこの六年間ほど、先住民族の若者が亡くなるといった出来事もなく過ぎていたが、同夜、一〇代の若者二人が行方不明となり、二週間以内に二人とも遺体で発見されたのだ。

芸術家で高校生のタミー・キーヤシュ（一七歳）は、その土曜日の夜、下宿先の門限を破っていた。そして、一四歳の少年ジョサイア・ベッグは、キッチンヌマイコシブ・イニヌウワグの遠隔地コミュニティから父親と一緒にサンダーベイを訪れていたのだが、その夜、行方が分からなくなった。ベッグ親子は、ジェスロ・アンダーソンの叔母、ドーラ・モリスが働くウィークドン・ロッジに滞在していた。二人はジョサイアの診療のために街を訪れていた。ジョサイアの姿が、その土曜日の夜、ニービング・マッキンタイア放水路にかかる橋の近くで監視カメラに映っていた。[*1]

翌日の午後一時二八分、サンダーベイ警察はタミーの下宿先から電話連絡を受けた。下宿親は彼女の身の安全を心配し、警察に彼女がいそうな場所を当たるよう要請した。警察はその場所まで車を走らせたが、タミーは見つからなかった。一時間後の午後二時二三分、下宿親が今度は行方不明として警察に通報している。[*2]

彼女が行方不明になってからそう時間は経っていないはずだ。

アルヴィンとNANの四九全てのコミュニティのチーフたちは、春の年次会合に出席するためティミンズに向かっていた。飛行機がティミンズ・ビクター・M・パワー空港に到着し、ホテルに全員がチェックインすると、携帯電話が鳴り始め、タミー・キーヤシュの遺体がニービング・マッキンタイア放水路の浅瀬で発見されたというニュースが流れた。

誰もがショックを受け、ジョサイアのことがさらに心配になった。

NANのグランドチーフのアルヴィン・フィドラーと副チーフであるアナ・ベティ・アチニーピネシカムの二人リーダーは、警察からの指示を待つことなく動き出した。ティミンズでの会合の合間に、彼らはジョサイアを捜索するため独自に調整を始めた。身長一六五センチメートルのほっそりした体型、黒い目、美しくボーイッシュな笑顔の少年。赤いパーカーに、赤い帽子をかぶっていた映像が最後に確認されている。アルヴィンとアナ・ベティは、メモリアル・アベニューに立地するホテル・エコノロッジに捜索指令センターを設置した。センターは、のちにDFC高校に移動した。アルヴィンは「サンダーベイをひっくり返してでも」ジョサイアを見つける、と誓った。既視感がある。ジェスロ。コラン。レジー。カイル。ジョーダン。そして今度はタミー。

アルヴィンとキッチンヌマイコシブ・イニヌウワグのチーフであるジェームズ・カットフィートは、街中のすべての川の土手を徹底的に捜索することを検討した。彼らは、先住民が率いるボランティア捜索隊であるベア・クランに、水辺に沿って捜索してほしいと願い出た。ベア・クランは一九九二年にウィニペグに設立され、弱い立場にある先住民の女性や少女を探して通りをパトロールする先住民による組織だ。二〇一六年後半、「命を落とした七つの羽根」の審問の際、副グランドチーフのアンナ・ベティは、サンダーベイにもベア・クランを設置したいと考え、クリスマス休暇後に学生たちが帰ってくる前にパトロール隊を結成していた。[*3]

アルヴィンとアナ・ベティは明確なメッセージを皆に伝えた。川をチェックしろ、と。

五月一二日金曜日、サンダーベイ警察は、タミーの死の捜査に関するプレスリリースを発表した。犯罪捜査課による徹底的な捜査の結果、「この悲劇的な死において事件性を示す証拠はない」という結論に達したと言及。警察はさらに、検視の結果はタミーの死が「溺死と一致する」ことを示したと述べた。[*4]

アルヴィンは自分が聞いていることが信じられなかった。警察は又しても溺死したという同じ結論にすぐに達した。川で遺体が発見された他のすべての少年同様、犯罪行為の証拠はないと。タミーは、水中で発見された六人目の先住民の若者となった。

ジェスロ、コラン、レジー、カイル、ジョーダンと同様、タミーも川や湖に囲まれたコミュニティで育った。彼女は、オンタリオ州の最も遠い北西部にあるノース・カリブー・レイク・ファースト・ネイション出身だ。彼女はジュニア・カナディアン・レンジャーの資格も有していた。北部地域のファースト・ネイションズ（先住民族国家）に結成されたこの名誉ある若者チームは、緊急の捜索・救助員として迅速に対応し、活動するよう訓練を受けている。

タミーの死は全国的に大きなニュースとなった。サンダーベイに暮らす先住民族の若者の安全を懸念する声は、アルヴィン・フィドラーをリーダーとするNAN以外にも広がった。アルヴィンを背後から援護する条約第三号合同協議会は、サンダーベイの西から北はスー・ルックアウト、そしてマニトバへの米国国境沿い地域にある二八の先住民族コミュニティから構成される。また、ファースト・ネイションズ議会のペリー・ベルガード議長や、オンタリオ・リージョナル・チーフのイザドーア・デイ議長も声明を発表し、サンダーベイで先住民が経験しているレイシズムについて全国のメディアで声をあげるようになった。

これまで警察に通報されなかったため、誰も逮捕や起訴されてこなかった暴行事件の状況が、#thisisthunderbay というハッシュタグの下で Facebook や Twitter に登場し始めた。こうした投稿では、先住民が川に投げ込まれたり、ヘイトスピーチを受けているといった告発が詳細に伝えられている。警察による暴行を報告する投稿もあった。また、二〇一七年一月二九日に起ったバーバラ・ケントナーに対する残忍な襲撃事件は多くの人々の記憶に新しい。ワビグーン・レイク・オジブウェ・ネイション出身の女性で、走行中の車から投げつけられたトレーラーヒッチが彼女の腹部に強く当たったという事故。バーバラと一緒に歩いていた姉のメリッサは、車の中から「一人は仕留めたぜ」と言う声を聞いたという。暴行を受けた後、バーバラは肝臓と腎臓が機能不全を起こし入院、二〇一七年七月四日に病院で亡くなった。[*5]

さらに一人の先住民族の若者が死亡、行方不明者も一人でたことで、市行政とサンダーベイ警察は、先住民を標的としたレイシズムや殺人の問題にどう対処していくのか、地域や全国からの強い注視を浴びた。ジョサイアのポスターが町中に貼られ、少年の捜索は警察の威信をかけた戦いの象徴となった。CBCのジョディ・ポーターによるインタビューの中で、サンダーベイ警察は、ジョサイアが川岸に向かったという目撃証言はなく、水辺を捜索しても意味がないと主張した。警官の一人は、ジョサイアが市内で目撃されていると「あらゆることが示している」とコメントしていた。先住民族コミュニティとその支援者らが憤る。もう十分だ。[*6]

先住民族の捜索者でこれを信じるものは誰もいなかった。その代わりに、人々に金属製の熊手と撚糸を寄付してもらい、手製の捜索装置を作っていた。警察が川を捜索しないのなら、自分たちでやるつもりなのだ。

ノース・カリブーとキッチンヌマイコシブ・イニヌウワグのチーフたちは、NANと共に私立探偵を雇うことについて議論を始めた。先住民コミュニティはもはやサンダーベイ警察を信用していなかった。

先住民コミュニティが外部の支援を求めたのは、今回が初めてではない。二〇一六年二月、NAN、オンタリオ州立青少年支援事務所（the Provincial Advocate for Children and Youth）とトロントのアボリジニ法律サービスが、ダリル・カカヤシュの事件を捜査するため、元トロント警察の殺人担当刑事デイブ・ペリーを雇い入れた。ペリーの調査では、「ヘイトクライム」と呼びうる「殺人未遂」と言える事件だと結論した。ペリー氏はまた、ステイシー・デバンギーの死を調査するためにも雇われた。彼は、ステイシーのキャッシュカードが、死亡が報告された数時間後に使われたことを発見している。現在、構造的人種差別についてOIPRDの調査を受けているサンダーベイ警察の要請により、オンタリオ州警察は、ステイシーの事件の再調査を終えたところである。見直しの結果は現在、サンダーベイ警察に伝えられているが、公表はされていない。

五月一七日水曜日、アルヴィンはアン・ベティと共に、DFC高校の体育館でNANを代表して記者会見を行った。タミーの母親パール・スリッパージャック、キッチンヌマイコシブ・イニヌウワグのチーフであるジェイムズ・カットフィート、そしてジョサイア・ベッグの両親サンシャイン・ウィンターとレネ・ベッグが同席した。

「私たちコミュニティは警察を信頼していません。」とアルヴィンが発言する。「警察は、溺死を原因として認めたが、タミーがどのようにして水の中に落ちたのかは説明できていない。十分な捜査をしたとは言えない。」[*7]

パール・スリッパージャックは、強さの象徴であるワシの羽根を握りしめ、地元メディアに語った。「私の気持ちを表す言葉が見つかりません。」サンシャイン・ウィンターがジョサイアに語りかける。「ジョサイア、これが聞こえているなら戻ってきてくれ。」[*8]

翌五月一八日、弁護士のシャンテル・ブライソンは、オフィスの窓からマッキンタイア川に、オンタリオ警察水中捜索回収ユニットの姿を見た。オンタリオ州警察の部隊は、マッキンタイア川がスペリオル湖に流れ込む地点から捜索を開始し、その後ゆっくりと西へ移動していた。オンタリオ警察のヘリコプターが頭上を飛行し、河岸を上下しながらジョサイアを捜索した。

その日の午後遅く、オンタリオ警察のソナー装置が水中に何かを検知し、ダイバーが呼ばれた。人々が川岸に沿って集まり始める。若い男性の遺体が、マッキンタイア川の暗い深みから引き上げられた。

トロントの検視局が正式な身元確認を行なうまでには、まだ数日かかるだろう。しかし、ジョサイアの両親にはわかっていた。遺体が赤いパーカーを身に着けており、財布が見つかっている。それは彼らの息子のものだった。

一四歳のジョサイア・ベッグ、これまでにサンダーベイの川で亡くなっているのが発見された七人目の先住民族の若者だった。

五月三一日の水曜日、アルヴィン・フィドラーはウッドパネル張りのクイーンズ・パーク（訳注：オンタリオ州政府）の記者会見室の中に座っていた。隣には、条約第三号合同協議会のチーフであるオギシダ・フランシス・カヴァノー、レイニー・リバー・ファースト・ネイションのチーフのジム・レナード、そして弁護士ジュリアン・ファルコナーが並んでいる。北部オンタリオ州の七七人のチーフを代表して、彼らはサンダーベイで発生した川での死亡事故を調査するため、連邦警察の介入を要求した。

「私たちの見解では、サンダーベイ警察はこれを解決する能力がない。」と、レイニー・リバー・ファースト・ネイションのチーフであるジム・レナードは述べた。「警察は、不正行為や事件性の無い死亡事故、という以上の結論に達することはないだろうと思います。しかし、それは信じられない。今日、私たちは真っ当な調査を直ちに開始することを要求します。」[*9] 彼はそこで一瞬言葉を止め、こう言った。サンダーベイの「火薬庫」は暴発寸前ですよ、と。

フィドラー、カヴァナ、レナードのチーフらが、記者会見に集まった少数の報道記者らを相手に話をしている様子を、オンタリオ州政府の最高権力者らも、建物の至る所で有線テレビを通じて見ていた。州政府は、サンダーベイの問題を認識していた。オンタリオ州知事のキャスリーン・ウィンはこの状況について説明を受けており、彼女の記者会見で、オンタリオ州文民警察委員会が、サンダーベイ警察の監督役である警察委員会の活動を調査するために捜査官を任命すると発表した。しかし、地方自治体の管轄権のために、州はサンダーベイ警察を無視して連邦警察を派遣することはできない。連邦警察に捜査を引き継ぐ唯一の方法は、サンダーベイ警察が連邦警察に要請を行うしかない。

二〇一七年六月二三日、オンタリオ州検視長官のダーク・ハイア医師がこの事態に介入した。ハイアは検視官長として、オンタリオ州におけるすべての死亡調査の全責任を負う立場にある。つまり、彼はオンタリオ州のどのレベルの警察にも協力を求め、死亡捜査や検視を依頼することができる立場にある。彼はこの権限を利用して、ヨーク地域警察にタミー・キーヤシュとジョサイア・ベッグの死亡事件の捜査を依頼した。ニシナベ・アスキー警察とサンダーベイ警察もこれに協力するよう要請した。

ハイア長官は、ヨーク地域警察が「これまでにも複雑な死亡捜査を遂行してきたので、死亡事件についての新しい見方を示してくれるだろう」と期待した。ヨーク地方警察は、一五二九人の警官を雇用し、カナダで最も多様で最も急成長している地域の一つであるトロントの北に隣接するヨーク地域の一一三万人にサービスを提供している組織である。

これはアルヴィンが期待していた結果ではなかったが、多少の希望は繋がった。

「命を落とした七つの羽根」についての八ヶ月にわたる審問を経て、一四五項目の勧告が発表された二〇一六年六月二八日から、一年以上が経過した。

一部に改善の兆しが見られる。

サンダーベイ市は、河岸沿いで問題視されてきた地域の安全調査を実施した。調査を担当したコンサルタントは、監視カメラの設置を進言しているが、一年たった今も、どのような具体策をとるべきか議論が続いている。

二〇一六年の秋以降、サンダーベイ警察は川の近くの問題のある地域やレクリエーションのトレイルで、毎日、パトロールを実施するようになった。

サンダーベイ警察はまた、マタワ学習センター、DFC高校、キーウェイティヌック・オキマカナック（KO）協議会、NNECと協力して、行方不明者が出た場合の手続きやオンコール・ワーカーの連絡先情報の共有化を行なっていると述べている。警察は、サンダーベイの学校に通う北部地域出身の先住民の生徒全員に関する特性や識別要素リストを要求しているという。

ニシナベ・アスキー・ネイション（NAN）は、許す限りの能力を駆使して、彼らに提示された二五の調査勧告に取り組んだ。若者のリーダーシッププログラムを立ち上げようと準備が進んでいる。一〇代の若者自身が運営する、夏、夜、週末の活動を支援しようという試みだ。現在、資金が承認されるのを待っているところだ。また、定員を理由に希望する生徒が高校のプログラムを利用できないことがあってはならない、と考えている。しかし、先住民の子どもたちに対する公平な資金が確保されなければ、勧告の多くが実際に実施されるのは難しい。そしてNANの指導者たちは、カナダ人権法廷の判決に従おうとしないカナダ政府の態度に、疑問を抱かずにはいられないでいる。シンディ・ブラックストックや一六万三千人の先住民族の子ども同様、NANもカナダ政府の行動を待ち続けている。

「私たちにできる限りのことはした。これ以上は制限があり動けない。」とNAN副チーフのアン・ベティ・アチニーピネシカムが言う。「カナダ政府、オンタリオ政府が無数の問題に対処すると言う政治的意思が必要です。管轄権の曖昧さについて、「ジョーダンの原則」の完全な履行についてもそうです。改善しうると楽観的に考えたいところですが、それまでの間、若者の安全を守るために、私たちの力でできることは何でもする覚悟ですよ。」[*11]

この本を執筆している時点で、NANグランドチーフのアルヴィン・フィドラーは建築家を確保し資金獲得に奔走している。ゴードン・ダウニー&チャーニー・ウェンジャック基金を含む公的資金や民間や個人からの寄付など、あらゆる方面に支援を求めている。と言うのは、サンダーベイの高校に通う北部地域出身の子どもたちが安心して暮らせる学生寮を建設しようと計画しているのだ。

「カナダ中の人々が協力してくれるといいのだが。」とアルヴィンは言う。数日のうちに、学生寮建設について話し合うために彼はオタワに行くことになっていた。

しかし、カナダ政府は依然として、教育、医療、社会サービスに公平な資金を提供するという人権法廷の判決を拒否している。五月二六日、人権法廷は連邦政府が当初の二〇一六年一月の判決に従わなかったことを強く非難し、一二歳のワペケカ・ファースト・ネイションの少女、ジョリン・ウィンターとチャンテル・フォックスの自殺を防ぐ機会を逸したと述べた。オンタリオ州北部の遠隔地コミュニティで若者の自殺が連続して発生した際、ワペケカはカナダ政府に緊急のメンタルケアを提供するための予算を要請したが、却下されていた。六月末、連邦政府は人権法廷判決の司法的「再検討」を提出しており、特に次の二点について判決の破棄を求めていた。一つは、サービスの要請は一二時間から四八時間以内に処理されること、二つ目に、そのような要請は医療専門家による症例会議なしで処理されることをあげていた。彼らはシンディ・ブラックストックと先住民族の子ども・家族支援協会を相手取って、連邦裁判所で争う準備をしていた。

アルヴィンには一刻の猶予もない。新入生は九月に学校へやってくる。二〇一七年七月の最初の週に、

NANでは指導部と緊急会議を開き、現在コミュニティが直面するあらゆる危機について話し合う予定でいる。新しいDFC学生寮の建設を含め、すべてがテーブルの上にある。子どもたちのために仮設住宅でもすぐに建設するよう提案する人もいる。一〇年以上前の教育報告書が示唆していたように、生徒が九年生と一〇年生の間はホームコミュニティにとどめておくべきかどうか、あるいはNANの子どもを受け入れるためにドライデン、ケローナ、イグナースにある公立教育委員会と取り決めをすべきかどうかについても議論することになる。

「こんな会議を望んでいるわけじゃないんだ。」とアルヴィンは私に言った。「しかし、現在の状況を考慮すると、しなければならないことだ。親たちは、子どもたちをサンダーベイに送ることを強制されるべきではないからね。[*12]」。

アルヴィンはサンダーベイのNANの事務所で、六月下旬の会議を準備していた。カナダ・デーの祝日が七月一日に迫っており、国をあげて建国一五〇周年の祝祭が準備されている。アルヴィンにとっては、カナダ・デーは過去を振り返る日となるだろう。彼は家族とともに、条約第三号合同協議会で開催されるパウワウに参加する予定でいる。彼は、近隣の全てのファースト・ネイションズ（先住民族国家）の人々とともに踊りの輪の中にに立ち、目の前にいる子どもたちのことについて考えを巡らすことになるのだろう。子どもたちが纏う美しいジングル・ドレス、明るい色のリボンスカートにシャツ、飾りの羽根。この子たちの未来、そして彼らが確実に最後の予言である第八の火にたどり着けるようにするために、彼は何ができるだろうか考えるのだろう。入植者と先住民は、一体となって平和を保ちながら前進できるのだろうか？　アルヴィンは、植民地時代の過去がいずれ克服されること、そして、私たちがカナダと呼ぶ国の善き未来ために、アニシナベ民族が力強く立ち上がる日が訪れることに一縷の望みを抱いている。

謝辞

感謝を伝えたい人たちが大勢います。多くの助けを借りてこの本を世に送り出すことになりました。事実や正確さに欠ける点があるとすれば、それは私の責任によるものです。

ニシナベ・アスキー・ネイションのグランドチーフであるアルヴィン・フィドラー、テサ・フィドラーの支援がなければ、この本が陽の目を見ることはなかったでしょう。アルヴィン、そしてテサ、二人の記憶が民族の教えと故郷への扉を開いてくれたのです。お二人は、広大な北部地域に暮らす、すべての先住民族に公正、正義、そして真実を伝えようと人生を捧げてきました。皆にとっての模範であり、どんな時にも時間を割いてくださったことに感謝します。副グランドチーフのアナ・ベティ・アチニーピネシカム、あなたの賢明な言葉にどれほど助けられたことか。ありがとうございます。

「七つの羽根」の家族の皆さん、私の唯一の希望は、子どもたちの永遠の記憶に名誉をもたらし、彼らの人生が決して忘れられないようにすることです。皆さんの賛同がなければ、この本に参加してくれなかったら、彼らの物語を紡ぐことは不可能でした。チ・ミグウッチ、「七つの羽根」の物語を共有してくれてありがとうございます。

ドーラ・モリス、あなたの強さ、雄弁さ、そしてインスピレーション。深夜のコーヒーと対話に感謝します。バニース・ジェイコブ、数え切れないほどの電話に出て、ただ話を聞いてくれてありがとう。

パール・アチニーピネシカム、あなたに会えたことを心から感謝します。あなたの共感力と聡明さ、そして美しい心が語る言葉が、この本を形づくる際の指針となりました。デイジー・マンロー、賢明な言葉と、私が学校に突然姿を現した時でも、いつも話を聞いてくれたことに感謝します。エルダーのサム・アチニーピネシカムへ、あなたの自身の物語、そして北部地域の民族の物語を、忍耐強く語り続けてくれましたね。ドナルド・オーガー氏の本を紹介してくださり、ありがとう。読まなくてはならない本でした。また、いつでもミルクと砂糖がたっぷり入ったトリプルコーヒーをご馳走します。

マリアンヌ・パナチーズ、いつも電話の向こう側にいてくれましたね。私を自宅に招き、妹のサラ・スカンクのことを話してくれてました。ありがとうございます。いつか彼女が見つかり、心休まる日が訪れることを願っています。メリッサ・ベッキー、私を正しい方向に導いてくれました。あなたは、ミシュキーゴガマンに欠かせない人です。

ティナ・ハーパー、あなたの気高さ、静かな強さ、そして愛は感動的すらあります。時間を惜しむことなく、ロビンのことを話してくれてありがとう。

リッキー・ストラング、あなたは、まだ幼かった頃の最も辛かった瞬間を私に語ってくれました。弟レジーの記憶を救ったのはあなたです。そして弟を尊敬するあなたの元に、息子のレジーがやってきてくれたのだと思います。次のパスタディナーを楽しみにしています。ローダ・キング、あなたの疑問を問うという強い決意が、審問の実現に結びつきました。

クリスチャン・モリソー、あなたの才能に心から畏敬の念を抱いています。絶え間なく、叙情的な思考の流れの中で考えるあなたの言葉は、常に深い意味に溢れています。あなたは真の芸術家であり、素晴らしい父親です。カイルの話を語ってくれてありがとう。また、この本の表紙を飾る絵と、タイトルにインスピレーションを与えてくれたことに特別の感謝を捧げます。ロビー・カケガミック、カイルのブレイクダンスの話、ありがとう。

ノーマ・ケジック、あなたはこの本を縫い合わせた針と糸でした。多くの人にとって頼りになる強さであり続けてください。私を受け入れ、大切な話を聞かせてくれたこと、心から尊敬しています。

シャウォン・ウェイビー、そしてダリル・カケカヤッシュ、勇敢に恐れることなく話を聞かせてくれました。何かを変えたいというその一心で。ミグウッチ。ジェームズ・ベンソン、あなたはコランの親友でした、話を共有してくれてありがとう。

エルダーのトーマス・ホワイト、無数の写真と本が詰まった大きな黒いケースをどこから見ていくべきか、適切なヒントをくださり感謝します。

私が、シンディ・ブラックストックに初めて会ったのは、六年前、彼女がフォート・ウィリアム・ファースト・ネイションの教育会議で講演した時のことでした。それがきっかけとなり、私は目の前の不平等に目を向けることになったのです。ブラックストックは先住民族の子どもの人権を強く訴える人物であり、その重要性は歴史が証明することになるでしょう。彼女と知り合えたことを光栄に思います。カナダには、シンディ・ブラックストックのような人々がもっと必要でしょう。彼女は敵対する相手では決してなく、抱き込んで活かしていくべき人物です。すでに引退された元最高裁判事フランク・ヤコブチ、あなたの報告書「オンタリオ州陪審制度におけるファースト・ネイションズ（先住民国家）の代表制」は大きな転換点をもたらしてくれました。また、豊かな実務経験を教えてくださり、ありがとうございます。C

BCのレポーターのジョディ・ポーター、あなたが取り組んだ北部地域の社会問題や審問に関する報道は、公共サービスとしてのジャーナリズムはどうあるべきかを示す最良の例でした。

オンタリオ州検事局およびサンダーベイ警察にも、感謝の意を表します。

シャンテル・ブライソンの支援、知識、そして傾聴なしには、この本を完成することはできなかったと言っても過言ではありません。シャンテル、いつも電話の向こう側にいてくれましたね。感謝したいことがありすぎて、どこから始めて良いかわからないほどなのです。でも、これだけは言っておかなくてはならないでしょう。あなたの直感、そして心はいつも正しい場所に働いているということ。熱き弁護士、同盟者であるあなたはこれからも地獄のような戦いを続けるでしょう。すべての子にとって、より良い世界をつくるために。オンタリオ州立青少年支援事務所、そして特にアーウィン・エルマンにも心から感謝します。共に戦い続けよう。子どもたちはあなた方を必要としているのだから。

ジョン・カットフィート、何度あなたに助けられたことか。私の質問に献身的に答えてくれてありがとう。北西部の遠く離れたところにいる友人よ、電話で話すことができて本当に感謝しています。

メガン・ダニエル、あなたのような人を見たことがありません。毎日、検視の瞬間を生き、呼吸し、感じているあなたが、勇気と名誉をもってニシナベ・アスキー・ネイションを代表してくれたこと。豊かな法知識と鷲の眼差しを持ってこの原稿に目を通していただけたこと、お礼の申し上げようもありません。

ジュリアン・ファルコナーとはすでに二〇年近くのお付き合いになります。彼がこの国の一人一人の人権を擁護し、改善しようとする情熱にはいつも驚かされます。ジュリアン、あなたは北部地域を発見し、それによって人生も変わったのではないでしょうか。北部地域にはそうした力があるように感じられます。サンダーベイに法律事務所を開設するというあなたの決断と、先住民族の問題に強い関心を寄せ続けてくれることに、私たち全員が感謝の気持ちを持っています。あなたはアニシナベの最高の闘士であり同盟者です。

マイケル・ハインツマン、私が締め切りに追われているとき、行き詰まったとき、誰かと話でもしてストレス発散が必要な時、いつも助けてくれました。いつもいろいろとありがとう。

クリスタ・ビッグ・カヌー、いろいろありがとう。あなたはこの旅の最初の訪問地でした。そして、審問が終わった後、あなたのトロントのオフィスでこの本を書くことについて相談したのでした。あなたはいつものように私の話に耳を傾け、正しい方向に導いてくれました。

イアン・アダムズ、私はあなたに会ったことがありません。一九六七年にマクリーン誌に投稿した記事は、先住民族の問題に誰も関心を持たなかった時代にあって、ジャーナリズムの驚くべき偉業でした。あなたのチャーニー・ウェンジャックに関する報道記事は草分け的存在であり、それがなければ、私たちがそれに続くことはなかったでしょう。

トロント・スター紙の記者室が、二〇年以上にわたって私のジャーナリズムの拠点でした。一九九五年に、インターンとしてドアを開けてから、後ろを振り返ることなく突き進んできました。スター紙は、キャリアのさまざまな段階で私を育ててくれ、この本の出版を支持してくれました。編集室はジョン・ホンダーリッチ編集長が、スタッフの仕事を常に信じて応援してくれます。ジョン、あなたは真実和解委員会の「行動指針勧告」を読んで、それを心に留めました。特に、メディアのあり方に関する八四から八六の項目を実行に移そうとしてくれています。リン・マコーリー、自分の声をどう利用すべきか私に教えてくれたのはあなたです。いつも私を信じてくれてありがとう。ジョンとコーリー、二人は私にとっての師であり友人です。マイケル・クック、あなたの日々の行動力、決して隠匿しない姿勢があったからこそ、スター紙は価値ある報道ができるのです。

親友のミシェル・シェパード、編集者ジェイニー・ユンを紹介してくれましたね。何年も前からとにかく書くようにと言い続けてくれました。それから、いつも笑いと愛とサポートをありがとう。ジム・ランキンも、ジェイニーを勧めてくれました。パティ・ウィンサ、コーヒーを飲みながら話を聞いてくれてありがとう。ジェニファー・クイン、カウチに座りながら笑いも忘れず提供してくれました。リタ・デイリー、愛を持ってこの作業を応援し続けてくれました。

この本は、ハウス・オブ・アナンシ出版の編集長、ジェイニー・ユンとの協働作業で生まれました。この本を完成させるためのビジョンを掲げてくれたジェイニー。彼女以上に知的で才能があり、協力的な編集者はいなかったでしょう。ゴールまでの道のりを正確に理解し、そしてその先にあるものさえ見据える能力に畏敬の念を抱いています。ハウス・オブ・アナンシ出版の代表、サラ・マクラクラン、あなたの信頼と支持がなければ、私たちはこの仕事を終えることはできなかったでしょう。

母シーラ・ヴァン・スライトマンの支援と愛がなかったら、この本を出版することはなかったでしょう。より善く生きることを常に信じる彼女は、この世には私たちの居場所があると信じて疑わない。母にとって家族はすべてであり、私が言う以上に犠牲を払って生きてきた女性です。

ウィリアム、息子よ、ようやく三ページ書き上げたことを褒めてくれるかしら。あなたは私の力、心の支え。私の美しい娘ナターシャ、愛情深く、興味に溢れ、我慢強いあなた。その可能性は無限です。あなたたち二人は、次の時代を担うのです。自分が誰であるかを忘れずに、あなたたち自身の物語を紡ぎ続けてください。

二〇一七年六月、トロントにて

訳者あとがき

本書は、Tanya Talaga, *Seven Fallen Feathers: Racism, Death, and Hard Truths in a Northern City* (House of Anansi Press, 2017) の全訳である。著者のタニヤ・タラガは、トロント・スター（カナダ国内で最大部数を誇る日刊紙）のジャーナリストとして二〇年以上の経歴を持つ。母方の祖母は本書の舞台でもあるフォート・ウィリアム・オジブウェ族であり、タラガは幼少期から何度もこの地を訪れていた。彼女が本書を執筆するきっかけは第一章に記されている。物語の舞台である広大なオンタリオ北部地域の先住民族コミュニティを束ねるニシナベ・アスキー・ネイション（四九のファースト・ネイション（先住民族国家）からなる自治連合）のグランドチーフを前に「私は彼の世界につながっているとも、いないとも言える立場だ」と告白する。本書は二つの世界につながる人物だったからこそ誕生した作品であると言える。調査報道記者でもあるタラガは、七人の先住民の若者たちが辿った生と死の軌跡を丹念にたどる。彼らの家族や先住民族の物語は、北の小さな都市の歴史に、植民地時代から今日に続く政策や制度上のレイシズム、先住民への人権侵害の縮図を鮮明に映し出す。本書は見知らぬ世界を旅する際の心強いガイドだ。稀代の語り部であるタラガは、遥か遠く離れた時空間を超えて、現代に生きる先住民族、家族から切り離されて暮らす子どもたちの日々の葛藤、それを取り巻く自然や社会の風景、そして家族たちが直面する現実を私たちの目前にリアルな「真実」として提示してくれる。本書がベストセラーとなり各賞を受賞、二〇一八年には名誉あるCBCマッシー・レクチャーの登壇者に選ばれ、本書に続く著作*All Our Relations: Finding The Path Forward* (House of Anansi Press, 2018) を携えて五都市での連続講演会が開催された。二〇二〇年には*Seven Truths*と題するオーディオブックが発表されている。本書の冒頭に記されたアニシナベ民族を導く七つの原則をモチーフに、本書の続きの物語を彼女自身が語る。Truth-teller（真実の語り部）にとっていかに声が大切かがよくわかる作品だ。ご一聴をお勧めする。

本書には、暴力、性的被害、DV被害、家族の死を経験したことのある読者の中にはトラウマを呼び起こしかねない内容が含まれていることをはじめに記しておきたい。また、共感性疲労など悲惨な体験を見聞きすることによって被害者やその家族と同様のPTSD症状を示すこともありうる。そのような場合には、適切な専門家の支援を受けて欲しい。実際、カナダ国内でこうした過去の歴史・現代的課題を語り合い学ぶ際には、先住民コミュニティであればエルダー、学校などではスクールカウンセラーの同席が推奨されている。[*1] 読みながら感じる正直な気持ちを尊重しながら、時々、深呼吸をしながら読んでほしい。そして、心から安心できると感じる場所で、思いを語り共有してほしい。

本書が出版されたカナダの社会背景について、訳者個人の経験も含めて触れておきたい。本書が出版された二〇一七年は、トランプ大統領の就任式で幕を開けた。隣国の大統領が醜悪な女性蔑視、人種差別的な発言を繰り返すたびに、カナダ人でよかったと心なでおろす一方、不穏な空気を誰もが感じていた。その年の七月、カナダは建国百五〇年を迎えた。国づくりの正義を語り、未来を展望する様々な記念祝典が全国各地で催された。しかし、そのお祝いムードは抑制されたものであった。「略奪の百五〇年」のプラカードを掲げ、集会やデモ行進を続ける先住民族や支援者たちが全国各地に拡がっていたからである。

こうした動きには伏線があった。二〇一二年の年の瀬、ある法案が連邦議会上院で可決した。「C-45：雇用と成長」と呼ばれるこの法案には、先住民居留地の土地売却に関する規制緩和、膨大な数の淡水湖や河川などの水資源を保全対象から除外するなどの内容が含まれていた。[*2] C-45法はカナダの天然資源産業の発展のためと謳われていたが、先住民族にとっては水を含む天然資源の宝庫である彼らのテリトリーを、カナダ政府が多国籍企業に開放することに他ならない。さらに、「土地と水の守り人たらん」という先住民族の法（Indigenous Laws）を無視し、カナダ政府が土地や水に関する意思決定を行うことは、先住民族からしてみれば明らかな「条約違反」であり「憲法違反」だ。審議期間中に、複数のファースト・ネイションズ（先住民族国家）のチーフらが議事堂を直接訪問し抗議しようとするが、守衛と押し問答の末、建物から排除されていた。法案可決の数日前、連邦議事堂前で抵抗する一人の女性もいた。アッタワピスカット・ファースト・ネイションのチーフ・テレサ・スペンスだった。彼女の民族が置かれている生活環境の改善が一向に進まぬことに業を煮やし、首都でハンガーストライキに入った。チーフ・スペンスによる「食事も取らず死に向かう」ハンストは、居留地にいようが都市部で暮らそうが、大多数の先住民が置かれている「過去と現在」の象徴だった。こうしたニュースをマスメディアが追うことはなかったが、先住民らはTwitterを強力なツールとしてこれを拡散した。彼女の行動と共鳴するように、全国各地でデモ行進や都市部の大型ショッピングモールでのフラッシュモブ、道路封鎖の動きが広がり、その様子を捉えた映像は「#IdleNoMore」のハッシュタグと共にソーシャルメディアを通じて世界中に拡散した。雪の舞う一二月二一日、千人以上にのぼる先住民らがカナダ全土から結集し国会議事堂前を埋め尽くした映像も衝撃的だった。

サスカチュワン州の四人の女性たちによって始まったIdle No Moreと総じて呼ばれるこの運動は、二つの点で大きな意味を持つと考えられる。一つは、先住民族の中での「政治」（植民地支配後にカナダ国家によって規定された政治参加のあり様）と先住民一人ひとりの生活が、大きく乖離している実態が明らかになったことである。C-45法は「カナダ政府によるファースト・ネイションズ（先住民族国家）に対する宣戦布告」と捉えられた。複数のチーフらが国会議事堂を訪れたり、チーフ・スペンスによるハンストは抵抗の意思表示だ。ハーパー首相は事前にファースト・ネイションズ本会議（Assembly of First Nations, AFN）の一部の関係者らと会合を開き意見交換を行ったというが、それはAFNという団体の統一した意見でもなければ、AFNが先住民全てを代表する機関ではないという複雑な事情がある。[*3] カナダと対等な条約関係にあるはずのファースト・ネイションズ（先住民族国家）のチーフの中には、カナダの国家元首である英国のエリザベス女王（その代理人としての英国総督）並びにハーパー首相が、条約相手国であるすべての先住民族国家と面会し法改正に合意するのが筋だ、と訴える声も少なくない。また、カナダ政府との交渉にあたる先住民自治組織（バンド）は男性チーフを中心に構成されることが多く、民主的選挙で選ばれたリーダーとは言えカナダ政府が配分する行政予算の受託事務役に過ぎない。先住民の生活者はそのサービスの受益者であり、主権者たらんとする積極的な政治に参加する機会も少なくなる。それは、略奪と文化的虐殺という植民地支配の直接的な結果であるとともに、同化政策によって植民地主義のメンタリティーが被植民者の間にも染み渡っていることの証左でもある。先住民族の社会では、土地や水は、伝統的に女性の責任によって守られてきた。西欧型の男性を中心とした政治体制によって抑圧されてきた女性の力、チーフといった肩書きがなくとも先住民一人ひとりが声をあげるべきであり、あげることができるという内省と気づきがIdle No More運動の原動力にもなった。もう一つは、Idle No Moreの運動に非先住民のカナダ人がAlly（同盟者）として多く参加するようになったことだ。特に、社会から抑圧を受けてきた人々による連帯の運動として、女性や若い世代の参加は目覚しい。また、今日の物質的な豊かさの犠牲となってきた地球環境に対する人々の連帯の運動（アメリカとカナダで建設が進む石油パイプラインへの反対運動）とも連動する。[*4] 二〇二〇年の世界的なコロナパンデミックの最中に起こった黒人差別に対する抗議運動Black Lives Matterは、カナダ全土での警察権への抗議運動Defund the Police[*5]となり展開した。抑圧に声をあげ連帯する草の根運動は、Idle No More 2.0[*6]としてアップデートされている。こうした動きを通じて、カナダ国内に「二つの世界」が存在することは常識となった。もちろん、伝統的な世界観に忠実に生きる先住民から、歴史修正主義を纏ったナショナリストまでグラデーションはある。そして、Idle No More運動や本書に代表される作品が広がることによって、この「二つの世界」は切り分けられるものでも、どちらかを選択するものでもないことに気づかされる様になったのだ。複雑に絡み合った糸を解きほぐすことは容易ではない。しかし、幾重にも書き換えられてきた「真実」を知る努力を一人ひとりが始めるしかない。

民族浄化政策として一八八〇年代に始まったインディアン寄宿学校は全国に百三〇校、のべ一五万人もの先住民の子どもが強制的に入学させられてきた。身体的・性的虐待が横行し、学校生活の中で命を落とした子どもも多数いる事実が後に判明している。最後の学校が閉校されたのは一九九六年である。二〇〇八年六月、カナダ政府は「真実和解委員会(Truth and Reconciliation Commission, TRC)」を設置し、インディアン寄宿学校制度の実態を詳細に調査することを決定、寄宿学校のサバイバーに対しても正式な謝罪と補償を発表した。二〇一五年に発表されたTRCの最終調査報告書では、莫大な数の証言が公開された。一世紀以上の長きに渡り、家族、部族の言語や文化と隔離され、入植者による矯正教育を受けてきた先住民の子どもたち。幼少期に根無し草となった彼らは、大きなトラウマを抱えて生きることを強いられた。都会では白人社会からの差別の眼差し、居留地においても、母語や習慣・儀式を知らないという自己喪失に直面する。青年期に失業が長期化すれば、ホームレス、アルコール・薬物依存、犯罪に手を染めることへとつながる。成人し、家族を持つことになっても、子ども時代に心身に刻まれたトラウマは、家庭崩壊やDV、児童虐待の形を通じて世代を超えて引き継がれる。一連の報告によって、世代を超えて続く悲劇の実態とその闇の深さを初めて知る国民も多かった。カナダの歴史教育[*7]では、移民が築いた国カナダ、近年ではその多文化主義が誇らしげに語られることはあっても、先住民族の文化や存在は博物館に展示される過去の遺物として扱われてきた。先住民族の土地を略奪し、巧妙な法制度によって先住民文化を抹殺し西洋文化に書き換えてきた歴史を受け入れることは、国家の自己否定となるからだ。

本書で物語られる七人の若者は、実は、先住民族が自前で設立した先住民のための教育機関（高等学校）の生徒たちだった。ファースト・ネイション（先住民族国家）としての自己決定・自己統治による教育の再生は、一世紀以上にわたる民族浄化のトラウマを克服するための、極めて重要な一歩であったはずだ。しかし、十年間に七人の高校生が死亡するという悲劇が二一世紀にも続いている。大航海時代に始まる植民地主義が世界各地の先住民族にもたらした悲劇は否定しようのない事実だ。二〇世紀には経済支配としての新植民地主義システムがさらに強化された。入植者の子孫、あるいは私のような新規の移民として、私たちはこの社会システムに否応無く従う。社会のマイノリティが社会構造的な貧困や差別に苦しむことに無関心であったり、関心はあっても変革には無力だと装うのは、自分が排除されないための自衛本能であるとともに、現代のシステムを維持し強化する効果的な方法だからだ。ポーランド系移民、そして先住民族の血を引く著者タラガは、無意識を装って「意識的に」隠蔽してきた私自身のありようを見事に暴露する。本書は、カナダの特殊事情を語りながらも、世界中の（特に先進諸国と呼ばれる国々）人々に不穏な社会の空気の背景を明瞭に伝えている。私はカナダに移住して一〇年の月日が経つが、本書を読みながら日本の状況についても腑に落ちることが多くあった。

明治以降の近代化政策（欧化政策）、帝国主義への羨望が導いた東アジアでの植民地建設、太平洋戦争。戦後は、アメリカによる占領を経て同盟国の一員として新植民地主義システムに組み込まれていった日本。めでたく先進諸国の仲間入りを果たしたが、今日、法制度や社会システムのあちこちに亀裂が生じている。二〇一九年二月、アイヌ民族を「先住民族」と初めて明記したアイヌ新法が成立した。伝統的なサケ漁法を認め、差別を禁止し、総合的な生活福祉の向上を図るとされるが、土地に関する権利に触れられていないこと、アイヌ文化を観光資源として活用する振興策に対して、アイヌ民族らから批判や落胆の声が出ている。日本の安全保障との大義の下に、過剰な基地負担を強いられてきた沖縄では、民主主義のルールに従い示した新基地建設反対という沖縄の民意が繰り返し無視されている。福島では原発事故が収束の見通しも立たぬまま避難者への支援が打ち切られるも、国のグリーン成長戦略の名の下に原発再稼働の動きは衰えていない。拡大する子どもや高齢者の貧困問題。女性だけでなく男性も含めて広がる非正規雇用の不安定さは二〇二〇年のコロナ禍で加速度を増す。劣悪な労働条件・環境への改善策が講じられないまま外国人労働者の受け入れを拡大する「改正入管法」。政府は、法治国家としての政策や制度を整えマイノリティを擁護する態度を示すが、実態として社会的少数者や弱者が増えてゆく現実。路上やネット上に溢れかえる弱者叩き、特定民族に向けられたヘイトスピーチが公道で行われ、公的立場にある行政や組織のトップによる女性蔑視発言など、可視化されればされるほど、私は排除されたくないという無意識によって、人々は無理のある法案や国の事業にも無言を装うようになるのだろう。

カナダに暮らす移民マイノリティとして、日本から届く醜悪なレイシズムのニュースには「明日は我が身」と敏感になる。しかし一方で、「移民には寛容」なカナダで暮らす私は、先住民族の暮らしを抑圧し続けている事実を否定できない。差別ではなく、異なることを尊重することは可能なのか。カナダで生まれた子どもが一〇歳になり、学校で地理や歴史などを学び始めた（先住民の歴史を含む改訂社会科）のと並行して本書が呼び水となり、私もようやく「Unlearning（学び直し）」の入り口に立っている。子どもたちが学び始めるのとは違って、すでにある世界を自分の頭で理解してきた大人たちは、この学び直しのプロセスが欠かせない。TRC報告には九四項目に及ぶ行動指針（Call to Action）が含まれる。行動指針に従い実践の責任を負う分野は、法律、行政、大学、教育、医療、ビジネス、アートやスポーツ界、教会、メディア・出版界と多岐にわたる。そのためには、多少の時間を有するが、本書巻末に参考資料を付したので、書籍、ドキュメンタリー映画、オンライン講座、興味のあるところから始めていただきたい。また、本書に登場したファースト・ネイション（先住民族国家）のウェブサイトなどを覗いて見て欲しい。二〇二〇年のコロナ禍で、コミュニティ内での情報のやり取りのデジタル化は加速している。

こうした学び直しの最前線、日々子どもたちの学びに携わる学校教員らの努力や葛藤は涙ぐましいものがある。残念なことに、教育学部始め大学に先住民出身の研究者が圧倒的に少ない。しかし、大学など高等教育・研究機関の中に「先住民族の教育学・教授法」を掲げた学科や学部が確実に増え、先住民出身の学生や、こうした教育学を身につけた非先住民の学生が世に出始めている。彼らがまず向かうべき先は、先住民族が運営する先住民のための学校であるべきだが、その数が十分でないことは容易に想像がつく。さらに、居留地を離れ都市部に暮らしている先住民の数は増加傾向にある。オンタリオ州ではその数は六三％にもなる。[*8] その子どもたちの多くが通うのは地域の公立学校だ。各教育委員会の取り組みにも温度差はあるものの、オンタリオ州の教員資格を持った先住民出身の教員の採用（他の教員をリードする）や地域に近い先住民コミュニティからエルダーを迎い入れ、教員指導やプログラム指導を積極的に進めている。「先住民の歴史や文化」を学ぶだけでなく、彼らの「学び方を学ぶ」ことが重要とされている。学校の現場では戸惑いも多い。先生も生徒もなく皆でともに学ぶしかないのが現状だ。しかし、これは決して悪いことではない。というのも、「先住民族の教育学」では「その人が学ぶべきタイミングで失敗を経験しながら学ぶ」ことを大切にしているからだ。また、このコロナ禍の中で教室内での密を避けるため「野外教室」が推奨されるようになった。先住民族の教育学のもう一つの重要な柱である「自然が学びの教室であり教師である（Indigenous Land Based Education）」という価値観に基づいたカリキュラムの実践は教員らのセミナーでも二〇二〇年夏のホットなトピックとなった。先住民族の教育係であるエルダーの役割は、学ぶ者に安全な場所を提供し導くことにある。子どもたちは車座に座り、Talking Feather/Stick と呼ばれる鷲の羽根の使い方から学んでいく。先住民族ごとに細かなプロトコルは異なるが、輪の中にいる一人一人に羽根が回され、羽根を手にした者は「真実」を語ること、そして羽根を手にした者の声を決して妨げてはならない、というルールは共通だ。

原題の Seven Fallen Feathers、そして表紙の絵は、本書で語られる七人の若者の一人、カイル・モリソーの父、クリスチャン・モリソーの作品だ。この作品にまつわるストーリーは第十章に記されている。タイトルの「羽根」は先住民のシンボルであるだけではない。本書に登場する先住民族自身の中にも「羽根を手にしていた若者」の声を聞くことをおろそかにしてしまったという自戒が強く込められている様に思う。生きたい様に生きることができなかった七人の若者は、「羽根」を手にして私たち読者に何を語ろうとしているのか。端的に言えば、レイシズムは人の命を奪い、構造的差別は社会そのものの壊死に繋がるというメッセージだろう。そして、彼らの生き様や悲惨な死という物語を読み終えたのち、それでも心の中に小さな火が灯るのを感じるのではないだろうか。物語るという行為は多くの先住民族の文化の中で、伝統と法の教えを伝える手段であり、また人生の困難に際しては治癒の効果を持つ。多くの日本人の読者に、希望の火種が届くことを期待したい。

最後に、本書の邦訳を快諾いただいたタニヤ・タラガさんに感謝します。多くの読者同様、本書は私にとって、社会に対する不満や不安を自らの内省へと振り向けるスイッチとなった。そして、この本を紹介してくれた友人のケリー・マラクルさん。Kanien'kehá:ka（モホーク族）の教育者でもある彼女は、地元教育委員会の中で先住民の高校生たちのための特別カリキュラム、リバー・プログラムを牽引している（教育のIndigenization）。彼女のはるか後方で、右往左往しながらもDecolonizing Myself（私自身の脱植民地化）の道のりを進んでいきたい。カナダ国内でも理解が十分ではない先住民に対するレイシズムの問題を、日本の読者にどう伝えるべきか、様々な知恵と適切な指示をもって導いてくださった青土社の篠原一平さんに、この場を借りて感謝申し上げます。

二〇二一年四月

Kawehnóhkwes tsi kawè:note（モホーク語で長い島）
オンタリオ州ウォーフアイランドと呼ばれる島にて

村上佳代

巻末註

オンライン資料は、特に記載がないものは二〇二一年一一月二五日にアクセスを最終確認。

日本語版序文

＊1　OIPRD (2018) Broken Trust: Indigenous People and the Thunder Bay Police Service. http://oiprd.on.ca/wp-content/uploads/OIPRD-BrokenTrust-Final-Accessible-E.pdf https://www.theglobeandmail.com/opinion/article-rcmp-commissioner-brenda-lucki-must-go/

＊2　https://www.theglobeandmail.com/opinion/article-rcmp-commissioner-brenda-lucki-must-go/

プロローグ

＊1　Scott A. Sumner. 〝New under Bay City Hall Makes a Positive Impression!,〟 *under Bay Business*, http://www.thunderbaybusiness.ca/article/new-thunder-bay-city-hall-makes-a-positive-impression-268.asp

＊2　Thunder Bay history: https://www.thunderbay.ca/en/city-hall/history-of-thunder-bay.aspx

＊3　Port of under Bay: https://www.portofthunderbay.ca/facilities/

＊4　National Truth and Reconciliation Commission, Public Archives of Canada (Indian Affairs School Files). Constable D. Andersen, *RCMP Report: Patrol to Savanne IR — Assistance to Department of Indian Affairs*, October 27, 1930, http://nctr.ca/RBS_PDFS/SCHOOL_SERIES/ON/c-7930-00785-00814.pdf

第1章

＊1　Description of Nishnawbe Aski Nation: https://www.nan.ca/about/history/

＊2　Description of Assembly of First Nations across Canada: http://www.afn.ca/about-afn/

＊3　Teaching of the Seven Fires Prophecy: http://www.wabanaki.com/wabanaki_new/Seven_Fires_Prophecy.html

＊4　Ibid.

＊5　2016 Thunder Bay Census Profile: http://www.thunderbay.ca/ CEDC/Reports_and_Publications/Community_Profile_Facts_and_Statistics/Demographics.htm.

＊6　James Murray. "Stats Canada — Aboriginal Population of under Bay Projected 15% by 2031," *Net News Ledger*, December 9, 2011, http://www.netnewsledger.com/2011/12/09/stats-canada-aboriginal-population-of-thunder-bay-projected-15-by-2031/.

＊7　Jody Porter. "Ten First Nations with More an Ten Years of Bad Water," *CBC News*, September 8, 2014, https://www.cbc.ca/news/canada/thunder-bay/10-rst-nations-with-more-than-10-years-of-bad-water-1.2755728.

＊8　Inquest exhibit: *Regional Education Strategic Plan 2015–2020*, Matawa First Nations, Advancing Education Excellence for All People in Matawa First Nations, p. 13.

＊9　"Former Girlfriend, Mother Testify as Life of Jordan

Wabasse Examined at Student Inquest," *TBNewsWatch*, January 15, 2016, https://www.tbnewswatch.com/local-news/former-girlfriend-mother-testify-as-life-of-jordan-wabasse-examined-at-student-inquest-404160.

＊10 Jody Porter. "First Nations Student Deaths Inquest," *CBC News Live*, January 21, 2016, http://live.cbc.ca/Event/First_Nations_Student_Deaths_Inquest?Page=23.

＊11 Inquest exhibit: Thunder Bay Police Service, Police Investigation Summary of Officers' Actions — Jordan Wabasse, p. 1.

＊12 Porter. "First Nations Student Deaths Inquest."

＊13 Ibid.

＊14 Inquest exhibit: Thunder Bay Police Service, Police Investigation Summary of Officers' Actions — Jordan Wabasse, p. 7.

＊15 Ibid., p. 13.

＊16 James Murray. "Help Find Jordan Wabasse Awareness Walk — 500 km," *Net News Ledger*, March 7, 2011, http://www.netnewsledger.com/2011/03/07/help-find-jordan-wabasse-awareness-walk-500-km/.

＊17 Porter. "First Nations Student Deaths Inquest."

＊18 Ibid.

＊19 Inquest exhibit: Thunder Bay Police Service, Police Investigation Summary of Officers Actions — Jordan Wabasse, p. 16.

＊20 Ibid., p. 20.

＊21 Brandon Walker. "Body Recovered in Kam River," Thunder Bay *Chronicle Journal*, May 11, 2011, https://www.chroniclejournal.com/body-recovered-in-kam-river/article_3fa931de-1090-526d-8085-8753db8bd5b6.html.

＊22 Ibid.

＊23 "Former Girlfriend, Mother Testify."

＊24 Inquest exhibit: Thunder Bay Police Service, Police Investigation Summary of Officers Actions — Jordan Wabasse, p. 22.

＊25 著者によるシャンテル・ブライソン弁護士へのインタビュー（二〇一七年五月）. Porter, Jody. "First Nations Student Deaths Inquest," *CBC News Live*, January 20, 2016, http://live.cbc.ca/Event/First_Nations_Student_Deaths_Inquest?Page=24.

＊26 シャンテル・ブライソン弁護士へのインタビュー（二〇一七年五月）

＊27 Inquest exhibit: Thunder Bay Police Service, Police Investigation Summary of Officers' Actions — Jordan Wabasse, p. 25.

＊28 Inquest exhibit: Post-Mortem Report redacted, Jordan Wabasse, August 24, 2011, p. 4.

第11章

＊1 Robert J. Surtees. *The Robinson Treaties (1850)*. Treaties and Historical Research, Indian and Northern A airs Canada, 1986, https://www.rcaanc-cirnac.gc.ca/eng/1100100028974/1564412549270.

＊2 Ibid.

＊3 *Treaties Texts — Ojibewa Indians of Lake Superior*, Indigenous and Northern Affairs Canada, https://www.rcaanc-cirnac.gc.ca/eng/1100100028978/1581293296351.

*4 Bob Joseph. "Indian Act and the Right to Vote," *Working Effectively with Indigenous People*, August 10, 2012, https://www.ictinc.ca/indian-act-and-the-right-to-vote.

*5 "Canada and South Africa Share a Dark Past," Radio Canada International, http://www.rcinet.ca/english/archives/column/ the-link-africa/TruthandReconciliationCanada SouthAfrica ResidentialSchoolsAbuses/.

*6 Truth and Reconciliation Commission of Canada. *Honouring the Truth, Reconciling the Future: Summary of the Final Report of the Truth and Reconciliation Commission of Canada*, p. 2, http://www.trc.ca/assets/pdf/Honouring_the_Truth_Reconciling_for_the_Future_July_23_2015.pdf.

*7 Ibid., p. 5.

*8 Donald J. Auger. *Indian Residential Schools in Ontario*. Nishnawbe Aski Nation and the Aboriginal Healing Foundation, 2010, p. 28.

*9 Truth and Reconciliation Commission of Canada. *Honouring the Truth, Reconciling the Future*, p. 3, http://www.trc.ca/assets/pdf/Honouring_the_Truth_Reconciling_for_the_Future_July_23_2015.pdf.

*10 Truth and Reconciliation Commission of Canada. Map of the schools identified by the Indian Residential School Settlement Agreement: http://www.trc.ca/assets/pdf/2039_T&R_map_nov2011_final.pdf.

*11 Auger. *Indian Residential Schools in Ontario*, p. 21.

*12 National Centre for Truth and Reconciliation, Fort William Indian Residential School archives, Letter from J. D. McLean, assistant deputy and secretary of Indian A airs, March 12, 1927.

*13 Auger. *Indian Residential Schools in Ontario*, p. 30.

*14 Ibid., p. 22.

*15 Ibid., p. 24.

*16 Ibid., p. 24.

*17 "Number of Indian Residential School Student Deaths May Never Be Known: TRC," APTN National News, June 2, 2015, https://www.aptnnews.ca/national-news/number-indian-residential-school-student-deaths-may-never-known-trc/.

*18 Janet Carruthers. Foreword, *Tweedsmuir Community History Book*. Ja ray Women's Institute, 1945. Kenora Library article.

*19 Auger. *Indian Residential Schools in Ontario*, p. 65.

*20 Ibid., p. 65.

*21 Ibid., p. 70.

*22 Ibid., p. 66.

*23 Ibid., p. 70.

*24 Ibid., p. 70.

*25 Ibid., p. 33.

*26 Ibid., p. 70.

*27 Ian Mosby, interviewed on *As It Happens*, CBC Radio, July 16, 2013, https://www.cbc.ca/radio/asithappens/wednesday-aboriginal-experiments-zetas-cartel-leader-obit-don-smith-1.2941800/food-historian-discovers-federal-government-experimented-on-aboriginal-children-during-and-after-wwii-1.2941801.

*28 Auger. *Indian Residential Schools in Ontario*, p. 74.

*29 Carruthers. Foreword, *Tweedsmuir Community History*

Book. Kenora Library article.

＊30　著者によるパール・アチニーピネシカムへのインタビュー（二〇一六年八月）。

＊31　Ibid.

＊32　Auger. *Indian Residential Schools in Ontario*, p. 73.

＊33　Truth and Reconciliation Commission of Canada. *Honouring the Truth, Reconciling the Future*, p. 105.

＊34　Ibid., p. 106.

＊35　Ian Adams. "The Lonely Death of Chanie Wenjack," *Maclean's*, February 1, 1967, https://www.macleans.ca/society/the-lonely-death-of-chanie-wenjack/.

＊36　Ibid.

＊37　Ibid.

＊38　Ibid.

＊39　*Coroner's Investigation Report of Charles (Chanie) Wenjack*, http:// https://www.cbc.ca/thunderbay/interactives/dyingforaneducation/docs/charles_1966_5308.pdf.

＊40　Daisy Munro, interview with the author, September 2016.

＊41　Verdict of Coroner's Jury in death of Chanie Wenjack, November 17, 1966, https://www.cbc.ca/thunderbay/interactives/dyingforaneducation/docs/charles_1966_5308.pdf.

＊42　Ibid.

＊43　43. Adams. "The Lonely Death of Chanie Wenjack."

＊44　Brian Kelly. "School Survivor Forgives Assailant," *Sault Star*, August 5, 2012, http://archives.algomau.ca/main/sites/default/files/2014-078_001_017.pdf

＊45　Adams. "The Lonely Death of Chanie Wenjack."

第三章

＊1　Truth and Reconciliation Commission of Canada. *Canada's Residential Schools: The History*, vol. 1, part 2, 1939 to 2000, p. 47, http://www.trc.ca/assets/pdf/Volume_1_History_Part_2_English_Web.pdf.

＊2　Ibid., p. 48.

＊3　Northern Nishnawbe Education Council (NNEC) Holistic Student Services Program Parent/Student Guidebook.

＊4　NNEC Student Services Manual, 2007, p. 29.

＊5　Dennis Franklin Cromarty (DFC) High School. "What Every Student Needs to Know," pp. 51-2.

＊6　アッタワピスカット・ファースト・ネイションのJ.R. Nakogee Schoolの状況の推移は以下を参照のこと。https://fncaringsociety.com/shannens-dream-timeline-and-documents.

＊7　Joanna Smith. "Bennett Stands by Promise to Remove 2-per-cent Funding Cap for On-Reserve Programs," *Toronto Star*, February 22, 2016, https://www.thestar.com/news/canada/2016/02/22/budget-to-remove-2-per-cent-funding-cap-for-on-reserve-programs-says-carolyn-bennett.html.

＊8　Truth and Reconciliation Commission of Canada. *Honouring the Truth, Reconciling the Future*, p. 148.

＊9　Ibid., p. 146.

＊10　Ibid., p. 148.

＊11　Paul Barnsley. "Auditor General Reports INAC Coming Up Short," *Windspeaker*, vol. 12, issue 1, 2004, https://ammsa.com/publications/alberta-sweetgrass/auditor-general-reports-inac-coming-short.

＊12　Tanya Talaga. "Thunder Bay High School Is Home Away

from Home for First Nations Students, Inquest Told," *Toronto Star*, October 7, 2015, https://www.thestar.com/news/canada/2015/10/07/thunder-bay-high-school-is-home-away-from-home-for-first-nations-students-inquest-told.html.

＊13 "'My Heart Shattered': Mother to Testify at First Nations Student Deaths Inquest," *CBC News*, November 3, 2015, https://www.cbc.ca/news/canada/thunder-bay/my-heart-shattered-mother-to-testify-at-first-nations-student-deaths-inquest-1.3300519.

＊14 Dianne Hiebert and Marj Henirichs, with the People of Big Trout. *We Are One with the Land: A History of Kitchenuhmaykoosib Inninuwug*. Kelowna, B.C.: Rosetta Projects, 2007, p. 19.

＊15 ドーラの記憶では、彼女はジェスロの行方不明を伝えるため二四時間以内にステラに電話を入れている。一方、ステラの証言によるとドーラが電話をしてきたのは二日後だと言う。"'My Heart Shattered': Mother to Testify at First Nations Student Deaths Inquest," CBC News, November 3, 2015, https://www.cbc.ca/news/canada/thunder-bay/my-heart-shattered-mother-to-testify-at-first-nations-student-deaths-inquest-1.3300519.

＊16 RCMP statistics on the 1,181 MMIWG: https://www.rcmp-grc.gc.ca/en/missing-and-murdered-aboriginal-women-national-operational-overview#sec3.

＊17 Andrew Bailey, David Bruser, Jim Rankin, Joanna Smith, Tanya Talaga, and Jennifer Wells. "Nearly Half of Murdered Indigenous Women Did Not Know or Barely Knew Killers *Star* Analysis Shows," *Toronto Star*, December 4, 2015, https://www.thestar.com/news/canada/2015/12/04/nearly-half-of-murdered-indigenous-women-did-not-know-killers-star-analysis-shows.html.

＊18 Jennifer Wells and Tanya Talaga. "No Rest, No Peace for Aboriginal Women Discarded by Killers," *Toronto Star*, December 5, 2015, https://www.thestar.com/news/canada/2015/12/05/no-rest-no-peace-for-aboriginal-women-discarded-by-killers.html.

＊19 Thunder Bay Police Media Release: https://www.falconers.ca/wp-content/uploads/2016/03/034-Thunder-Bay-Police-Media-Release-11NOV00.pdf.

＊20 Inquest exhibit: Bob Pearce, *Final Report for NNEC Board*, May 2001, p. 8.

＊21 Inquest exhibit: Garnet Angeconeb, "Seeking Solutions," In-School Program at the Dennis Franklin Cromarty High School, July 2001, p. 5.

第四章

＊1 November 2004 Report of the Auditor General of Canada, https://www.oag-bvg.gc.ca/internet/English/parl_oag_200411_05_e_14909.html#ch5hd3a.

＊2 Inquest exhibit: Jerry Paquette, "Support, Safety and Responsibility: A Review of the Secondary Student Support Program of the NNEC," November 2004, p. 133.

＊3 Ibid.

＊4 Ibid.

＊5 NAN suicide statistics: https://www.thestar.com/opinion/editorials/2017/01/16/stop-the-tragic-suicides-on-reserveseditorial.html.

*6 Nishnawbe Aski Nation. "Backgrounder: Communities in Crisis," http://nan.sims.sencia.ca/upload/documents/backgrounder-communities-in-crisis.pdf.

*7 Ontario Ministry of the Solicitor General. "Verdict of Coroner's Jury" on the death of Selena Sakanee, https://www.fixcas.com/scholar/inquest/sakanee.pdf.

*8 "Aboriginal Youth Suicides Cascading," *TBNewsWatch*, June 30, 2015, https://www.tbnewswatch.com/local-news/aboriginal-youth-suicides-cascading-study-finds-401835.

*9 Raziye Akkoc. "2004 Boxing Day Tsunami Facts," *The Telegraph*, December 19, 2014.

*10 "Disaster Relief: Canada's Rapid Response Team," *CBC News*, rst posted January 13, 2010; updated March 14, 2011, https://www.cbc.ca/news/canada/disaster-relief-canada-s-rapid-response-team-1.866930.

*11 Ibid.

*12 White Feather Forest Initiative: https://www.whitefeatherforest.ca/stewardship/the-whitefeather-forest/.

*13 Ecology and Society: http://www.ecologyandsociety.org/vol18/iss3/art9/.

*14 Stephen Lambert. "Hope Returning to Pikangikum," *Toronto Star*, January 8, 2007, https://www.thestar.com/news/2007/01/08/hope_returning_to_pikangikum.html.

*15 Laura Eggertson. "Children as Young as Six Sniffing Gas in Pikangikum," *CMAJ*, vol. 186, no. 3. February 18, 2014, https://www.cmaj.ca/content/186/3/171?related-urls=yes&legid=cmaj;186/3/171.

*16 Office of the Chief Coroner (Ontario). *The Office of the Chief Coroner's Death Review of the Youth Suicides at the Pikangikum First Nation 2006–2008*, p. 15, http://www.mcscs.jus.gov.on.ca/english/DeathInvestigations/office_coroner/PublicationsandReports/PIK_report.html.

*17 Eggertson. "Children as Young as Six Sniffing Gas in Pikangikum."

*18 National Institute on Drug Abuse. *What Are the Short- and Long-Term Effects of Inhalant Use*, https://www.drugabuse.gov/publications/research-reports/inhalants/what-are-short-long-term-effects-inhalant-use.

*19 Christie Blatchford. "Hope and Sadness at an Aboriginal School So Unlike Any Other," *National Post*, October 8, 2015, https://nationalpost.com/opinion/christie-blatchford-hope-and-sadness-at-an-aboriginal-school-so-unlike-any-other.

*20 Inquest exhibit: Missing Persons Report, Curran Strang.

*21 Inquest exhibit: Extracts from NNEC Report on Curran Strang Incident, notes of Donna Fraser, Secondary Student Support Worker, September 26, 2005.

*22 Jody Porter. "Homicide Ruling Recommended in Death of First Nations Student in under Bay," *CBC News*, May 26, 2016, https://www.cbc.ca/news/canada/thunder-bay/homicide-first-nations-death-inquest-1.3600214.

*23 Inquest exhibit: Ontario Drowning Report 2015 Edition. http://www.lifesavingsociety.com/media/216840/98drowningreport2015ontario_web.pdf.

*24 "Fire Destroys Reserve's Only School, Sparks Support Movement," *CBC News*, July 24, 2007, https://www.cbc.ca/

news/canada/fire-destroys-reserve-s-only-school-sparks-support-movement-1.659874.

＊25 *The Office of the Chief Coroner's Death Review of the Youth Suicides at the Pikangikum First Nation 2006–2008*, p. 15.

＊26 Ibid., p. 13.

第五章

＊1 Hiebert and Heinrichs with the People of Big Trout. *We Are One with the Land*, p. 20.

＊2 Dianne Hiebert and Marj Heinrichs with the People of Mishkeegogamang. *Mishkeegogamang: The Land, the People & the Purpose*. Kelowna, B.C.: Rosetta Projects, 2009, p. 110.

＊3 Inquest exhibit: Community Backgrounder on Mishkeegogamang.

＊4 Jon Thompson. "Unresolved Trauma Destabilizing Life in Mishkeegogamang," *TBNewsWatch*, March 8, 2016, https://www.tbnewswatch.com/local-news/unresolved-trauma-destabilizing-life-in-mishkeegogamang-404877.

＊5 Alicja Siekierska and Jesse Winter. "Where Are the Girls, Part 2," *Toronto Star*, February 24, 2017, https://projects.thestar.com/first-nations/first-nations-communities-struggle-with-fire-safety/.

＊6 Government of Canada. Hourly Data Report for February 13, 2014, obtained at https://climate.weather.gc.ca/historical_data/search_historic_data_e.html.

＊7 "Pickton Trial Timeline," *CBC News*, first posted July 30, 2010; updated November 1, 2016, https://www.cbc.ca/news/canada/pickton-trial-timeline-1.927418.

＊8 "'In His Own Words': Serial Killer Robert Pickton Selling Book on Amazon that Claims He's Innocent," *National Post*, February 21, 2016, https://nationalpost.com/news/canada/in-his-own-words-serial-killer-robert-pickton-selling-book-on-amazon-that-claims-hes-innocent.

＊9 The Office of the Provincial Advocate for Children and Youth. "Our Dreams Matter Too: First Nations Children's Rights, Lives, and Education," p. 11, https://fncaringsociety.com/sites/default/files/docs/OurDreams-June2011.pdf.

＊10 Ibid., p. 8.

＊11 Ibid., p. 74.

＊12 Jody Porter. "First Nations Student Deaths Inquest: 'Help Us,' Mom Pleads," *CBC News*, October 9, 2015, https://www.cbc.ca/news/canada/thunder-bay/first-nations-student-deaths-inquest-help-us-mom-pleads-1.3265316.

＊13 Inquest exhibit: Paul Panacheese Autopsy Report, November 11, 2006.

＊14 Inquest exhibit: Transcript of May 21, 2015, letter from Dr. Toby Rose, Ontario Deputy Chief Forensic Pathologist.

＊15 Inquest exhibit: Transcript of testimony of Dr. Toby Rose, April 7, 2016, p. 13.

＊16 Ibid., p. 14.

＊17 Ibid., p. 15.

第六章

＊1 Transcript: Inquest Concerning the Deaths of Jethro Anderson, Reggie Bushie, Robyn Harper, Kyle Morrisseau, Paul Panacheese, Curran Strang, and Jordan Wabasse, October

29, 2015, pp. 52–3.

*2 Ibid., p. 50.

*3 Ibid., p. 10.

*4 Ibid., p. 10.

*5 Ibid., pp. 10, 26.

*6 Ibid., pp. 10–11.

*7 Ibid., pp. 10, 15.

*8 Ibid., pp. 10, 39.

*9 Ibid., pp. 10, 39.

*10 Ibid., pp. 10, 40.

*11 Jody Porter. "First Nations Student Deaths Inquest: On-call Support Worker Testifies." *CBC News*, October 28, 2015, https://www.cbc.ca/news/canada/thunder-bay/first-nations-student-deaths-inquest-on-call-support-worker-testifies-1.3292436.

*12 Inquest exhibit: Superior North EMS and under Bay Fire Rescue Crew Reports, January 13, 2007.

*13 Keewaywin First Nation website gallery, "Summer students and employees 2006: Robyn Harper," http://keewaywin.firstnation.ca/?q=gallery&g2_itemId=13090.

*14 Office of the Chief Coroner, "Death Investigations," https://www.mcscs.jus.gov.on.ca/english/DeathInvestigations/office_coroner/coroner.html.

*15 Inquest exhibit: Office of the Chief Coroner, "Guidelines and Directives," p. 21.

*16 "Ontario's Chief Coroner Testifies at First Nations Student Deaths Inquest," *CBC News*, October 30, 2016, https://www.cbc.ca/news/canada/thunder-bay/ontario-s-chief-coroner-testifies-at-first-nations-student-deaths-inquest-1.3296114.

*17 "First Nations Student Deaths Inquest: Testimony from Robyn Harper's Mother," *CBC News*, October 27, 2015, https://www.cbc.ca/news/canada/thunder-bay/first-nations-student-deaths-inquest-testimony-from-robyn-harper-s-mother-1.3290518.

*18 Robyn Harper Post-Mortem Report, January 14, 2007.

*19 Ibid.

*20 Centers for Disease Control and Prevention. *Morbidity and Mortality Weekly Report*, https://www.cdc.gov/mmwr/preview/mmwrhtml/mm6353a2.htm?s_cid=mm6353a2_w.

*21 Porter. "Homicide Ruling Recommended in Death of First Nations Student in under Bay."

*22 Inquest exhibit: Office of the Chief Coroner, "Guidelines and Directives," memorandum from Dr. Barry McLellan, February 28, 2007, p. 35.

*23 Inquest exhibit: Office of the Chief Coroner, "Guidelines for Death Investigations," relaxed guidelines on showing up to death investigations, April 12, 2007, p. 49.

第七章

*1 Information about Jordan Anderson's death and the establishment of Jordan's Principle: https://www.ncbi.nlm.nih.gov/pmc/articles/PMC2603509/.

*2 Assembly of First Nations and First Nations Child & Family Caring Society of Canada Human Rights Complaint against Indian and Northern Affairs Canada, https://fncaringsociety.com/sites/default/files/caring_society_afn_hr_complaint_2007.

pdf.

＊3 United Nations Declaration on the Rights of Indigenous Peoples, https://www.un.org/development/desa/indigenouspeoples/declaration-on-the-rights-of-indigenous-peoples.html.

＊4 Ibid.

＊5 Kristy Kirkup. "Isolation a Barrier to Exposing Sexual Abuse in Remote Indigenous Communities: Bellegarde," *Toronto Star*, November 13, 2016, https://www.thestar.com/news/canada/2016/11/13/isolation-a-barrier-to-exposing-sexual-abuse-in-remote-indigenous-communities-bellegarde.html.

＊6 United Nations Declaration on the Rights of Indigenous Peoples.

＊7 United Nations. "General Assembly Adopts Declaration on Rights of Indigenous Peoples; 'Major Step Forward' Towards Human Rights for All, Says President," meetings coverage and press releases, September 13, 2007, https://www.un.org/press/en/2007/ga10612.doc.htm.

＊8 ジョーダン原則についての詳細はこちらを参照のこと：https://fncaringsociety.com/jordans-principle. (accessed on 2021.02.25)

＊9 Inquest exhibit: Office of the Chief Coroner, Bureau Summons to Witness re: Inquest into Reggie Bushie. Documentation of Raymond Albert.

＊10 Jody Porter. "Brother Hopes for 'Truth, Justice' at First Nations Student Deaths Inquest," *CBC News*, November 29, 2015, https://www.cbc.ca/news/canada/thunder-bay/brother-hopes-for-truth-justice-at-first-nations-student-deaths-inquest-1.3340455.

＊11 Inquest exhibit: Testimony of Ricki Strang, Thursday, November 26, p. 36.

＊12 Ibid., p. 37.

＊13 "Thunder Bay Was Only Choice for Reggie Bushie to Receive High School Education, Inquest Hears," *TBNewsWatch*, November 24, 2015, https://www.tbnewswatch.com/local-news/thunder-bay-was-only-choice-for-reggie-bushie-to-receive-high-school-education-inquest-hears-403628.

＊14 "NAN Welcomes Inquest into First Nation Student Death," Nishnawbe Aski Nation news release, June 8, 2008, http://www. nan.on.ca/upload/documents/com-2008-06-06-bushie-inquest- june-6-08.pdf. (no link available)

＊15 Julian Falconer letter to Dr. David Eden, March 6, 2008, https://www.falconers.ca/wp-content/uploads/2015/11/March-6-08-ltr-to-Dr-David-Eden-from-Falconer-Charney-re-Deaths-of-NAN-Youth.pdf.

＊16 News release on Inquest into Reggie Bushie's Death, June 6, 2008, https://news.ontario.ca/archive/en/2008/06/06/inquest-into-the-death-of-reggie-bushie-announced.html.

＊17 Donovan Vincent. "Case Headed to the Supreme Court of Canada Will Tackle Native Jury Roll Complaints," *Toronto Star*, July 1, 2014, https://www.thestar.com/news/canada/2014/07/01/case_headed_to_the_supreme_court_of_canada_will_tackle_native_jury_roll_complaints.html.

＊18 Julian Falconer letter to Ontario Attorney General Chris

Bentley, September 10, 2008.

*19 Charlie Angus. "The Bravery and the Tragedy of Shannen Koostachin," *Maclean's*, August 20, 2015, https://www.macleans.ca/news/canada/were-not-going-to-quit-the-bravery-and-tragedy-of-shannen-koostachin/.

*20 パーラメント・ヒル（カナダ連邦議会）前でのシャネン・クースタチンによるスピーチはこちらを参照：https://fncaringsociety.com/shannens-dream-learn-more.

*21 Indigenous and Northern Affairs Canada. "Statement of Apology to Former Students of Indian Residential Schools," https://www.rcaanc-cirnac.gc.ca/eng/1100100015644/1571589171655.

第八章

*1 Canadian Public Health Association. "TB and Aboriginal People," https://cpha.ca/tb-and-aboriginal-people.

*2 Carmen L. Robertson. *Mythologizing Norval Morrisseau: Art and the Colonial Narrative in the Canadian Media*. Winnipeg: University of Manitoba Press, 2016, p. 15.

*3 Inquest exhibit: Report card for Kyle Morrisseau, October 28, 2009.

*4 Inquest exhibit: under Bay Police Services Chronology/Notes — Kyle Morrisseau, p. 14.

*5 Ibid., p. 13.

*6 Ibid., p. 12.

*7 Ibid., p. 12.

*8 Ibid., p. 12.

*9 Ibid., p. 2.

*10 Ibid., p. 2.

*11 Ibid., p. 10.

*12 Porter, Jody. "First Nations Student Deaths Inquest," *CBC News Live*. December 14, 2015, available at: http://live.cbc.ca/Event/First_Nations_Student_Deaths_Inquest?Page=10.

*13 Inquest exhibit: under Bay Police Services Chronology/Notes — Kyle Morrisseau, p. 13.

*14 Inquest exhibit: PowerPoint presentation by Dr. Toby Rose, deputy chief forensic pathologist, and Karen Woodall, Ph.D., forensic toxicologist.

第九章

*1 Court of Appeal Judgement. *Pierre v. McRae*, March 10, 2011, pp. 26–27, https://www.falconers.ca/wp-content/uploads/2015/07/Eden-COA-Judgment-March-10-2011.pdf.

*2 Jody Porter. "20 Cases Delayed by Ontario's Jury Roll Problem," *CBC News*, January 2, 2015, https://www.cbc.ca/news/canada/thunder-bay/20-cases-delayed-by-ontario-s-jury-roll-problem-1.2865727.

*3 Transcript: Inquest Concerning the Deaths of Jethro Anderson, Reggie Bushie, Robyn Harper, Kyle Morrisseau, Paul Panacheese, Curran Strang, and Jordan Wabasse, October 29, 2015, p. 30.

*4 Oliver Sachgau. "Hamilton, under Bay Had Highest Rates of Hate Crime in Canada in 2013," *Globe and Mail*, June 9, 2015, https://www.theglobeandmail.com/news/national/hamilton-thunder-bay-had-most-hate-crime-in-canada-in-2013/article24885875/.

＊5 "Editorial: under Bay Police Don't Understand Why Joking About an Aboriginal Murder Victim Is Grotesque," *Globe and Mail*, September 19, 2012, https://www.theglobeandmail.com/opinion/editorials/thunder-bay-police-dont-understand-why-joking-about-an-aboriginal-murder-victim-is-grotesque/article4555037/.

＊6 Tanya Talaga. "One Rape. A Hate Crime. Thunder Bay's Simmering Divides Come to Light," *Toronto Star*, December 8, 2015, https://www.thestar.com/news/canada/2015/12/08/one-rape-a-hate-crime-thunder-bays-simmering-divides-come-to-light.html.

＊7 Tanya Talaga. "'Systemic Racism' Toward Natives in Justice System, Frank Iacobucci Finds," *Toronto Star*, February 26, 2013, https://www.thestar.com/news/canada/2013/02/26/systemic_racism_toward_natives_in_justice_system_frank_iacobucci_finds.html.

＊8 Tanya Talaga. "Ontario's Justice System in a 'Crisis' for Aboriginals: Frank Iacobucci Report," *Toronto Star*, February 26, 2013. https://www.thestar.com/news/canada/2013/02/26/ontarios_justice_system_in_a_crisis_for_aboriginals_frank_iacobucci_report.html.

＊9 Ibid.

＊10 Jody Porter. "Coroner Rules on Scope of First Nation Student Death Inquest," *CBC News*, May 8, 2015, https://www.cbc.ca/news/canada/thunder-bay/coroner-rules-on-scope-of-first-nation-student-death-inquest-1.3065722.

＊11 Transcript: Inquest Concerning the Deaths of Jethro Anderson, Reggie Bushie, Robyn Harper, Kyle Morrisseau, Paul Panacheese, Curran Strang, Jordan Wabasse; testimony of Detective Allan Shorrock, November 5, 2015, p. 30, https://www.falconers.ca/wp-content/uploads/2016/03/NOV.5.2015.SHORROCK.TRN_.pdf.

＊12 著者によるジュリアン・ファルコナー氏へのインタビュー。

＊13 Ibid.

＊14 Wayne Rivers. "Lawyer at under Bay Inquest Introduces Possibility Some Students Murdered," *APTN National News*, October 7, 2015, https://www.falconers.ca/wp-content/uploads/2015/10/Lawyer-at-Thunder-Bay-inquest-introduces-possibility-some-students-murdered-APTN-National-NewsAPTN-National-News.pdf.

＊15 Dr. Toby Rose on pathology and homicide: https://www.falconers.ca/wp-content/uploads/2017/05/Page-135-Seven-Youth-Inquest-Transcript-Examination-of-Dr.-Rose-October-6-2015.pdf.

＊16 Jonathan Rudin quotes reported by Jody Porter: http://live.cbc.ca/Event/First_Nations_Student_Deaths_Inquest?Page=52.

＊17 Closing Submissions of Nishnawbe Aski Nation given by Julian Falconer available at: https://www.falconers.ca/wp-content/uploads/2016/05/Video-Closing-Submissions-of-Nishnawbe-Aski-Nation.mp4.

＊18 Tanya Talaga. "Coroner's Inquest into Deaths of Indigenous Students Provides Recommendations but Few Answers," *Toronto Star*, June 28, 2016, https://www.thestar.com/news/canada/2016/06/28/inquest-jury-on-aboriginal-youths-deaths-says-3-died-accidentally-4-undetermined.html.

＊19 Ibid.

＊20 Ibid.

＊21 Ibid.

第十章

＊1 Cindy Blackstock. "One Year Later, Liberals Still Discriminate Against First Nations Children," *Ottawa Citizen*, October 17, 2016, https://ottawacitizen.com/opinion/columnists/blackstock-one-year-later-liberals-still-discriminate-against-first-nations-children.

＊2 Tanya Talaga and Alex Ballingall. "Ottawa Spent $707,000 in Legal Fees Fighting Decision at Protects Indigenous Children," *Toronto Star*, June 2, 2017, https://www.thestar.com/news/canada/2017/06/02/ottawa-spent-707000-in-legal-fees-fighting-a-rights-decision-that-protects-indigenous-children.html.

＊3 著者によるシンディ・ブラックストックへのインタビュー。

＊4 Cindy Blackstock. "The Long History of Discrimination Against First Nations Children," *Policy Options*, October 6, 2016, https://policyoptions.irpp.org/magazines/october-2016/the-long-history-of-discrimination-against-first-nations-children/.

＊5 Ibid.

＊6 著者によるシンディ・ブラックストックへのインタビュー。

＊7 Tanya Talaga. "Ontario Police Watchdog Widens Probe of under Bay Police," *Toronto Star*, November 3, 2016, https://www.thestar.com/news/canada/2016/11/03/ontario-police-watchdog-widens-probe-of-thunder-bay-police.html.

＊8 Tanya Talaga. "First Nations Family Rejects Thunder Bay Explanation for Teen's Death," *Toronto Star*, May 17, 2017, https://www.thestar.com/news/canada/2017/05/17/first-nations-family-rejects-thunder-bay-police-explanation-for-teens-death.html.

＊9 Tanya Talaga. "First Nations Leaders Call for RCMP to Take Over under Bay Teen Death Cases," *Toronto Star*, May 31, 2017, https://www.thestar.com/news/canada/2017/05/31/first-nations-leaders-call-for-rcmp-to-take-over-thunder-bay-teen-death-cases.html.

＊10 Tanya Talaga. "York Regional Police Now Investigating under Bay Indigenous Teen Deaths," *Toronto Star*, June 23, 2017, https://www.thestar.com/news/canada/2017/06/23/york-regional-police-now-investigating-thunder-bay-indigenous-teen-deaths.html.

＊11 Nishnawbe Aski Nation press release: "NAN Releases Progress Report on Seven Youth Inquest Recommendations," June 28, 2017.

＊12 著者によるアルビン・フィドラーへのインタビュー（二〇一七年六月）。

訳者あとがき

＊1 真実和解委員会の調査に際し、インディアン寄宿学校制度のサバイバーの証言、証言の傾聴者に対するケアのあり方についての臨床心理士スージー・グッドリーフによる解説。https://youtu.be/cBDQM0N1gXI

＊2 http://www.digitaljournal.com/article/344495#ixzz2MdsdYWK1

＊3　先住民族国家それぞれには、伝統的な法やガバナンスの仕組みがある。現在のAFNを構成するのは「インディアン法」によって規定される先住民自治としてのバンドBandのチーフである。チーフは「インディアン法」に定められた方法、直接選挙によって選ばれる。しかし、投票権を持つのは「インディアン法」が規定するステータス・インディアンのみで、先住民で居留地外の都市部に住む者や、婚姻、従軍や資格取得を理由にステータスが失効している人の声は反映されない仕組みになっている。また、先住民族国家の中には、このカナダ政府がとり決める自治機構バンドやチーフではなく、伝統的なガバナンスの仕組みと世襲チーフ（Hereditary Chief）を維持しているコミュニティも少なくない。特に、土地や資源の取り扱いについては、後者の先住民族国家の方やガバナンスを尊重すべきとの声も強く、一つの先住民族国家の内部でも、意見が対立することがある。

＊4　カナダ西部のブリティッシュ・コロンビア州北部に計画されているガスパイプライン建設をめぐり、先住民ウェットスウェテン・ネイション（Wet'suwet'en Nation）や支援する市民の抗議がカナダ全土に広がっている。ドキュメンタリー『INVASION』（2020）https://youtu.be/AhNewIJuLVc（日本語字幕付き）

＊5　https://defundpolice.org/　警察権・サービスではなく、必要なコミュニティ支援へ予算を回せという市民運動。オンタリオ州人権委員会による「トロント警察による黒人差別報告」http://www.ohrc.on.ca/en/timeline-tps

＊6　https://www.macleans.ca/opinion/what-were-seeing-in-2020-is-idle-no-more-2-0/

＊7　TRCの九四の提言に従い、二〇一六年から各州で社会科カリキュラムの改定が始まるが、実際には各州における取り組みに大きな差がある。https://www.cbc.ca/news/indigenous/indigenous-content-school-curriculums-trc-1.5300580

＊8　カナダ統計局 https://www150.statcan.gc.ca/n1/pub/89-656-x/89-656-x2016007-eng.htm

SEVEN FALLEN FEATHERS
RACISM, DEATH, AND HARD TRUTHS IN A NORTHERN CITY
by Tanya Talaga

命を落とした七つの羽根
カナダ先住民とレイシズム、死、そして「真実」

2021 年 5 月 31 日　第一刷印刷
2021 年 6 月 10 日　第一刷発行

著　者　タニヤ・タラガ
訳　者　村上佳代

発行者　清水一人
発行所　青土社

〒 101-0051　東京都千代田区神田神保町 1-29　市瀬ビル
［電話］03-3291-9831（編集）　03-3294-7829（営業）
［振替］00190-7-192955

印刷・製本　ディグ
装丁　大倉真一郎
カバー画像　Seven Fallen Feathers by Christian Morrisseau

ISBN978-4-7917-7378-7　Printed in Japan

参考資料

理解を深めるための参考資料

先住民族の地理・歴史アトラス Canadian Geographic (2018) *Indigenous Peoples Atlas of Canada.* https://indigenouspeoplesatlasofcanada.ca/

カナダと先住民族国家が調印した条約

- 一覧 https://www.rcaanc-cirnac.gc.ca/eng/1100100028574/1529354437231
- ドキュメンタリー "Canadians have been breaking their promises to Indigenous people", directed by Tasha Hubbard (2020) https://youtu.be/IUHnKUaDYjs
- ドキュメンタリー "Colonization Road: The path of reconciliation is long and winding" CBC (2017) https://youtu.be/u03qLJ50bf4
- ドキュメンタリー "Trick or Treaty?", directed by Alanis Obomsawin (2014) https://youtu.be/kAGHDrSRd4k

インディアン法（Indian Act, Government of Canada 1876） https://laws-lois.justice.gc.ca/eng/acts/i-5/

カナダ真実和解委員会（National Centre for Truth and Reconciliation, University of Manitoba, Winnipeg, MB） https://nctr.ca/map.php

- 最終報告書 (TRC final report) https://nctr.ca/records/reports/
- 九四項目の行動指針（TRC Calls to Action） https://ehprnh2mwo3.exactdn.com/wp-content/uploads/2021/01/Calls_to_Action_English2.pdf

先住民寄宿学校（Residential Schools in Canada）

- Historica Canada : Residential Schools in Canada A Timeline https://youtu.be/VFgNI1lfe0A
- Historica Canada: Heritage Minutes: Chanie Wenjack https://youtu.be/v_tcCpKtoU0

チャーニー・ウェンジャックの物語

- 秘密の道（Secret Path） https://secretpath.ca/#Home
- Downie, Gord and Lemire, Jeff (2016) *Secret Path*. Simon And Schuster, Inc.

- ゴードン・ダウニー&チャーニー・ウェンジャック基金（Gord Downie & Chanie Wenjack Fund）https://downiewenjack.ca/

失踪・殺害された先住民女性と少女（Missing and Murdered Indigenous Women and Girls）

- 全国調査 https://www.mmiwg-ffada.ca/
- ドキュメンタリー "Finding Dawn" directed by Christine Welsh (2006) https://youtu.be/f-0Z-UoQ3VY

先住民族の子ども・家族支援協会（the First Nations Child and Family Caring Society）https://fncaringsociety.com/

- シャネンの夢（Shannen's Dream）：ドキュメンタリー "Hi-Ho Mistahey!", directed by Alanis (2013) https://youtu.be/3uWHrw4glqU
- ジョーダンの原則（Jordan's Principle）：ドキュメンタリー "Jordan River Anderson, The Messenger", directed by Alanis Obomsawin (2019) https://www.nfb.ca/playlists/edu-health-equity/playback/#1

六〇年代スクープ（60's Scoop）

- ドキュメンタリー "Birth of a Family", directed by Tasha Hubbard (2016) https://www.nfb.ca/film/birth_of_a_family/

先住民族の権利に関する国際連合宣言 (Declaration on the Rights of Indigenous Peoples) https://www.un.org/development/desa/indigenouspeoples/declaration-on-the-rights-of-indigenous-peoples.html

Idle No More 運動

- https://idlenomore.ca/
- https://youtu.be/V1DFyCG86ic 及びドキュメンタリー "The Power Was With Us: Idle No More", directed by Tim Fontaine and Rick Harp (2020) https://www.aptnnews.ca/thepowerwaswithus/

先住民の「羽根」

- 羽根と次世代についての教え "Importance of Feathers & the Next Generation", by Chief Oren Lyons, Onondaga Nation, Haudenosaunee Confederacy. https://youtu.be/uEJUkaHapuc
- クリスチャン・モリソーが語る「七つの羽根」"Seven Fallen Feathers" https://youtu.be/8f5o9bgec6A

本書に登場するファースト・ネイション及び関連団体（五〇音順）

アッタワピスカット・ファースト・ネイション（Attawapiskat First Nation）http://www.attawapiskat.org/

- ニュースまとめ https://globalnews.ca/tag/attawapiskat-first-nation/
- ドキュメンタリー “The People of the Kattawapiskak River”, directed by Alanis Obomsawin (2012) https://youtu.be/5axTv9pDm1A

ウェガモウ（ノース・カリブー）ファースト・ネイション（Weagamow/North Caribou First Nation）http://weagamow.firstnation.ca/

ウェベクェ・ファースト・ネイション（Webequie First Nation）http://www.webequie.ca/.

- ドキュメンタリー “The Road to Webequie”, directed by Ryan Noth & Tess Girard (2016) https://youtu.be/_lAvY6CLee8
- ウェベクェ・ファースト・ネイション高校 http://www.webequie.ca/.

エバームトゥン・ファースト・ネイション（Eabametoong First Nation）

- Teach for Canada 概要　https://teachforcanada.ca/en/wp-content/uploads/2017/09/Eabametoong-WEB.pdf
- ドキュメンタリー “EFN Enters into Regional Negotiations with Ontario”, EFN (2016) https://youtu.be/DdArKElrT6Q

オンタリオ・リージョナル・チーフ（Chiefs of Ontario）http://chiefs-of-ontario.org/

カサボニカ・レイク・ファースト・ネイション（Kasabonika Lake First Nation）http://www.kasabonika.ca/

- 住宅建設プロジェクト https://youtu.be/Zt7IvgV16Lc

カシュチュワン・ファースト・ネイション（Kashechewan First Nation）https://www.mushkegowuk.com/?page_id=2000

カナダ先住民女性協会（The Native Women's Association of Canada）https://www.nwac.ca/

キーウェイウィン・ファースト・ネイション（Keewaywin First Nation）http://keewaywin.firstnation.ca/

- Teach for Canada 概要 https://teachforcanada.ca/en/wp-content/uploads/2017/09/

Keewaywin-2018.pdf

キーウェイティヌック・オキマカナック高校（Keewaytinook Okimakanak Secondary School）http://koeducation.ca/school/keewaywin-school

北ニシナベ教育委員会（Northern Nishinawbe Education Council, NNEC）http://www.nnec.on.ca/

ＫＯ協議会（KO chiefs council）https://www.kochiefs.ca/

ギックサン・ファースト・ネイション（Gitxsan First Nation）, B.C. 州 http://www.gitsegukla.net/

キッチンヌマイコシブ・イヌウワグ・ファースト・ネイション（Kitchenuhmaykoosib Inninuwug First Nation）http://www.bigtroutlake.firstnation.ca/

キャット・レイク・ファースト・ネイション (Cat Lake First Nation)

- ニュースまとめ https://www.aptnnews.ca/tag/cat-lake-first-nation/
- Teach for Canada 概要 https://teachforcanada.ca/en/wp-content/uploads/2017/09/Cat-Lake-Spring-2020.pdf

グラシー・ナローズ・ファースト・ネイション（Grassy Narrows First Nation）

- Teach for Canada 概要 https://teachforcanada.ca/en/wp-content/uploads/2017/09/Grassy-Narrows-2019-update.pdf

サンディ・レイク・ファースト・ネイション（Sandy Lake First Nation）http://www.sandylake.firstnation.ca/

条約第三号合同協議会（Grand Council of Treaty No.3）http://gct3.ca/

ショール・レイク・バンド第三九番（Iskatewizaagegan #39 Independent First Nation）http://www.shoallake39.ca/

ストーニー・ポイント・ファースト・ネイション（Stony Point First Nation）https://kettlepoint.org/

デニス・フランクリン・クロマーティ高校（Dennis Franklin Cromarty High School, DFC）http://www.nnec.on.ca/index.php/dennis-franklin-cromarty-high-school/

ニシナベ・アスキー・ネイション（Nishnawbe Aski Nation, NAN）https://www.nan.ca/

ネスカンタガ・ファースト・ネイション（Neskantaga First Nation）http://neskantaga.com/

ノルウェー・ハウス・クリー・ネイション，マニトバ州（Norway House Cree Nation）https://nhcn.ca/

パウインガシ・ファースト・ネイション（Pauingassi First Nation）https://www.serdc.mb.ca/communities/pauingassi

ピカンジカム・ファースト・ネイション（Pikangikum First Nation）https://www.whitefeatherforest.ca/our-first-nation/

- ドキュメンタリー "Tragedy of Pikangikum with Coleen Rajotte" https://www.cbc.ca/player/play/2170861912

ファースト・ネイションズ本会議 (Assembly of First Nations, AFN) https://www.afn.ca/

フォート・ウィリアム・ファースト・ネイション（Fort William First Nation）https://fwfn.com/

ベア・クラン・パトロール（Bear Clan Patrol）マニトバ州ウィニペグ市に設立された先住民コミュニティによるパトロール組織。https://bearclanpatrol.org/

ポプラヒル・ファースト・ネイション（Poplar Hill First Nation）http://poplarhill.firstnation.ca/

マスクラット・ダム・ファースト・ネイション（Muskrat Dam First Nation）を含む五つのファースト・ネイションの自治連合（Independent First Nations Alliance）。https://ifna.ca/communities/

マタワ学習センター（Matawa Learning Centre，現在は Matawa Education and Care Cntre）https://www.matawaeducation.com/matawa-education-and-care-centre/

マタワ部族協議会（Matawa Tribal Council）http://www.matawa.on.ca/

マーテン・フォールズ・ファースト・ネイション（Marten Falls First Nation）http://www.martenfalls.ca/

ミッシュケゴーガマン・ファースト・ネイション（Mishkeegogaman First Nation）https://www.mishkeegogamang.ca/

ムシュゲコワック協議会（Musukegowuk Council）七つのファースト・ネイションの自治連合　http://www.mushkegowuk.com/

ラック・スール・ファースト・ネイション（Lac Seul First Nation）https://lacseulfn.org/

レイニー・リバー・ファースト・ネイション（Rainy River First Nation）https://rainyriverfirstnations.com/

ワサガマック・ファースト・ネイション（Wasagamack First Nation）https://wasagamackfirstnation.com/

ワーサ遠隔教育センター（Wahsa Distance Education Centre）http://www.nnec.on.ca/index.php/wahsa-distance-education/

ワビグーン・レイク・オジブウェ・ネイション（Wabigoon Lake Ojibway Nation）https://www.wabigoonlakeon.ca/

ワペケカ・ファースト・ネイション（Wapekeka First Nation）http://www.wapekeka.ca/

書籍

Akiwenzie-Damm, Kateri. (2019) *Grade Level: This Place: 150 Years Retold*. Highwater Press.

Auger, Donald J. (2005) *Indian Residential Schools in Ontario*. Nishnawbe Aski Nation.

Borrows, John. (2016) *Freedom and Indigenous Constitutionalism*. University of Toronto Press.

Crosby, Andrew and Monaghan, Jeffrey. (2018) *Policing Indigenous Movements: Dissent and the Security State*. Fernwood Books Ltd.

Elliott, Alicia. (2020) *A Mind Spread Out on the Ground*. Random House of Canada.

Gilio-Whitaker, Dina. (2019) *As long as grass grows: the indigenous fight for environmental justice, from colonization to Standing Rock*. Beacon Press.
Heinrichs, Marj, and Dianne Hiebert, with the People of Mishkeegogamang. (2009) *Mishkeegogamang: The Land, The People and The Purpose*. Rosetta Projects.
Hiebert, Dianne, and Marj Heinrichs, with the People of Big Trout Lake. (2007) *We Are One with the Land: A History of Kitchenuhmaykoosib Inninuwug*. Rosetta Projects.
Hill, Gord. (2010) *500 Years of Resistance Comic Book*. Arsenal Pulp Press.
Indigenous Corporate Training Inc. FREE ebooks. https://www.ictinc.ca/free-ebooks
Johnson, Harold R. (2019) *Peace and Good Order: The Case for Indigenous Justice in Canada*. Random House of Canada.
Joseph, Bob. (2018) *21 Things You May Not Know About the Indian Act: Helping Canadians Make Reconciliation with Indigenous Peoples a Reality*. Indigenous Relations Press.
——. (2019) *Indigenous Relations*. Indigenous Relations Press.
Kimmerer, Robin Wall. (2013) *Braiding Sweetgrass: Indigenous Wisdom, Scientific Knowledge and the Teachings of Plants*. Milkweek Editions. ロビン・ウォール・キマラー，三木直子訳. (2018)『植物と叡智の守り人：ネイティブアメリカンの植物学者が語る科学・癒し・伝承』築地書館.
King, Thomas. (2003) *The Truth About Stories: A Native Narrative*. CBC Massey Lectures. House of Anansi Press.
——. (2013) *The Inconvenient Indian: A Curious Account of Native People in North America*. Anchor Canada.
Kovach, Margaret. (2010) *Indigenous Methodologies: Characteristics, Conversations, and Contexts*. University of Toronto Press.
Lake of the Woods Museum, NeChee Friendship Centre, and Lake of the Woods Ojibway Cultural Centre. (2014) *Bakaan nake'ii ngii-izhi-gakinoo'amaagoomin: We Were Taught Differently: The Indian Residential School Experience*. Exhibition pamphlet. Lake of the Woods, ON.
Manuel, Arthur and Grand Chief Derrickson, Ronald M. (2015) *Unsettling Canada: A National Wake-Up Call*. Between the Lines.
Maracle, Lee (2017) *My Conversations with Canadians*. Book*hug Press.
McFarlane, Peter and Nicole Schabus (eds) (2017) *Whose Land Is It Anyway? A Manual for Decolonization*. The Federation of Post-Secondary Educators of BC.

- [E-book] https://fpse.ca/decolonization_manual_whose_land_is_it_anyway
- [Audiobook] https://www.podomatic.com/podcasts/fpse

Metatawabin, Edmund and Shimo, Alexandra. (2015) *Up Ghost River: A Chief's Journey Through the Turbulent Waters of Native History*. Vintage Canada.
Palmater, Pamela D. (2015) *Indigenous Nationhood: Empowering Grassroots Citizens*.

Fernwood Publishing.

——. (2020) *Warrior Life: Indigenous Resistance and Resurgence*. Fernwood Publishing.

Phil Fontaine, Aimée Craft, The Truth and Reconciliation Commission of Canada. (2015) *A Knock on the Door: The Essential History of Residential Schools from the Truth and Reconciliation Commission of Canada*. University of Manitoba Press.

Robertson, David A. and Flett, Julie. (2017) *When We Were Alone*. Highwater Press. デイヴィッド・アレキサンダー・ロバートソン，ジュリー・フレット，横山和江訳. (2018)『わたしたちだけのときは』岩波書店.

Robertson, Carmen L. (2016) *Mythologizing Norval Morrisseau: Art and the Colonial Narrative in the Canadian Media*. University of Manitoba Press.

Ruffo, Armand Garnet. (2019) *Treaty #*. Buckrider Books.

Sellars, Bev. (2012) *They Called Me Number One*. Talonbooks.

Shipley, Tyler A. (2020) *Canada In The World: Settler Capitalism and the Colonial Imagination*. Fernwood Publishing Co., Ltd.

Talaga, Tanya. (2018) *All Our Relations: Finding the Path Forward*. House of Anansi Press. CBC マッシー・レクチャー，https://www.cbc.ca/radio/ideas/the-2018-cbc-massey-lectures-all-our-relations-1.4763007

——. (2020) *Seven Truths*. Audible. https://www.audible.ca/pd/Seven-Truths-Audiobook/B08N5JMLSY

Wagamese, Richard. (2019) *One Drum: Stories and Ceremonies for a Planet*. Douglas & McIntyre.

Wilson-Raybould, Jody. (2019) *From where I stand: rebuilding Indigenous Nations for a stronger Canada*. Purich Books.

Younging, Gregory. (2018) *Elements of Indigenous Style: A Guide for Writing By and About Indigenous Peoples*. Brush Education.

Villeneuve, Jocelyne. (1979) *Nanna Bijou, the Sleeping Giant*. Penumbra Press.

そのほか、オンライン資料

大学が提供する無料オンライン講座：

- Indigenous Canada (University of Alberta)
- Aboriginal Worldviews and Education (University of Toronto)
- Pulling Together – A Guide for Indigenization of Post-Secondary Institutions (by BCCampus)

先住民族の教育学・教育法：

- Indigenous Perspectives Education Guide (by Historica CANADA) http://education.

historicacanada.ca/en/tools/493

- Virtual Library (by Indigenous Knowledge & Wisdom Centre) http://www.ikwcvl.org/
- Four Directions Teachings. http://www.fourdirectionsteachings.com/

ドキュメンタリー映画：

- National Film Board of Canada, "Indigenous Cinema" https://www.nfb.ca/indigenous-cinema/

ニュース・メディア：

- APTN news (Aboriginal Peoples Television Network), https://www.aptnnews.ca/
- CBC Indigenous, https://www.cbc.ca/news/indigenous
- CBC Radio "Unresearved", https://www.cbc.ca/radio/unreserved
- Windspeaker, https://windspeaker.com/

N'we Jinan（クリー語で We Live Here）音楽を通じた先住民の若者のエンパワーメントプログラム http://nwejinan.com/

- 概要のビデオ：https://youtu.be/txSfD_c6yAU
- "THE RIVER FLOWS" // Pikangikum First Nation: https://youtu.be/N5D-1TyJmSE
- "RUN FREE" // Cat Lake First Nation: https://youtu.be/U0hhL-GY1vI
- "NEVER GETS OLD" // Kashechewan First Nation: https://youtu.be/E_7bivd6yE4
- "LONG TIME COMING" // Wabaseemoong First Nation: https://youtu.be/oJ68DMVlr-E
- "FEATHER THE FLAME" // Sioux Lookout: https://youtu.be/gpifs1qg9EY
- "HOME TO ME" // Grassy Narrows First Nation: https://youtu.be/EgaYz8YWsO8
- "ECHO MY SOUL" // Lac Seul First Nation: https://youtu.be/3lUKU3b25y0